高等职业教育(专科)"十三五"规划教材

应用文写作技能训练

第 3 版

韩晓伟　主编

中国农业大学出版社
· 北京 ·

内容简介

本书是高等职业教育(专科)“十三五”规划建设教材,是一本强化应用文写作技能训练的教材。内容包括应用文写作基础知识与技能、日常礼仪文书写作技能、事务文书写作技能、党政公文写作技能、宣传文书写作技能、合同写作技能共六个单元。本书以训练项目为线索,分为自学与自测、范文阅读与训练、知识提要、小结、写作技能训练,突出自学、阅读、评析、写作特色。每节通过提出的问题导入,以任务驱动法贯穿学习全过程,通过阅读案例,评析范文,掌握应用文体思维特点和写作规律,提高应用文语言的感知与表达能力。本书适用于高职高专各类专业教学以及自学者参考。

图书在版编目(CIP)数据

应用文写作技能训练 / 韩晓伟主编. —3 版. — 北京:中国农业大学出版社,2018.1
ISBN 978-7-5655-1975-8

Ⅰ.①应… Ⅱ.①韩… Ⅲ.①汉语-应用文-写作-高等职业教育-教学参考资料
Ⅳ.①H152.3

中国版本图书馆 CIP 数据核字(2018)第 011622 号

书　名 应用文写作技能训练　第 3 版
作　者 韩晓伟　主编

策划编辑 姚慧敏　　**责任编辑** 张　玉
封面设计 郑　川
出版发行 中国农业大学出版社
社　址 北京市海淀区圆明园西路 2 号　　**邮政编码** 100193
电　话 发行部 010-62818525,8625　　读者服务部 010-62732336
编辑部 010-62732617,2618　　出　版　部 010-62733440
网　址 http://www.caupress.cn　　**E-mail** cbsszs @ cau.edu.cn
经　销 新华书店
印　刷 北京时代华都印刷有限公司
版　次 2018 年 1 月第 3 版　2018 年 1 月第 1 次印刷
规　格 787×1 092　16 开本　14.25 印张　350 千字
定　价 38.00 元

编审人员
CONTRIBUTORS

第3版编审人员

主　编　韩晓伟
副主编　丁　雪　姜倚芦　李明霞
主　审　于长东（辽宁农业职业技术学院）

第2版编审人员

主　编　韩晓伟（辽宁农业职业技术学院）
主　审　于长东（辽宁农业职业技术学院）

第1版编审人员

韩晓伟（辽宁农业职业技术学院）
蒋锦旗（辽宁职业学院）
曾　锐（广西生态工程职业技术学院）

前言
PREFACE

本书是高等职业教育(专科)“十三五”规划教材，是根据高职高专教育教学要求编写的。应用文写作教学肩负着提高学生的实用文体写作能力的任务。本书根据高等职业教育培养目标，以学生就业需要为出发点，结合企业对人才写作素质的要求而编写。

本书内容的定位：一是以写作训练为主，加强实践性教学，以不同形式、从不同角度为学生提供学习训练内容；二是以案例教学为主，加强学生阅读训练，提高语言表达能力；三是理论知识服从写作训练需求，教授理论知识，增加可读、可练的写作训练项目。本书内容包括应用文写作基础知识与技能、日常礼仪文书写作技能、事务文书写作技能、党政公文写作技能、宣传文书写作技能、合同写作技能共六个单元，需 40 学时完成，教师可根据需要取舍。本书在编写过程中，进行了企业实用文写作情况调研，查阅了大量的应用文写作教材、应用文写作核心期刊资料，结合了作者十几年的教学经验。本书具有以下特点：

• 教材体系突出以练为主。本书根据应用文写作实用性、实践性的特点，形成以“练”为中心的自学、阅读、写作三位一体写作训练模式，提高应用文写作综合素质。

• 学习方法突出以自学为主。本书为方便学生自学，设计课前自学写作知识技能考查试题，选择规范的案例进行评析、修改。丰富的教学资源可供教学使用，使学生学习应用文写作的空间和时间得到有效的扩充和延伸，培养学生的写作自学能力。

• 教材体例突出以实训为主。本书的内容由写作训练切入，通过基础知识自查、阅读例文等形式，引导学生学习文体写作知识，每一节都有各种类型训练题，强化写作训练。文体的编排顺序由通用到专用，章节内容结构设计为：学习目标；自学与自测；范文阅读与训练；知识提要；小结；写作技能训练。部分章节增加相关链接的内容，主要以例文评析为主。这一体例充分突出实训性，以帮助学生掌握应用文写作技法与写作规律。

本书由韩晓伟主编，丁雪、姜倚芦、李明霞副主编。其中：韩晓伟编写第一单元；姜倚芦编写第二单元、第六单元；李明霞编写第四单元；丁雪编写第三单元、第五单元。本教材在编写过程中，应用写作教研室全体教师都参与了范文与试题的查阅工作，并提出了宝贵意见。全书由于长东主审。在此一并表示真诚的谢意！

由于编者水平有限，时间仓促，书中不妥之处在所难免，诚请各院校师生及广大读者不吝赐教，提出宝贵意见。

编　者

2017 年 10 月

目录 CONTENTS

第一单元

应用文写作基础知识与技能

第一节　主题与材料

第二节　结构

第三节　表达与语言

Section 1

主题与材料

知识目标

- 掌握应用文主题的表现特点与表现方法。
- 掌握应用文对主题和材料的要求。
- 掌握应用文材料的收集途径。
- 了解应用文主题的提炼原则。
- 了解应用文材料的分类。

技能目标

- 能够根据材料分析、归纳主题。
- 能够按照主题的要求选择材料。

自学与自测

一、填空题

1. 主题又称主旨，是写作主体在________、________或________时，通过文章具体材料所表达的________或________。

2. 应用文是为解决工作、生产、生活中的实际问题，写作者常常为完成指定性任务，代________，代________，是以集体之意为主，受动性的一面较为突出，往往________。因此，应用文特别强调因事行文，主题先行，________。

3. ________集中体现了人民的根本利益，是确立应用文主题的理论依据。

4. 应用文往往是一个单位群体意图的反映，其主题必须符合________。一些内容重大或涉及范围较广的文章，必须符合________和各种会议决定。应用文主题的形成要经过________或________等几个环节的斟酌、推敲和检验。所以提炼应用文主题的过程具有________。

5. 应用文是党和国家、企事业单位以及人民群众为了处理各类公私事务而运用的语言载体，其主题必须符合________。

6. 应用文主题的表达要求________、________、________、________。

7. 为确保应用文主题精神的知照与执行，客观要求主题内涵鲜明地凸显出来，________就是应用文主题表现的特点。主题的表现方法有：________、________、________、________、________。

8. 材料对应用文的作用可以用三句话概括：材料是形成文章的________，是提出观点的________，是表达主题的________。

二、选择题

1. 下列材料不属理论材料的有：(　　)。

A. 经济活动　　B. 格言　　C. 定义　　D. 统计数字

E. 经济事件　　F. 市场调研资料　　G. 定理

2. 下列材料不属间接材料的有：(　　)。

A. 阅读书籍　　B. 市场调查报告

C. 报刊　　D. 各种文件

三、简答题

1. 简述应用文与文学作品主题提炼的区别。

2. 简述应用文主题的表现特点与表现方法。

3. 应用文对主题、材料有哪些具体要求？

4. 应用文如何选材？

范文阅读与训练

【例文1】

我在苹果公司工作时，曾有一位刚被我提拔的经理，由于受到下属批评，非常沮丧地要我再找一个人来接替他。我问他："你认为你的长处是什么？"他说："我自信自己是一个非常正直的人。"我告诉他："当初我提拔你做经理，就是因为你是一个公正无私的人。管理经验和沟通能力是可以在日后工作中学习的，但一颗正直的心是无价的。"我支持他继续干下去，并在管理和沟通技巧方面给予他很多指点和帮助。最终他不负众望，成为一个出色的管理人才。

与之相反，我曾面试过一位求职者。他在技术、管理方面都相当出色。但是，在谈话之余，他表示，如果我录用他，他可以把在原来公司工作时的一项发明带过来。随后他似乎觉察到这样说有些不妥，特作声明：那些工作是他在下班之后做的，他的老板并不知道。这一番谈话之后，对于我而言，不论他的工作能力和水平怎样，我都肯定不会录用他。原因是他缺乏最基本的处世准则和最起码的职业道德："诚实"和"讲信用"。如果雇用这样的人，谁能保证他不会在这里工作一段时间后，把这里的成果也当作所谓"业余之作"而变成向其他公司讨好的"贡品"呢？这说明，一个人品不完善的人是不可能成为一个真正有所作为的人的。

——摘自李开复《一封写给中国学生的信》

评析：这是一封书信，属于应用文。作者采用正反两方面实例清晰地表达主题，语言表述正确，简明，有深度。

请你阅读后指出本段话的主题，并回答它是应用文主题的哪种表现方法。

【例文2】

国务院关于大力推进职业教育改革与发展的决定

一、深刻认识职业教育在社会主义现代化建设中的重要地位

二、推进管理体制改革，促进职业教育与经济发展、社会发展紧密结合

三、深化教育教学改革，适应社会和企业需要

四、采取切实措施，加快农村和西部地区职业教育发展

……

评析：这篇决定的主题完全是以小标题的形式来表现的。每个层次之间逻辑严密，从认识到具体的体制改革、教育教学改革等，下文则从不同方面展开如何推进职业教育。

【例文3】

国务院办公厅关于春节期间严禁铺张浪费、请客送礼的通知

国办发〔1986〕4号

××××：

春节即将来临，为了贯彻落实中央领导同志在中央机关端正党风动员大会上的讲话精

神和中共中央办公厅、国务院办公厅《关于解决当前机关工作中几个严重问题的通知》的要求，现根据国务院领导同志的指示，对春节期间严禁铺张浪费、请客送礼等问题的有关规定重申并通知如下：

一、春节期间，除了接待外宾、华侨或统战工作需要外，各单位一律不搞茶话会、招待会，如确有必要，须经上级领导机关批准，茶话会、招待会要清茶一杯，不得另备糖果、点心等食品。

二、各领导机关不准以任何借口索取接受下级单位的物品，不准利用职权到基层单位低价购买过节用品；严禁下级单位对上级机关或个人请客送礼。

三、各单位、各部门之间不准用公款招待吃喝、赠送礼品，对一些必要的慰问活动，也要节俭行事。

四、各部门召开表彰会、庆功会，要严格控制。如需召开，要讲求实效，不搞形式主义，并严禁借机发钱、发物。

五、各级政府和各有关部门，要教育干部和群众树立社会主义新风，反对讲排场、比阔气，严禁赌博及封建迷信活动。

评析：应用文的主题以不同的内容与形式表达出来，本文开篇以目的为主题，指明作者的发文意图。

知识提要

一、主题

（一）主题的含义

主题又称主旨，是写作主体在说明问题、发表主张或反映生活现象时，通过文章具体材料所表达的中心思想或基本观点。主旨或指行文的目的、意图；或指基本的思想、观点；或指主要问题、内容；或指解决问题的根本态度、办法、主张。主题是文章的统帅和灵魂，决定着文章的质量、价值和作用。

（二）主题的提炼

任何文章主题的形成都有一个过程，主题的形成过程也就是主题的提炼过程。应用文是为“应”付生活，“用”于实务，这一文体特点决定应用文与文学作品的主题有着明显的区别。

文学创作的动因有着明显的偶发性，甚至意外性。文学创作是以个人之意为主，是有感而发，因情生文，作者在创作过程中可以不断深化甚至修改对生活的认识，因此，文学创作反对“主题先行”；应用文是为解决工作、生产、生活中的实际问题，写作者常常为完成指定性任务，代群体立言，代组织立言，是以集体之意为主，受动性的一面较为突出，往往“奉命写作”。因此，应用文特别强调因事行文，主题先行，“意在笔先”。

每篇应用文都有其特定的写作意图，这种写作意图反映在应用文上即为一篇文章的主题。应用文主题的提炼、深化过程是在写作者与其他参与者之间进行，并不完全取决于作者本人。应用文主题的提炼应遵循以下原则：

1. 符合党和国家的政策法规

党和国家的方针、政策、法律、法规集中体现了人民的根本利益，是确立应用文主题的理论依据。应用文主题的提炼必须依据这一点，一切违背党和国家的方针、政策、法律、法规的文章，都会破坏正常的社会秩序，给党、国家和人民的利益造成损害。如：在签订经济合同时，明知合同内容违反合同法的规定，还要进行交易，这样就会造成市场经济秩序的混乱。

2. 符合单位的群体意志

应用文往往是一个单位群体意图的反映，其主题必须符合单位的群众意志。一些内容重大或涉及范围较广的文章，必须符合领导集团的观点、主张和各种会议决定。如请示、报告、可行性研究报告、招标投标文书等；各种规章制度，要事先发提纲、草稿，听取各方面的意见，修改后再正式成文；写作者个人在写作过程中有所思考，有所发现，如涉及相关部门领导及人员，一般要征求对方意见。总之，应用文主题的形成要经过自上而下或自下而上等几个环节的斟酌、推敲和检验，所以提炼应用文主题的过程具有复杂性。

3. 符合工作客观实际

应用文是党和国家、企事业单位以及人民群众为了处理各类公私事务而运用的语言载体，其主题必须符合客观事实。应用文主题的提炼必须从现有的材料出发，结合实际，如实地反映情况，遵循客观规律，对客观事物做出正确的判断，切实地提出解决问题的观点、方法和措施，使主观符合客观，思想符合实际。

（三）主题的要求

应用文主题的表达要求正确、深刻、集中、鲜明。

1. 正确

主题正确，这是应用文写作最基本的要求，也是最终的要求。所谓正确，是指在符合党和国家的方针政策、法律法规，符合客观实际情况的基础上，正确反映揭示事物的本质规律。其提出的观点、意见，采取的办法、措施要求合理、现实，经得起实践检验。如：某企业要上一个大型的建设项目，必须对这个项目的各方面条件进行可行性研究，对承接单位的资金、设备、人力、技术水平等多方面做出正确的评估，对产品的消费市场做出准确的预测。

2. 深刻

所谓深刻，是指文章能够透彻地揭示事物的本质，准确反映客观规律，善于抓住问题的要害，具有深刻的思想意义和丰富的内在意蕴。在现实工作中，有些事物本身看起来意义不大，但经过仔细分析研究，可以提炼出比较深刻的、甚至重大的主题。如：写作财经新闻，要求报道的内容是能够推进社会发展的方案，要能够揭示事物隐含的最有价值的思想意义。特别是通讯、调查报告、总结等应用文体对主题深刻性的要求更高。

3. 集中

所谓集中，是指应用文的主题要单一，一篇应用文只能有一个基本思想，重点要突出。

清李渔言:“宾可多,主无二,文之道也。”公文是代表国家机关、团体、组织说话,坚持公文一文一事。主题集中,人们才知道应该贯彻什么,执行什么,制止什么等,由此才会提高办事效率。如果应用文所传达出的信息呈现多向性,其语言材料就会夹杂不清,使读者无从把握。

4. 鲜明

所谓鲜明,是指应用文表达的观点清晰明确,直截了当。首先,应用文是以实用为目的,具有现实的针对性,是有的放矢的立言表意;其次,作者的态度要鲜明。作者赞成什么,反对什么,提倡什么,禁止什么,都必须明确地表达出来;再次,用语要显明,直述不曲,使读者易于理解和执行,不然就会给实际工作造成不良影响。

(四)主题的表现特点与表现方法

为确保应用文主题精神的知照与执行,客观要求主题内涵鲜明地凸显出来,直白显露就是应用文主题表现的特点。应用文的实用性决定其主题必然直接陈述,决不可犹抱琵琶半遮面,无须隐晦。故开门见山,直奔主题,是应用文表现主题的最佳方法。常用的主题表现方法:

1. 标题现旨

在应用文写作中,用标题来揭示主题,是应用文突出主题的重要方法之一。行政公文、调查报告等文种常采用这种方式。如《国务院关于控制城镇房屋拆迁规模　严格拆迁管理的通知》(国发〔2004〕46 号),这篇公文的标题中“控制城镇房屋拆迁规模　严格拆迁管理”就直接点明了主题,让人一看就大致明白了文章的主要内容,主题十分明显。

2. 开门见山

这种方式是在文章的开头或每一段落的开头用简短的语句陈述主题,使主题凸显出来。开门见山有两种形式:一是使用关键句。在应用文中明白准确地表达主旨的句子叫主旨句。公文中常以介词结构“为了……”作为特征。二是不使用专用语,直接阐明作者的意图、主张或基本观点。

【例 1】

浙江省人民政府关于防治“非典”期间对部分行业采取扶持政策的通知

为了减轻“非典”疫情给省部分行业的生产经营所带来的影响……结合本省实际情况,省政府研究决定,在防治非典期间,对部分行业采取扶持政策。

【例 2】

2003 年卫生部、财政部、农业部

关于建立新型农村合作医疗制度的意见

建立新型农村合作医疗是新时期农村卫生工作的重要内容,是实践“三个代表”重要思想的具体体现,对提高农民健康水平,促进农村经济发展,维护社会稳定具有重大意义。

3. 片言居要

片言居要,出自陆机的“立片言以居要,乃一篇之警策”,意思是说写文章时概括出一句重要的话语,并把它放在关键之处,作为全文的纲领眼目,这是使文章主题明确的一个诀窍。片言往往是一句话概括出层次或段落的观点,它常处在段首、段尾或章节转折之处。

【例 3】

民主　服务　稳定——济南市提升城市社区建设水平的调查

随着社会转型和体制的转轨，城市社区建设在我国社会发展过程中的重要作用日益凸显。完善城市社区自治，已成为解决社会转型期所产生的新矛盾、新问题，提高社会整合能力，维护社会稳定，促进社会发展的一条行之有效的途径。几年来，济南市委市政府结合济南经济发展的实际，把加强城市社区建设作为一件大事来抓，从 2000 年 6 月开始，经历了部署启动阶段、全面推进阶段和深化拓展阶段。在各个阶段，始终以民主、服务、稳定为目标，采取一系列有效的措施强化城市社区自治功能，推动了社区建设的健康快速发展，使济南市社区建设取得了显著成效。

这是一则调查报告的开头，段尾的主旨句领起全文。

4. 篇末点题

这种方式是在文章的结尾之处点明文章主题。在篇末提出请求、建议、处理意见，归纳观点。行政公文的请示多在篇末提出具体的请求，调查报告常在篇末提出具体的建议或应对措施。如：学术论文《金融不是虚拟经济》在篇末写道：

所以，与一味地强调“严格控制金融的发展，管住金融业”的思路相比较，建立一个发达的金融市场和公平、公正、有效的金融监管体系是一种更为积极的金融发展战略，一种更为有效的防范金融风险的方法。或许我们全部讨论的意义就在于此。

这是对文章主题的篇末归纳。篇末点题，归纳主旨，有利于文章的收结，也能强化读者的阅读印象。

5. 小标题贯通式

用小标题揭示主题是把文章分解成几个部分，每部分由小标题概括领起，每个小标题皆从不同方面、不同层次对主题加以揭示。如果说篇首点明主题是点明文章的“纲”，那么，以小标题揭示主题则是揭示文章的“目”。用小标题揭示主题常见于内容复杂、篇幅较长的文章。常见于市场调查报告、学术论文、经验总结等。如：经济通讯《抱团消费：想说爱你不容易》开篇点明主题：“近来，汽车‘团购’再一次成了被人关注的焦点。不过，记者也听到了越来越多的反对的声音。”接着，作者便分四部分用四个小标题揭示四方面的反对声音。这四个小标题如下：

消费者：行动成本太高

经销商：最终损害消费者利益

生产厂家：会引起行业恶性竞争

业内人士：要走出“团购”的误区

二、材料

(一)材料的含义

所谓材料，是文章作者为了某一写作意图，从现实生活和文字资料中搜集、摄取的生活事实和理论依据。材料有广义、狭义之分。广义的材料是指动手写作之前搜集到手、未经整理加工的大量生活事实和理论知识，又称依凭材料；狭义的材料是指经过作者选择而写进文章中，作为文章内容并用来表现主旨的生活事实和理论依据，又称摄入材料。

材料是应用文的基本要素之一。如果说主题是文章的灵魂，那么材料则是文章的血肉。材料对应用文的作用可以用三句话概括：材料是形成文章的基础，是提出观点的依据，是表达主题的支柱。而充实的材料，会使主题得到充分的体现。

（二）材料的分类

从文章写作的角度给材料进行综合分类，划定其归属，反映出材料的不同性质、特点，以便于记录、存储、整理和选用。根据不同的标准，应用文的材料大致可分为以下六种类型：

1.按材料的特点分类

（1）事实材料　客观存在的具体事物、情况或是书籍报刊中记载的具体事实，例如，经济活动、经济事件、统计数字等。

（2）理论材料　来源于实践，或在实践中验证了的观念，包括理论、政策、法规、原理、定理、定义、格言、谚语等。此类材料多为文章开头处采用。

2.按材料的来源分类

（1）直接材料　又称第一手材料，为写作者亲自观察、调查和亲身体验获取，而非别人转述、转引而来的。应用文非常重视直接材料，如：市场调查报告若作者不亲自参与，实地考察，反映情况的真实度便大打折扣。

（2）间接材料　阅读书报，检索文献资料，或由他人提供第二手资料，可作为直接材料的补充。间接材料在写作中是不可或缺的，使用时要尽可能认真查对，防止以讹传讹。

3.按材料的范围分类

（1）综合材料　也叫面的材料，把一些同类的个别材料加以集中、归纳，从而反映事物整体概况的材料。

（2）个别材料　又叫点的材料或典型材料。它是反映具体事实的单个材料，但它不是孤立地只反映个别情况，而能代表一般的反映事物本质的材料。

综合材料反映事物的广度，个别材料反映事物的深度。两种材料结合在一起，能增强问题解决的力度。

4.按材料的性质分类

（1）正面材料　具有积极、先进、经验性的特点，可供表扬、褒奖的材料，如：总结中用来反映成绩、经验的材料。

（2）反面材料　具有消极、落后的特点，用来吸取教训的材料。如某中队在一份公文中写道：

> 对于新三大条令，一中队雷厉风行，认真贯彻落实，进步快，效果明显。三中队反应迟钝，贯彻落实抓得不紧，不但没什么进步，反而有退步的迹象。

此例一正一反，组合使用，对比强烈，使文章的观点更有说服力。

5.从材料的详略分类

(1)具体材料　具有翔实生动的特点,反映局部与细节,能给人以具体印象,对于理解事物的深刻性有一定的作用。

(2)概括材料　具有笼统简约的特点,重在勾画轮廓,能给人以总体印象,对于把握事物的全面性有一定的作用。如《××师特招大学生干部情况的报告》:

> 大学生干部在谈到入伍初衷时,除了有人想到部队接受锻炼、干一番事业外,90%的学生都不回避有“自我设计”:有的想到能充分发挥知识优势的机关或科研单位,有的想以部队为“跳板”继续深造,还有的感到地方政府机构改革、许多企业不景气等,难以找到合适的单位,准备先到部队“观望”几年再说。如清华大学毕业的双学士冯连亭尽管学的是热门专业,不乏条件优越的单位接受,但他最终选择了军营……

以上材料两方面组合运用,使作者的观点突出,既简练又有力度,具体材料翔实充分。

6.按材料的时间分类

(1)历史材料　距离写作时间较远,反映过去情况发生、变化的材料。

(2)现实材料　距离写作时间较近,反映事物现状和结果的材料。

为了深刻认识一个事物,就必须把现实材料和历史材料结合起来,以便了解事物的全过程,通过对比分析找到解决问题的方法。

(三)材料的收集

21世纪是知识经济时代,社会成员应具有较强的信息收集、整理、加工、开发和运用的能力。只有具备了信息处理和运用的能力,才能在政治、经济、文化等领域更好地完成本职工作。在写作实践的过程中收集材料,正是培养信息处理能力的需要。收集材料的主要途径有三种:从日常生活中观察感受;从调查采访中收集储存;从文字资料中采集积累。

1.观察感受

观察的目的是获取信息,积累感性材料,为写作创造条件。观察的方法有:

(1)整分观察法　即由整体到局部再到整体对客观事物进行观察,以掌握某一社会现象、社会活动的全貌和它的内在联系。

(2)横向观察法　即把多种相近、相关甚至相反的工作情况、经济现象作比较观察,以判明某一工作情况或现象的特征,从而得出正确的结论。

(3)纵向观察法　即从不同的时间、地点对同一社会现象和事物情况作跟踪观察,以了解它的发生、发展和变化情况,从而把握其规律。

(4)全方位观察法　即对某一现象或情况从不同角度、不同侧面、不同层次进行观察,以了解它的发生、整体面貌和构成状态,把握其中的种种关系。

观察不仅要用眼睛看,还要用心去感受和体验,用心去思考。这样获取的材料不仅是感性的,而且也是理性的,是通过理解所积累的第一手材料。

2.调查研究

调查采访的目的是有目的地、有对象地深入实际进行观察并向有关人员了解询问有关情况，积累第一手材料。写作财经应用文，调查是必不可少的步骤，如市场调查报告、市场预测报告需在调查之后，才能动笔。调查的方法多种多样，常见的有：

（1）正面调查和侧面调查相结合　调查采访既要从正面接触调查对象，也要从侧面间接了解调查对象。从侧面调查时，接触面要宽，既要找持赞同意见者，也要找持反对意见者。调查面越宽，了解情况越多，就越能对调查对象做出准确的评判。

（2）开调查会和个别访问相结合　开调查会要注意两点：一是参加人员不宜过多；二是主持人要善于启发引导。有些在调查会上不易得到的情况须通过个别访问，作深入了解。个别访问要以诚相待，以打消对方顾虑，说出真情。

（3）调查情况和分析研究相结合　对调查获取的材料要认真分析研究，如发现问题，应及时补救，调整方法，把调查采访步步深入下去。

（4）收集主要事实和细节材料相结合　调查采访在获取主要事实的同时，也要注意积累有关数字、人物语言、环境场面等细节材料，以备后用。

3. 积累查阅资料

查阅资料主要是通过阅读书籍、报刊、各种文件等文字资料采集积累。资料存储的方法：一是在网上查阅的信息，按关键词、作者姓名转入个人信箱或文件夹存储。二是从各类书、报、刊上查阅的资料，采取卡片式摘要、提纲式摘录等方式，将获得的资料分类保存。

以阅读的方式采集积累资料，通常有两种情形：一种是有了明确具体的写作意图或写作任务后，再去收集材料，是现用现收集；另一种是平时的日积月累。作者往往根据自己的工作性质、工作任务、业务范围、阅读兴趣，有计划地长期坚持收集材料，积累材料，这样收集积累的材料，量多面广，不仅为今后的文章写作打下基础，而且在收集阅读中增长了见识，提高了分析鉴别能力。

在阅读中采集资料要注意两点：一是阅读面要宽。阅读面宽，视野就开阔，积累的知识和材料就丰富；二是注意分类整理。阅读要养成剪存抄记资料、写读书笔记的习惯。

（四）选择材料的要求

选择材料直接关系到主题的表达与文章质量的好坏。应用文选择材料要求如下：

1. 选择材料要切题

切题就是围绕主题，根据文章主题的需要来决定材料的取舍。要把那些与主题联系紧密的材料，能够有力地表现、说明主题的材料作为重点，用好写好。对此，俄国一位作家有一个很生动形象的说法，他认为要在大理石上刻出人脸来，无非就是把这块石头上不是脸的地方都剔掉罢了。这里所说的“不是脸的地方”，就是与主题无关的材料。

2. 选择真实准确的材料

真实就是实有其人，实有其事，所叙述的现象、事例、数据、问题都是生活中的客观存在，经得起核查，它能反映事物的本质。

值得注意的是，有的材料从它本身孤立地看是真实的，是客观生活中发生的真人真事。但透过现象看本质，这个真人真事未必反映了生活的本质。如：一份反映某校积极开展勤工助学的简报，选用了教师上街卖冰棍这个事例。这种个别的、偶然的现象没有反映出学校的本质，所以不能够作为真实的材料。

所谓准确，就是可靠无误，数据要准，事件要准。如某县一个工作总结的初稿写道：

> 新中国成立以来，我县的教育事业发展很快。不但办起了中小学，还办起了中专、技校，甚至大学；在校学生人数已占全县人口的1/4，专职教师已逾2 000人。还聘请了不少有实践经验的兼职教师。全县乡级以上领导干部和科技人员中，80%是新中国成立后的学校培养出来的。

后来改为：

> 新中国成立以来，我县的教育事业蓬勃发展。新中国成立前，全县仅有一所中学、十几所小学，现在已有小学635所、普通中学40所、职业中学4所、中专技校10所、高等学校4所；各级各类在校学生已达23万人，专职教师共2 300多人；适龄儿童入学率达99.6%，全县1980年已普及初等教育；幼儿教育、特殊教育、成人教育也都有较大发展。

很明显，为了说明“我县教育事业蓬勃发展”这个观点，两段例文选用的材料优劣显见。前一段例文中，办起了各类学校这个材料模糊，在校学生数占总人口的比例也不能准确说明观点，最后一句虽然生动，但并不能针对观点说明这是该县教育的成绩，整个材料也显得单薄。而后一段例文中，选用的例文比较具体、准确、充实，给人以清晰深刻的印象。

3.选择典型材料

所谓典型，就是指能揭示事物本质，具有广泛代表性和强大说服力的材料。收集材料时要以十当一，选用材料时要以一当十。典型材料可以是一个具体的事例，一些有说服力的数据和一些带有普遍性的现象。如市场调查报告《“小解放”为何俏销湖北》，在说明“优质服务获得良好口碑”这一经验时，采用了这样一则事实材料：

> 去年10月的一天傍晚，河南省郑州市某单位的一辆小解放牌车在去广州途经武汉时，在武汉黄鹤楼处出现问题，求助电话打到了该销售中心，中心经理立即亲自带队迅速赶到现场，发现该车是用户对后驱动桥端面螺丝没拧紧而发生齿轮油漏尽，导致差速器锥齿烧损。当维修人员在后半夜将修好的车交给用户时，用户激动地说：“虽然我们不属于该省管辖，又没带保修手册，并且问题又是因我们使用不当所致，你们还这样及时周到地服务，太让我们感动了！‘小解放’走到哪服务到哪，此言不虚，以后再买车，还买‘小解放’。”

这一材料就是一则很能表现主题的材料，是典型的材料。

4.选择生动新颖的材料

所谓新颖，指材料新鲜而有创意。应用文的材料新颖有两层含义：一是指材料本身新颖，是指那些反映客观事物的发展变化趋势，说明客观事物的最新面貌，回答现实生活中人们最关心的、最迫切的问题，即反映新人、新事、新成果、新数据、新经验、新思想等；二是指对旧材料的活用，即突破固有的思维定式，从不同角度揭示材料的意义，使老树开新花。材料新颖，具有时代气息，就能增加文章的魅力，吸引读者。如：

《法警背起生病被告》一文中，通过一位法警背一名戴手铐行走不便的生病被告出庭的新奇事件，来反映我国司法体制改革的方向和进程，有效地传递出了深层次的理性信息，这篇文章不失为一篇宣传中国人权现状的好报道。

《做一天和尚撞一天钟》一文，将“和尚撞钟”释为“尽职”“认真”之意，认为对此“不但不应指责，相反应该提倡”，“假如每个人都能像和尚那样，一丝不苟地尽到了自己的职责，我们周围就没有那么多渎职现象了”。这是从新的角度活用旧材料，用新的方法研究旧材料，从而化腐朽为神奇，给读者以富有时代精神的新启示。

小结

主题是文章的统帅和灵魂，决定着文章的质量、价值和作用。应用文主题的提炼应遵循特定的原则，形成具有“意在笔先”的特点。主题的要求：正确、深刻、集中、鲜明。这一要求决定着应用文主题的表现特点与表现方法，在应用文中，作者与读者能够很快地领悟文章的目的与要求。应用文材料应明确分类，掌握应用文对材料的要求。

写作技能训练

一、选择题

阅读下面这则信息，并从给出的选项中选出一项填在括号里作为此文的标题，以彰显其主题。

（　　　　　　　　　　　　　　　　　　）

最近日本商人发现在一些缺水的阿拉伯国家水比油还贵，于是他们经过反复研究，找到一种比出口淡化海水更简单更省钱的方法：出口雨水。从多雨的日本海接到雨水，用轮船运到阿拉伯国家，多种费用加在一起，每吨成本不到1美元，赚头可观。第一个接受这种特殊商品的是阿拉伯联合酋长国，该国计划每年进口2 000万吨雨水用来灌溉和开垦荒地，种植农作物。

为了保证出口雨水的质量，防止污染，日本三菱公司还专门成立出口雨水的专业公司。日本专家还研究出了一种清除轮船内石油废渣的方法，利用油轮运载雨水，往返不空驶，大大降低了出口雨水的成本，增加了外汇。

选项：

A. 阿拉伯国家水比油还贵

B. 日本研究出保证出口雨水质量防止污染的方法

C. 出口雨水，赚头可观

D. 进口雨水用来灌溉农田

E. 开动脑筋，科学经营

二、情境写作

在来到学校的第一次班会上，同学们踊跃发言，作自我介绍，你怎样更好地介绍自己呢？

要求：1. 一定要有特色地展示自我，给人留下深刻的印象。

2. 时间两分钟以内。

链接

应用文是文章的一大类别。应用文是国家机关、企事业单位、社会团体、人民群众在处理公私事务、传播信息、表述意愿时使用的具有规范体式的一类实用性的文章的总称。它与人们的关系最为直接，使用频率也最高。

"应用文"一词，最早出现于北宋散文家苏轼的《答刘巨济书》一文中。"应用文"作为一个写作的术语，则最早出现在清代学者刘熙载编写的《艺概·文概》中，文中表述："辞命体，推之即可为一切应用之文。应用文有上行文，有平行文，有下行文，重其辞乃所以重其实也。"刘熙载虽没有阐述应用文的概念，但指出了应用文重实用、讲实效的特点。

应用文的分类方法很多，从写作主体角度分为公务和私用，从功用角度划分为通用和专用。

一是通用类，指人们在办公或办事中普遍使用的文书。

(1)公文类　指《党政机关公文处理工作条例》中所规定的 15 个文种。它包括：决议、决定命令(令)、公报、公告、通告、通知、通报、议案、报告、请示、批复、意见、函、会议纪要。

(2)通用事务类　包括调查报告、总结、述职报告、计划、简报、规章制度、会议材料等。

(3)个人事务类　包括条据、书信、各类启事、日记、读书笔记等。

(4)公关礼仪类　包括开闭幕词、欢迎辞、欢送辞、邀请函、讲话稿等。

二是专用类，指专业性较强的文书。

(1)科技类　如毕业论文、学术论文、实验报告、科普说明文等。

(2)财经类　如市场预测报告、市场调查报告、经济活动分析报告、经济合同、协议书、意向书等。

(3)传播类　消息、通讯、广告、特写等。

此外，还有司法类、外交类、军事类等方面的文书，但由于其使用太专一，未来工作岗位使用具有一定的特殊性，本教材不作详细讲解和教学内容。本教材主要讲授日常礼仪类文书、事务文书、党政公文、经济合同等部分文种。

应用文同文学作品比较，既有共性，也有个性。共性是都是对客观事物有反映，但是从主题的表现到表达却都有不同的特点。

1. 目的具有实用性

实用性是应用文的本质属性。一篇向上级请求拨款的请示，有可能得到上级同意拨款的批复，使本单位资金短缺的问题得到解决。应用文办理事务的实用性，具有更强烈、更鲜明、更直接的特点。

2. 内容具有真实性

具有真实广泛的内容，是应用文的生命。应用文的内容真实要求的是生活真实，即它必须反映生活的本来面目，不允许夸大、缩小、歪曲事实，更不能杜撰虚构。虚假的应用文内容会传递假信息，人们利用假信息处理公私事务必然会出现错误，造成工作损失。因而应用文要求所依据的材料真实准确，实事求是。

3. 思维具有逻辑性

应用文主要运用逻辑思维，以抽象的概念和确凿的事实为基础，进行判断和推理。在表达事实时，为了服从主题的需要，应用文的各个要素之间要建立一种特定的逻辑关系。要有先后、有主次，有理有据、有因有果，有分有合、有始有终，恰如其分地表达出事实的各个层次，以合乎受众的思维逻辑习惯。体现在结构上，要条理清楚，段落之间具有明显的逻辑关系，陈述事项界限清晰，不交叉，内容讲究前因后果，材料能够证明观点。

4. 格式具有稳定性

应用文在人们长期使用的过程中，由于约定俗成，或由行政机关做出统一规定，产生了相对比较固定的格式，对此，人们必须共同遵守，写作时不能随意变更。它主要表现在两个方面：一是文章的结构形式。如计划，一般先写目的，然后写工作安排；消息，一般习惯于“倒金字塔”形式，即把最重要的结果写在前面，然后再依次按事件发生的过程写；调查报告，一般先介绍调查的目的、调查的对象、调查的时间和地点、调查的方式，然后再就调查的问题分项进行说明。应用文写作者在写作时，不能随心所欲，自行一套，而要根据某种文体的规范选择结构，安排材料，使用语言，即遵循不同的结构模式来写作。二是文面形式，包括标题、正文、落款等内容项目在纸面上的编排位置、字号大小、纸张型号等都有具体要求。

5. 语言具有平易性

应用文语言的平易性是内容简明扼要，表述清晰流畅，风格朴实。由于应用文具有实用性和真实性，要求叙述、说明客观事物要用平实的语言，以书面语体为主，用人们约定俗成的专用语体，行文时尽可能使用全社会公认的、范围广的词汇和语法。如某公安局的预审终结报告：“罪犯凌××于2005年12月2日9时11分，在向阳农场持刀砍伤李××脑袋，行使抢劫。第二天，搭车逃往外地，当夜跑到朋友家躲起来。”该文在写作时表述清楚，但使用形象化语言进行描述，忽略了应用文语言具有规范化书面语体的特点。终结报告过多使用“脑袋、第二天、搭车、当夜”等模糊语义的词语，致使文章的真实性引起人们的质疑。

Section 2

结　构

知识目标

- 了解应用文结构、思路、构思的含义。
- 掌握应用文结构的原则与要求。
- 掌握应用文结构的模式。

技能目标

- 能够对文章结构进行合理的排序，符合应用文文体的结构要求。

自学与自测

一、填空题

1.结构即文章的组织方式和内部构造,通常也称__________、__________,是作者________和________相结合的产物。它既是文章内容的重要表现形式,也是作者思路在文章中的具体体现。

2.结构要素包括__________、__________、__________、__________、段落、过渡、照应等。

3.应用文常见标题有________、________、________、________。根据标题的多少分为________和________。

4.公文式标题主要由________、________、________三部分组成,可分为完全式公文标题和非完全式公文标题,常用于________。

5.文件式标题主要由________、________、________、________四部分组成。

6. 常见的应用文开头方式有:________、________、__________、__________、________、________等。

7.________是应用写作中较为常见的方法,直接写出基本情况,主要问题或工作的大致进程。多用于总结、调查报告、会议纪要等文体。

8.交代撰写应用文的依据,包括交代________、________、________、________、________等,是行政公文、计划等文体最常见的开头方式。

9.常见应用文的主体结构模式有以下几种:________、________、________、________、________、________等。

10.应用文大致有以下几种结尾模式:__________、____________、__________、__________、________、________等。

二、简答题

1. 应用文结构应遵循的原则与要求有哪些?

2. 如何构思应用文全文?

3.结构主体层次表现形式有哪几种?

范文阅读与训练

【例文 1】

关于××同志擅离职守造成火灾事故的通报

×发〔2004〕4 号

2004 年 4 月 2 日晚,××家具厂青年工人××在木材烘房值班时违反"值班人员不得离开烘房"的规定,同另外三名青年工人到远离烘房××米的传达室打牌。由于火势无人控制，逐渐增大，于××时××分发生火灾，烧坏木材××米³，造成直接经济损失××万元。

经调查证实，这次事故纯属××同志擅离职守造成的。厂里已决定给予其行政记大过处分，并责其赔偿经济损失××万元。为了从中吸取教训，现在全局予以通报。希望各单位加强对职工进行岗位职责、劳动纪律、安全生产的教育，严格各项规章制度的贯彻执行，以防止类似事故的发生，确保国家财产和人民生命的安全。

××市××区工业局(印章)

2004年4月20日

评析：这是一份(　　　　　　)。主题是(　　　　　　　　)。围绕这一主题，从结构方面安排，应先写事故发生的经过，侧重写原因，然后分析原因，说明处分决定，并提出要求。

【例文2】

我一生有三幸。第一幸，我是中国人，是中华民族的一个成员。中华民族是世界上最为悠久的民族，她对世界的文明做出了巨大贡献。第二幸，我身处当代，经历了新、旧"两个中国"，又跨越了两个世纪，是中国动荡、发展、迈进的目击者和参与者，而且始终是社会进步力量的成员。第三幸，我是一名教师。教师是阳光下最灿烂、最神圣的职业。在这个岗位上，我结识到了尊敬的师友，这是我的幸运。

——选自景克宁《八十寿辰座谈会上的即兴演讲》

评析：这段致辞，作者把漫长的一生用充满深情的三句话加以概括，首先用一句话领起一段。然后每一句话都表达出作者的情感。一是表达了对祖国的深爱之情，二是见证并参加了祖国的发展、建设，三是热爱教师职业。即兴演讲是有感而发的讲话，所以构思的过程要快，而且语言表达精练，并充满感情、哲理。

知识提要

一、结构与要求

(一)结构的含义

结构即文章的组织方式和内部构造，是文章部分与部分、部分与整体之间的内在联系和外部形式的统一，通常也称布局谋篇、篇章结构。它是作者思路和事物客观规律相结合的产物，是文章内容的重要表现形式，也是作者思路在文章中的具体体现。

(二)结构的原则与要求

一篇好文章，结构所起的作用功不可没。布局谋篇是每一位应用文撰写者下笔前面临的一个基本问题，它对全文的成败起着关键的作用，因此，应用文的结构安排应遵循以下原则：

(1)符合客观规律和人们的认识规律　客观事物自有其发展、变化的规律，人们对客观事物的认识也有一定的规律。所以，应用文的结构必须遵循这两条规律，反映客观事物的内在联系。

(2)为主题服务　应用文的结构必须为主旨服务，主旨是全文的"纲"，它统帅全篇，能突出表现主旨的结构才是好结构。

(3)不同的文种必须有其相应的结构　应用文因其使用的范围、条件、对象的不同,结构形式也不相同,在写作时应该注意这些不同文种的结构特点。

综上所述,应用文在结构安排上有三个方面的要求:

1.突出主题

主旨是贯穿全文的“线”,应用文的结构要有助于突出主题,这主要表现在应用文的写作规范上。它一般在标题或开头点明主旨,再围绕主旨安排层次和段落,有的还在结尾加以总结,升华主题,照应开头。

2.要求要素完整

应用文要求各组成部分必须完整,不能省略或缺漏。要求齐全,开头结尾,过渡照应,不可或缺。

3.符合文体特点

各种应用文都有符合自身特点的格式,不能随意混用。例如工作报告、会议纪要等陈述性文体,大多根据管理活动、管理对象的发展变化及特征来组织文章结构;行政法规、合同和协议书等文体,侧重说明根据、规则、措施,常用条款式、表格式组织结构;调研报告、学术论文等说理性的文体则要运用论据对论点进行论证,其结构一般按提出问题、分析与论证问题、解决问题的次序组织。

二、构思

写作过程是思维的过程,写作者思维运行的路线反映到文章中,就是思路。思路在文章中的表现形态是把文章的全部材料连接成一个有机整体的基本脉络。按照这个思路写作,就形成了文章的篇章结构。作者的思路如何,直接影响着文章的结构,思路严密清晰,文章才可能贯通流畅,井然有序。所以,安排结构,首先要理清思路,需要对文章主题的确立、材料的选择、框架的构建等进行周密思考,这就是构思。

构思应做到三步:

第一步,考虑写什么。目的是使主旨进一步明确。

第二步,构思怎么写。它包括定体、布局、择法。首先,定体是根据主旨考虑选择、优化应用文的文体,构思时在确定一种文体后,再根据要求继续运思。其次,布局,又称结构,是应用文的合理架构,其本质是客观事物的内在联系与主体的写作主旨,以及应用文不同的文体特征在文中统一的集中体现。从表现形式看,布局时就应明确其开头、主体、结尾,以及段落、过渡、照应等细处,要体现应用文的完整性。最后,择法就是选择表述的方法、技巧。应用文的结构方法、表达方法,因文体而异。在行文的过程中要结合实际,选择恰当的方法。

第三步,编列提纲。提纲可列简短的词语提示层次段落,作为全篇的轮廓和导引即可。或者编列详纲,将大小标目,各部分、各段落的内容概要安排好,形成一个准备好的对位材料的框架结构。

三、结构要素与模式

从写作过程来看,结构的安排在应用文中占有极其重要的地位,结构安排的好坏是应用文写作成败的一个关键因素。结构的模式化是应用写作的一大特点。模式是某种事物的标准形式或使人可能依照的标准样式，它是一个相对固定的范本。文章结构虽然不会千篇一律，但各种结构所包含的基本要素是一致的，这些要素因不同的文体有不同的表现形式及要求。从外观样式看，结构分为文字式、表格式、文表结合式；从段落的多少看，分为单层式和多层式。本文主要从结构内容看，结构要素包括标题、开头、主体、结尾、段落、过渡。

(一)标题模式

应用文常见标题有公文式、文件式、文章式、文种式。根据标题的多少分为单标题和双标题。

1. 公文式标题

由制发机关、事由、文种三部分组成，可分为完全式公文标题和非完全式公文标题。常用于行政公文。如：

《共青团××市委关于要求补助××青少年活动中心设施添置费的请示》属于完全式公文标题，要素齐全。

《关于加强和规范禽流感防治工作的通告》属于非完全式公文标题，本标题省略了制发机关。

2. 文件式标题

由单位名称、时间、内容、文种四部分组成，在不同的文体中可以省略单位、时间，常用于事务文书、经济文书。如：

《××公司2009年度营销计划》

《××市农产品市场调查报告》

3. 文章式标题

概述文章内容和主要观点。常用于消息、学术论文。如：

《平常心乃投资理财之本》

《转变观念从小做起　擦鞋店也能做成连锁店》

《本市手表销售是继续下降，还是回升？》

4. 文种式标题

直接以文体为标题。如通知、启事、借条、申请书。

根据标题的多少分为单标题和双标题。单标题要准确、简要地反映文章的核心内容、中心观点或主要问题，双标题一般由正题和副题两部分组成，正标题往往揭示文章的主要内容或基本观点，副标题则从某方面对正题进行补充说明。常用于论文、调查报告、新闻等文体。如：

《“长江”资金管理模式——武汉无线电厂用活资金的调查》

(二)开头模式

文章开头即作者立言之始，是展开主题的起点，是文章的有机组成部分。应用文不同于文学作品，“进门向壁，曲径通幽”，而是开门见山，下笔入题。常见的应用文开头模式有概述式、交代式、结论式、提问式、表态式、致意式。

1. 概述式

这是应用文写作中较为常见的方法，直接写出基本情况，主要问题或工作的大致进程。

多用于总结、调查报告、会议纪要等文体。

【例1】

××地区税务局关于2007年税收宣传月工作情况报告

今年4月是第16个全国税收宣传月。我局根据省局统一部署和要求，以机关作风教育整顿活动为契机，紧紧围绕“依法诚信纳税，共建和谐社会”这一主题，在宣传手段多样化、主体多元化、内容典型化、效果明显化上下功夫，以简朴的形式，较大的效应，求新、求变、扎实地开展一系列内容丰富、形式多样的宣传活动，形成强大的税收宣传声势，为全面推进税收工作的开展营造了良好的外部环境。现将我局2007年税收宣传月活动情况报告如下：

本文概述式开头的优点在于直接写出工作情况与取得的成绩，使读者有一个总的要领、印象，起到提纲挈领的作用，为正确理解主体部分打下基础。

2. 交代式

交代撰写应用文的依据，包括交代目的、原因、背景、意义、根据等，是行政公文、计划等文体最常见的开头方式。我们分别举例说明：

(1)目的式　交代撰写应用文的目的。它要求作者用简洁的语言说明撰写该文的目的。常用“为”“为了”等介词来组织句子。这一模式常被计划、方案、通知、经济合同、制度类文书等所采用。

【例2】

××省关于扶持少数民族地区旅游业发展的意见

为充分发挥少数民族地区旅游资源和区位优势，推动少数民族地区旅游业快速、健康、持续发展，促进我省少数民族地区经济发展和社会进步，提出以下意见：

这样的开头通过“充分发挥、推动、促进”三个关键词领起，直接阐述行文目的。

(2)原因式　交代撰写应用文的动因和理由，直接阐明开展某项工作的条件、必要性。常用“因为”“由于”“鉴于”等词语。

【例3】

关于在承包任务时必须承包安全生产的通知

由于全体干部职工的努力，2002年我厂在安全生产方面取得一定的成绩。但存在不少问题，有些部门在接受厂外加工任务时，由于未承包安全生产，只赶任务而忽视安全生产，造成了职工手指折断和设备部件坠落等事故。根据市人民政府和市机械工作管理局关于“承包各项任务时，必须承包安全”的指示精神，结合我厂的具体情况，特作如下规定：

(3)背景式　阐明撰写应用文的背景，加强读者对取得工作业绩的理解，为下文做了明确铺垫。

【例4】

××公司××××年生产工作总结

××××年是公司与美国JDG意向合作进入最后签约阶段的一年。国际化合作的背景变化影响到公司体制改革、生产标准国际化、生产线复杂多样化等诸多变化。对我们生产部来说，变化和挑战也是巨大的。在这种背景下，我们的工作取得了很多成绩，也存在着一些问题。现将一年来的情况分述如下：

用简练的语言写明了××××年复杂而又有挑战性的工作背景。

(4)意义式　阐明意义是强调所开展工作的重要性。这一模式常用于公文的开头。

【例5】

关于加强同发展中国家经贸关系的若干意见

大力加强我国同发展中国家的经贸关系，扩大相互之间的经贸合作与交流，对增加我国国民经济发展的动力和后劲，落实“走出去”的开放战略，维护我国国家利益和安全，促进祖国统一，支持和帮助发展中国家发展经济，推动建立国际政治经济新秩序，具有十分重要的战略意义和现实意义。

(5)根据式　阐明撰写应用文的依据，加强读者对主体内容的理解，从而提高办事效率。常用“根据”“据”“按照”等词语。

【例6】

关于二〇〇一年正常晋升工资和离退休人员增加离退休费的实施意见

根据浙江省人事厅浙人薪〔1997〕241号文件第五条和全省工资会议及人事厅领导讲话精神，结合我市实际提出如下意见，请贯彻实施。

交代式开头的不同方式有时综合运用在一篇文章的开头中，有表目的之后写做法，现状之后写目的，有根据、目的等几种内容组合在一起。

【例7】

千名企业家培训工程实施方案

为认真落实省委、省政府主要领导“关于加强新型企业家队伍建设”指示精神，根据《××省人民政府关于加强新型企业家队伍建设指导意见》(×政发〔2007〕3号)，努力打造新型企业家队伍，推动企业管理升级，提升企业软实力，促进企业不断发展壮大，决定实施“千名企业家培训工程”。现制定如下方案：

“为”表明方案制定的目的，“根据”表明依据，方案目的细化，语言简洁、写作规范。

3. 结论式

在应用文开头直接点明作者的看法、观点，得出结论。总结、可行性分析报告、市场调查报告等都常采用这一方式。

【例8】

扩大就业是改善民生的根本之策

——对金融危机冲击下我市保就业保民生的调研与思考

就业是民生之本。去年下半年以来，受国际金融危机的冲击，我市经济出现下行态势，使本来就严峻的就业形势更加逼人。今年3～4月份，我认真调研和走访了一些企业、院校以及人民群众，就业问题已成为一个重大的民生问题、突出的社会问题、潜在的稳定问题，党和政府为之忧心，社会各界为之关心，广大求职者为之焦心。

4.提问式

在文章开头提出切合实际的问题，引起读者的注意。

【例9】

核心竞争力——企业制胜的根本

在激烈的市场竞争中，一个企业制胜的根本是什么？为什么有的企业能长盛不衰，有的企业只能成功一时，而有的企业却连一点成功的机会都没有？笔者一直为这些问题所困惑。

5.表态式

在公文的开头表明作者的态度。

【例10】

国务院办公厅转发水利部关于加强嫩江松花江近期防洪建设若干意见的通知

水利部《关于加强嫩江松花江近期防洪建设若干意见》已经国务院同意，现转发给你们，请认真贯彻执行。

6.致意式

贺信、感谢信和讲话稿多以这种方式开头，目的是给人以亲切感，渲染气氛。

【例11】

××副市长在"五一"房地产博览会上的讲话

各位来宾、同志们：

五月的××，花团锦簇，激情飞扬。在这美丽的东方湿地之都，在这迷人的鹤舞鹿鸣之乡，××市区"五一"房地产博览会隆重开幕了。我谨代表××市人民政府，对本次房展盛会的顺利举行表示热烈的祝贺！对辛勤工作的全体组委会人员表示亲切的问候！向光临展会的各位来宾、各界朋友表示热烈的欢迎和衷心的感谢！

在实际写作中，开头方式灵活多样，除上面所讲的几种方式外，还有比较式开头、引用式开头等多种方式，这里只介绍至此。

(三)主体层次模式

应用文主体部分的结构安排要充分考虑到材料对主题的表现，考虑到材料本身的内在逻辑关系。应用文的主体要以层次、段落的形式安排材料，反映内容。

层次是文章思想内容的展开次序。它体现作者的思路，一篇文章的内容是否具有逻辑性，是否能恰当地表现主题，主要看层次的安排是否合理。

应用文结构模式习惯上统称为纵式结构和横式结构，我们采用较为具体的说法。常见的有连贯式、递进式、并列式、因果式、独段式、综合式六种：

1.连贯式

这是一种按照管理工作的阶段和事件发生的时间先后为序的方法。各类事故报告，举办庆祝、纪念、竞赛等活动，进行情况总结，都适宜于采用这种方法。这种结构常用于内容单纯、叙事性强的文种。如：

某单位《××关于市新华书店书库重大火灾事故的报告》在介绍火灾发生、蔓延到扑灭时，就采用了连贯式，简明地反映了火灾事故的全过程。

某单位撰写的《××公司试行全员劳动合同制工作计划》主体部分就是按照工作发展阶段的层次来安排结构的。它的结构提纲：一、准备阶段；二、实施阶段（签订劳动合同）；三、总结完善阶段。

2. 递进式

递进式是安排结构时以逐步深入的事理关系为序，从提出问题、分析问题到解决问题，环环相扣，步步深入，或者从表象到实质，层层推进，或以点带面，提高升华。这种结构方式的条理性依赖于事物内在的逻辑关系。如：

《关于重庆市巫山县部分乡镇铲苗种烟违法伤农事件调查报告》是一篇揭露问题的调查报告，结构首先叙述"铲苗种烟，违法伤农"这一事件的基本情况，然后深刻分析了发生事件的经济和政策方面的原因，最后调查组提出对这一问题的看法。

3. 并列式

并列式也称横式结构，是安排材料时按并列关系，横向展开，或以空间方位为顺序，或按事物本身的结构组成划分层次，依次交代。如产品说明书。有的是一个问题的几个方面，有的是一种事物的几种存在形式，有的是一个部门的几个典型，这些方面、形式、典型之间存在一定的联系，形成应有的条理性。并列式结构是应用文较常用的结构模式。

【例12】

关于住房装修情况的市场调查

一、消费市场：房屋装修需求量大，居民支付能力有限。

二、供给市场：装修公司是主力军，质量服务尚待加强。

三、房屋装修：不同家庭各具特点，装修材料选择不一。

这种结构方式是以调查报告的主要问题为主线来安排主体部分的内容，在每一个问题中结合调查的有关情况进行详细分析。这种结构易于作者掌握，也便于读者把握文章的整体内容。

4. 因果式

因果式结构是以事物之间的逻辑关系为序，侧重揭示事物产生原因，在写作中把事物的前因后果分析清楚。

【例13】

塑料薄膜充气玩具为何如此畅销

结构提纲：结果，塑料薄膜充气玩具热销。原因有：一是色彩鲜艳、造型生动、形象逼真、品种较多；二是价格适中；三是安全卫生。在这里，作者采用因果逻辑顺序模式，把调查结果置于开头，然后分析产生这一结果的三个原因，进而说明"塑料薄膜充气玩具是当今市场上较为热销的产品"这一调查结果。

其结构就是按照从结果到原因的逻辑顺序安排层次的。

5. 独段式

在应用文中有一些文体内容单一，段落少，只有一个层次。出现层次、段落合一的形式。例如各类条据、申请书、启事、一般事务性通知等。

【例 14】

××市粮食工业公司门市部开业启事

本市门市部翻修工程已顺利完工，自即日起营业。本门市部向您提供自产各式面包，价廉物美，营养丰富；堂内供应各式饮料，可堂吃也可外卖，方便、经济、实惠。

营业时间：9:00—21:00

门市部地址：××路××号

6.综合式

综合式是把几种结构方式交错起来使用。在实际写作中，通常在一些长篇文章中，大层次按一种结构形式安排，而每个层次内段落之间则采用另一种形式。

以上所述只是应用写作中常见的几种主体结构模式。这一规律在学习的过程中，要求阅读大量应用文，总结提炼出文章的提纲。

层次的表述方法：

一是用小标题表示。如：

《2004年度电修车间工作总结》一文各个层次间即用下述小标题表示：一、克服困难，确保生产设备正常运转；二、能修不换，确保经营指标控制下降；三、以人为本，确保安全工作扎实有效；四、方向明确，确保党建、工会工作为生产经营保驾护航。

二是用数量词表示。如："一、二、三、……"

三是用词、词组提示。如：

《××学校文秘专业实习安排》主体内容：一、目标和任务；二、时间安排；三、实习安排；四、组织领导与实习管理；五、实习要求。

(四)结尾模式

结尾又称收尾，是文章内容发展的必然结果。它和文章的开头、主体一样重要。好的结尾使文章结构匀称完美，主题得到强调，并给读者留下深刻的印象，带来启发，产生新的思索。应用文的结尾模式：有号召式、归纳式、建议式、说明式、专用语式、自然式。

1.号召式

提出要求，发出号召，展望未来，用概括性语言表达良好的祝愿及对今后工作的信心和努力方向。

【例 15】

××省人民政府关于表彰2008年度安全生产先进企业和单位的通报

希望受表彰的企业再接再厉，以科学发展观为指导，建立安全生产长效机制，深入开展安全生产工作，力争新的一年取得更大的成绩。全省所有企业和单位都要向先进学习，认真贯彻执行党中央、国务院和省委、省政府关于安全生产工作的一系列方针政策，坚持以人为本，真抓实干，切实搞好安全生产工作，促进全省安全形势进一步好转，为陕西经济发展和社会稳定做出积极贡献。

2.归纳式

这种结尾在篇末概括总结全文的基本观点，与开头相呼应，给读者留下一个完整的印象，以便加深对文章主题的理解。这种结尾模式常见于会议报告、典型先进事迹、重大事故报告、综合性经济调查等。

【例 16】

“菜篮子”工程调研报告

正确的政策是开展工作的前提条件和重要保证。只要我们认真实行这些政策，农民种菜的积极性会被调动起来，蔬菜的生产将会有长足发展，“菜篮子”工程建设必能取得又好又快的效果。

3. 建议式

即对调查、研究和文中所关涉的问题提出一定的建议和愿望。这种结尾方式在市场预测报告、经济活动分析报告、求职信中经常使用。

【例 17】

贵州农民养猪效益情况调查报告

诸多原因引发今年生猪价格上涨，农户养猪的积极性很高，但要注意引导，避免价格回落伤农。据业内专家分析，国内肉猪价格在经历了前半年的快速增长，进入一段高峰平稳期后将可能高速下跌。各级政府要搞好引导工作，调整好布局，切忌一哄而上，盲目补栏。业务部门要加强培训，在良种、饲料、科学饲养以及经营策略上，指导农民发展优质、高效、安全的肉猪生产，利用优质的产品参与市场竞争，抵御市场风险。

【例 18】

建立商品服务体系

我们县从转服务体系入手抓商品生产，已收到了明显的效果。但是，到现在为止，我们有许多问题还是没有解决或是没有完全解决：一是如何搞好服务体系内部的利益分配问题，我们把握还不准；二是对服务过程中可能出现的合同纠纷如何处理，我们研究得还不透。这些问题有待于我们在农村第二步改革的过程中认真探索。

4. 说明式

对与主题内容有关但性质不同的问题或事项作补充交代、说明，以保证内容的完整性，如公文结尾交代施行日期、执行范围、传达对象、与该文不符的原有规定如何处置等。

5. 专用语式

有的公文只以专用语结尾。如：“特此通知”“特此函复”“以上请示，请批准”等。

6. 自然式

在应用文的主体部分写完以后，无须再做说明与议论，就自然收束全文。这种方式在应用文中较为常见。

(五)段落

段落又称自然段。段落是表达内容完整意思的最小意义单位。段落要求保持相对的完整性与单一性。单一是指把一个意思说透，完整是指一个内容说全。一般情况，段落是小于或等于层次。

段落表达的思想叫段意，表示段意的句子叫观点句。围绕观点句展开段落，是写好应用文的关键。段落的表现形式如下：

(1)解释法　对主句提出的要领、定义、主张或观点进行解释和阐述。

(2)实例法　举例来陈述、证实、说明主句,可用具体事例或概括性例子。

(3)递进法　由浅入深层层推进,逐步深入说明事物本质属性或事理。

(4)因果法　既可由因及果,又可由果溯因。

(5)数字法　通过数字说明主句。这种方法有利于具体、准确地说明客观事物的现状及其变化。

(6)过渡法　通过前后意思的转变开展段落。

(7)总说分述法　即先综述后分说,实质上是总分思路在段落中的体现。综述要概括、准确,分说要善于铺陈,必要时可用序号,使分说条理更清楚。

【例 19】

中共中央组织部关于建立民主评议党员制度的意见

学习教育。对党员普遍进行在新形势下坚持党员标准的教育。这项教育要同形势教育结合起来。学习内容以《中国共产党章程》《关于党内政治生活的若干标准》等文件为主。学习方法可以多种多样,要讲求实效。

段落的具体形式由于受到文章的主题、结构以及语言表达的特殊要求,有时几种形式综合运用。

(六)过渡

过渡是指文章的层次、段落之间的连接承转,使上下文自然衔接,结构更加严谨。常见的过渡方法有:

(1)关联词语　在意义转折不大的情况下,采用过渡词语进行过渡提示。"首先、其次、最后""以上所述""总而言之""由此可见"等。

(2)过渡句　在前一段的末尾或后一段的开头,用富于提示性的句子进行过渡。如公文和事务文书常用:"经研究,函复如下:""现将有关事宜通知如下:""现总结如下:",还可以提出问题过渡等。

(3)过渡段　在上下文转折、跳跃性大的情况下,采用承上启下的过渡段。

(七)照应

照应指文章前后内容的照顾与呼应。它能使文章中内容之间互相补充、加深,并使全文线索清楚、严密周到。常用的方式有:

1. 首尾照应

使文章首尾圆合,内容前后呼应,前有交代,后有结果,前有提问,后有答案。如论文、调查报告等,开头把总的观点、主要工作、主要结论做以概述,然后在结尾部分再归纳总结。

【例 20】

毛泽东著作选读

人的正确思想是从哪里来的?是从天上掉下来的吗?不是。是自己头脑里固有的吗?也不是。人的正确思想只能从社会实践中来,只能从社会的生产斗争、阶级斗争和科学实验这三项实践中来。

2. 句群照应

就是说在句群内部后面的句子要与前面句子相呼应，前面有提示，后面则有回应。各句群前后脉络相连，谨严周密。

【例 21】

×××自××××年×月担任采购、保管工作以来，利用工作之便，伙同他人，将原材料低价买进，高价卖出；次品购进，正品销出，以次充好；涂改发票，私改账目。在短短的三年时间内，用各种手段贪污公款上百万元，给国家造成重大损失。公安机关已将其拘留。

这一句群交代了所承担职务、所犯罪行、所作所为的必然结果，这份通报的事实叙述清晰，来龙去脉清楚，这是句群的内部线索照应。

3. 题文照应

行文与标题内容的照应。这种方法突出主旨、加深读者印象的有效手段。

小 结

应用文结构是根据应用文主题的要求，按照一定的顺序，采用一定的方法，把那些经过筛选的最能表现主题的材料组织起来，使之条理化、系统化，形成有机的整体。应用文结构安排应遵循一定的原则，要求突出主题、要素完整、符合文体特点。应用文结构模式包括标题、开头、主体、结尾模式以及段落、过渡、照应的具体方式，这一模式是应用文写作最重要的技巧与方法。

写作技能训练

一、填空题

在括号内填写下面应用文采用的是哪种开头模式。

1. 根据教育部《关于制定中等职业学校教学计划的原则意见》(教职成〔20××〕2 号)的精神，结合园林专业特点，制订本教学计划。(　　　　　)

2. 我受中共××有限责任公司第一届纪律检查委员会的委托，向大会做工作报告，请代表们审议。(　　　　　)

3. 为了进一步加强办公室的管理，确保各项工作的顺利展开，营造一个良好的办公室环境，特制定本制度：(　　　　　)

4. 公元 2003 年 6 月 29 日 15 时 40 分，在中国神农架林区发生了迄今为止最新的一次目击野人事件。自 1977 年中国首次组织野人考察以来，该地区已有 300 多人、60 多次目击过这种似人非人、似猿非猿的奇异人形动物。“6·29”最新目击事件的发生，在科学界和社会上引起巨大反响，神农架野人作为世界自然之谜，再度成为人们关注的焦点。(　　　　　)

5. 如果你在路上捡到一个蛋，希望它会孵化出什么？2007 年圣诞节即将上映的美国影片《尼斯湖怪：深水传说》中，寂寞的男孩无意中捡到一个蛋，而蛋中竟然孵出一只前所未有的奇怪动物！在这个“怪物”朋友的带领下，男孩展开了一连串奇幻刺激的冒险。对湖怪感兴趣的人，一定不要错过这部电影。(　　　　　)

6. 总部后战字〔20××〕×号请示悉。根据总部指示精神，由于海岛建设超支经费还未处理，停建经费不能再安排新的项目。新上项目要立即停建，已经订货的要立即退货。现有停建经费，未经批准，不得动用。（　　　　　）

7. 随着社会主义市场经济的不断深入发展，会计工作也不断拓宽，过去那种单一会计知识结构已远远不能适应会计管理工作的需要，会计人员作为企业经营管理的重要的专门人才必须相应地提高自身的专业素质，改变原来那种单一的知识结构，以适应市场经济发展的需要。因此，培养造就一批复合型会计人才是当前会计工作的一项重要任务，也是企业发展向现代化迈进的关键所在。（　　　　）

二、材料排序

调整下面材料顺序，并简述理由。

1. 我乡××小学，由于入学儿童逐年增加，原有教室远远不够用。

2. 经乡政府研究，准备新建一栋教学楼，并对原有教室加以修缮。

3. 如不尽快整修，势必危及师生安全，影响教学工作正常进行。

4. 特请求县政府解决上述项目所需经费××万元。

5. 而且因年久失修，有的教室漏雨，有些墙壁已经倾斜。

三、问答题

关于(　　　　　　　　　　　　　　　　　　　　　　　　)的通知

各省、自治区、直辖市人民政府，国务院各部委、各直属机构：

《国务院关于进一步深化城镇住房制度改革　加快住房建设的通知》(国发〔1998〕23号)发布五年来，城镇住房制度改革深入推进，住房建设步伐加快，住房消费有效启动，居民住房条件有了较大改善。以住宅为主的房地产市场不断发展，对拉动经济增长和提高人民生活水平发挥了重要作用。同时应当看到，当前我国房地产市场发展还不平衡，一些地区住房供求的结构性矛盾较为突出，房地产价格和投资增长过快；房地产市场服务体系尚不健全，住房消费还需拓展；房地产开发和交易行为不够规范，对房地产市场的监管和调控有待完善。为促进房地产市场持续健康发展，现就有关问题通知如下：

一、提高认识，明确指导思想(……)

二、完善供应政策，调整供应结构(……)

三、改革住房制度，健全市场体系(……)

四、发展住房信贷，强化管理服务(……)

五、改进规划管理，调控土地供应(……)

六、加强市场监管，整顿市场秩序(……)

地方各级人民政府要认真贯彻国家宏观调控政策，从实际出发，完善房地产市场调控办法，建立有效的协调机制，并对本地房地产市场的健康发展负责。省级人民政府要加强对市、县房地产发展工作的指导和监督管理。国务院有关部门要各司其职，分工协作，加强对各地特别是问题突出地区的指导和督查。国家发展改革、财政、国土、银行、税务等部门要调整和完善相关的政策措施。建设部要会同有关部门抓紧制定经济适用住房管理、住房补贴制度监督、健全房地产市场信息系统和预警预报体系、建立全国个人住房贷款担保体系等方面的实施办法，指导各地具体实施并负责对本通知贯彻落实情况的监督检查。

中华人民共和国国务院（印章）

二〇〇三年八月十二日

问题：

1. 请根据文中内容，在括号里填写事由。

2. 分析本文开头、主体、结尾模式。

四、改错题

下面是一位同学写的书信，请从结构和语言上指出他的错误，并加以修改。

建华和新生，你们好！

惊悉你们俩考上大学，非常高兴，谨向你们致以衷心祝贺！说来惭愧，咱们三人曾同学五年，独我落选。不过，鄙人这次虽然高考不幸，名落孙山，但决不灰心，决心明年再考，即使考不上也不悲观，学府外自学成才的人不是大有人在吗？时至今日，学习计划已具雏形，诸君学习成绩显著，有何经验之谈或锦囊妙计，莫保守，来信告我。

余不赘陈，愿我们在学习的道路上同舟共济。

Section 3

表达与语言

知识目标

- 了解应用文常用表达方式及其种类。
- 掌握应用文语体要求。

技能目标

- 能够根据应用文语体要求,结合实际,准确表述客观事物。

自学与自测

一、填空题

1. 由于受到应用文文体的特点和写作目的的制约，应用文常用的是______、______、______三种表达方式。

2. 应用文常用的说明方法主要有______、______、______、______、______、______、______。

3. 叙述即运用______的语言，对______、______变化和______作介绍和交代。多数应用文常用的叙述方式有______、______。

4. 应用文与议论文中的议论有着明显的区别，应用文的议论不是靠言论的雄辩，而是以______、______等为依据。议论方式更注重于______，做出论断。

5. 应用文写作语言表达要求______、______、______、______。

6. 应用文用词准确才能反映出事物之间的细微差别，那么用词就要斟酌这些词义在______、______、______等各方面的细微区别。

7. 朴实即文风______，______，强调______。朴实的语言应该达到“三易”的要求，那就是______、______、______。

8. 得体即指应用文语言适应不同文体需要，说话讲究______、______。

二、简答题

1. 应用文对语言有哪些要求？

2. 如何做到应用文语言准确恰当？

3. 如何做到应用文语言得体？

三、评析题

1. 这是两份述职报告的开头部分，你认为其语言表述有什么特点？

> 我是怀着对教育的梦想到××学校任职的。我心中经常在追问，什么是真正的教育。因为有了这些追问，才使我的工作和我的生命更有意义。在××学校工作的两年多来我非常幸福，我觉得这小小的几十亩土地上有做不完的工作，在这里，我可以用我的知识、智慧、情感和我一生中最旺盛的精力和体力，为这所学校留下一些或许对未来有用的东西，我的心中充满快乐。过去的一年对××学校来说非同寻常。
>
> 2003 年即将结束，一年来在党委领导及同志们的帮助下，通过自己的努力，在思想上、业务工作水平上都有了很大的提高，圆满地完成了全年的工作、学习任务，并取得了一定的成绩。现将一年来的思想、工作情况汇报如下：

2. 下面这段话中的哪些词是模糊词语，表达讲究分寸，显示了原则性和灵活性的统一。假如有精确词语进行定量表述，反而行不通。

> 在继续推行价格改革时，要把物价总水平上涨控制在社会可以承受的范围内，尤其要注意保证农民和城市低收入者实际生活水平不致下降，并能有所提高。

3. 应用文语言要求用词准确，符合语法和逻辑。分析下列语句当中存在的问题。

(1)实践证明，哪个企业走在前面，哪里的技术革新就快和生产产量就高。

(2)两个单位之间的矛盾经过反复多次协调，仍未解决。

(3)他们深知职工技术熟练与否，技术专家的多与少是增加生产、保证产品质量、保持竞争、赚取利润的主要关键。

范文阅读与训练

【例文】

××××年5月26日下午5时44分，我市三名儿童在锦江河九眼桥下玩耍时，不慎失足跌入水深湍急的回水涡，生命危在旦夕。青年工人何国治听到呼救，毫不犹豫第一个跳入河中抢救，奋力将溺水儿童推向浅处。何国强等几名青年也随后相继跳入河中，齐心协力救起三名儿童。在抢救儿童的过程中，何国治英勇牺牲。他们见义勇为、舍己救人的英雄事迹，谱写了一曲社会主义精神文明的壮丽凯歌，受到全市人民的热情赞扬。

何国治同志生前是成都市房地产经营公司职工，共青团员。他热爱祖国、热爱人民，时时处处学雷锋、树新风，工作勤奋，埋头苦干，勤俭节约，珍惜国家财产，勇于同坏人坏事作斗争，在平凡的岗位上做出了不平凡的事迹，表现了一个共青团员献身社会主义事业的崇高信念和优秀品质。

评析：这是《中共××市委××市人民政府关于在全市开展向何国治烈士学习活动的决定》的片段，300字已经浓缩了英雄光辉的一生和舍己救人的英雄事迹，体现了应用文概述事实材料的写作特征。文中的议论句，对主人公的事迹进行了精要的分析和评价，体现了一定的理论高度。

知识提要

一、表达

表达是指在写作中运用语言来反映情况、描述事件、说明问题、探索规律、阐明观点的具体方法和手段，简单地说，是为实现写作目的所使用的方式方法。表达方式主要有：叙述、议论、描写、说明、抒情五种。由于受到应用文文体的特点和写作目的的制约，应用文常用的是说明、叙述、议论三种表达方式。

(一)说明

说明即以简明而准确的文字，对事物或事理的性质、状态、特点、成因、构造、种类、关系、功能等进行阐释和解说的一种表达方式。说明的目的在于授人以知，应用文写作中对定义、概念的阐述，背景材料的交代，自然情况和有关人物的介绍等都离不开说明这一表达方法。这种表达方式在公文、合同、经济活动分析、说明书中广泛应用。常用的说明方法主要有定义说明、诠释说明、举例说明、比较说明、分类说明、数字说明、图表说明。如《2005年大学生择业状况及心态调查》中的第一点是这样写的：

研究生薪金期望逐年下降

不同学历的大学生在择业时要求的"理想月薪"有明显的差异。大专生以1 000～2 000元和2 000～3 000元两个等级为主要的理想月薪水平，薪金期望比前两年有所增加。有56.1%的本科生以2 000～3 000元为理想月薪水平。硕士研究生的理想月薪集中在4 000～6 000元的水平上，但薪金期望有逐年下降的趋势。在广东求职的外省大专生较省内的大专生对月薪有更高的期望值。

本段文字以翔实的数字材料说明了大学生的工资要求及其区别。

(二)叙述

叙述即运用陈述性的语言，对人物的经历、事件的发展变化和工作开展过程作介绍和交代的一种表达方式。多数应用文内容都涉及事实材料，发生事件或工作开展过程，采用叙述手段陈述事实、交代背景、表述经过、揭示原因等。叙述的目的是以事实为观点依据，为决策的依据。如经济活动分析报告、调查报告、会议纪要、总结等；常用的叙述方式有顺叙、概叙。应用文的叙述主要以概括的叙述、轮廓性的叙述为主，它所要求的是概要地叙述事实本身，不求面面俱到。在运用叙述表达方式的同时，经常与说明、议论结合使用。

【例1】

市××仓库506库房保管员李××于200×年7月3日晚上值班时，违反仓库规定，带了五岁女儿私自燃火烧煮食品，9时许又抱了女儿外出采购食物。一小时后，当他匆匆回到仓库时，只见506库房吞没于滚滚浓烟之中，火舌还频频上蹿，他顿时手足失措，呆立一旁。当总值班等人闻讯赶到，立即打电话呼救，大火才得以熄灭，但库房已化为灰烬，××损失×××万千克，给国家造成×万元的巨大经济损失。

【例2】

200×年7月3日，市××仓库保管员李××，在506库房值夜班时，违反规定，私自燃火烧煮食品后，又因私自离岗，以致酿成火灾。事发后，在慌乱中未能及时报警，失去抢救时机，后果严重，给国家造成×万元的巨大损失。

前一个表述由于采用大量描写性的文字，面面俱到地叙述火灾事件的全过程，使事件的表达再现为纯客观化，头绪繁多，致使批评的色彩淡化。而且叙述的自然情况过多，极易给人该单位防火工作做得不够细致主动的印象，产生负面影响。后一个表述由于采用了事务语体，将事件的内容进行过滤提纯，逼真化再现，使文章的内容集中，批评的主题色彩明显，取得明显的实效性。

要做到逼真化，前提条件就是要充分占有材料，然后有所取舍，才能使客观事实有针对性地转变为文字，实现写作文章的目的。

(三)议论

议论即对客观事物或某个问题、事件进行分析、评论，表明所持观点、意见或态度的一种表达方式。应用文与议论文中的议论有着明显的区别，应用文的议论不是靠言论的雄辩，而是以所叙述的事实和现象、数据材料等为依据。议论方式更注重于直接表态，做出论断。如经济活动报告《三季度物价水平》一文中，对该季度的物价水平转降的情况分析：

三季度居民消费价格总水平同比上涨0.8%，涨幅比二季度缩小0.8个百分比，其中9月已转为下降，同比下降0.1%；社会商品零售价格总水平同比下降0.9%，已连续4个月处于下降之路中，并且降幅在不断增大；工业品出厂价格指标同比下降1.7%，降幅比二季度增大1.4个百分点。各种物价总水平再次全面转降在很大程度上是外生性涨价因素所致，但这也清晰地表明困扰我国经济的紧缩和总需求不足问题并未真正消除，而只是被外生性涨价因素掩盖起来了。一旦政策支持力度减弱，经济就会再次下降。

这段文字在议论时采用了大量的数据材料，材料充分，议论切合实际，得出的结论很有说服力。

二、语言

应用文的语言受不同文体性质、目的、内容的限制，应用文写作语言表达要求庄重严谨、准确恰当、朴实得体、简明生动。

(一)庄重严谨

应用文中的公文代表机关发言，具有法定的权威性，经济文书中内容涉及非常严肃的问题，其用语应当严谨、庄重，以体现出公文的严肃性，因此，既不宜使用口语，也不宜运用文学语言。具体要求是：

(1)使用规范化的书面语体　规范化的书面语言词义严谨周密，正确使用它可使读者准确理解应用文内容、不产生歧义从而能认真执行。如："校合唱队于本月12日下午4时在礼堂排练。"

口语与书面语体表达有很大的区别，学习者要多读范文，在应用文写作中正确使用书面语。如："改革开放后，农民的钱包一年比一年鼓，日子越过越好，就像吃甘蔗由尾吃到头越吃越甜。"这就是用口语语体表达内容，要把这样的意思写入应用文章，就得改为："改革开放后，农民的收入年年增加，生活越过越幸福。"这样的书面语言才显得端庄、郑重。

(2)使用专用词语　长期以来，人们在公文中、日常礼仪等文书中沿用一些使用频率较高的专用词语。如："根据、遵照、为、由于"等开头用语，"特此通告、请审批"等结尾用语，"现将、责成、参照执行"等经办用语，掌握这些词的准确用法，增加语言的庄重色彩。

(二)恰当准确

应用文语言的表述必须符合客观实际，符合逻辑，即概念准确而恰当，还要符合语法修辞的规范。文面上要准确无误，应该正确使用标点符号，不写错别字，不生造词语。

1.用词准确

应用文用词准确才能反映出事物之间的细微差别，那么用词就要斟酌这些词义在范围大小、程度深浅、分量轻重等各方面的细微区别。如近义词的选用"成绩与成就""成果与成效""事情与事件""反应与反映""坚决与坚定""顽固与固执"等。

应用文的语言表意必须是确定的，如果表意模糊，必然会使应用文体处理事务、解决问题的效果大打折扣。如一则规章制度的内容："缺勤三天以下者，每天罚款50元；缺勤三天以上者，扣发当月全勤奖。"语言模棱两可，在阅读的过程中，让人感觉少点什么，缺勤正好三天怎么执行呢？给读者的理解制造了不少麻烦。

当然有些内容不可能说得十分具体，它需要一些特定的模糊词语才能准确表达语意。如："通过学习，大家思想触动很大，受到极大的教育。"表达清楚明白。"很大"、"极大"是模糊词语，但有积极作用。不过使用模糊词语时，要注意对客观实际作恰当的估计，以避免超度，造成不真实。

2.造句合乎语法和逻辑

(1)成分完整，搭配合理　句子成分残缺与多余现象，相关词语搭配不当，不仅在作文中存在，就是社会上乃至新闻媒体中也常常出现。

【例3】

在社会实践中，使大学生们了解了社会。

此句为缺主语句。

【例4】

三年中，这个县的粮食总产量，以平均每年递增20%的速度，大踏步地向前发展。

此句属主谓搭配不当，"总产量"不能说"发展"，只可以说"提高"，应该把"大踏步地向前发展"改成"大幅度地提高"。

【例5】

……不得损害国家主权、安全和社会公共利益。

此例属相关词语搭配不当，一动多宾，宾语里的"安全"与动词 "损害"不能搭配。可改为"不得损害国家主权和社会公共利益，不得危害国家安全"。

【例6】

张生勤私扩院基、无偿占用职工劳力盖私房的问题至今仍未得到成功的解决，更没有受到任何处分。

此例中的成功是多余的，应删去。

(2)语序规范

【例7】

这次会议对节约原材料问题也交换了广泛的意见。

此句属语序不当，"广泛"应作状语，修饰动词交换，改为"广泛地交换了意见"。

(3)合乎逻辑　从语法上分析，有的句子主谓宾齐全，而事理上却难于通过，这主要是违背了逻辑性，也是我们应当注意的。

【例8】

"验收的标准是：领导班子是不是能够正确贯彻党的路线、方针、政策……"

【例9】

"产品质量的好坏是企业生存和发展的必要条件。"

这是两个联言判断，联言判断只有每个支判断反映的事物情况都是真，整个联言判断才是真的。联言不当主要是指在联言判断中包含一个假判断。这里的假判断是“验收的标准是领导班子没有能够正确贯彻党的路线、方针、政策……”，“产品质量的好坏是企业生存和发展的必要条件”显然以上两个判断都不能同时判定为真。前者应删去“是不是”，后者应删去“的好坏”。

(三)朴实得体

(1)朴实　即文风朴实无华，语言实在，强调直接叙述、陈述。

一般来说，应用文的读者对象较固定，他们习惯了明白如话的表达，不适应文学作品那种通过形象隐晦地表达主题的审美形式。朴实的语言应该达到“三易”的要求，那就是易看、易读、易懂。如国务院在2004年2月20日发布的《关于2003年度国家科技奖励的决定》的最后一段：

> 全国科学技术工作者要向刘东生、王永志同志以及全体获奖者学习，发扬中国载人航天工程中形成的“特别能奉献”的载人航天精神，团结协作，顽强拼搏，奋力攀登，勇于创新，不断加强研究开发，大力推动技术创新，加速科技成果向现实生产力转化，为不断提高我国的综合国力和国际竞争力、加快实现全面建设小康社会奋斗目标做出更大贡献。

这里使用的语言明明白白，质朴通俗。

(2)得体　即指应用文语言适应不同文体需要，说话讲究分寸、适度。

语言的运用总是受特定的内容和目的、特定的对象和条件限制，为特定的需要服务。既要准确地反映客观实际，达到预期行文目的，又要促使有关的受文对象，产生与行文目的一致的心理效应：或亲切温暖，或震慑警觉，或严肃庄重，或欢欣鼓舞等。这就是所谓语言得体。

语言得体大致包括两方面：

一是适应不同文体的需要，确定语体风格。由于行文内容、目的不同，语体风格也各不一样。

欢迎、欢送辞，需要表现作者的情感或热情洋溢或依依惜别。如《欢迎××来校讲学的讲话》开头：

> 今天，我们有幸与××欢聚一堂，感到十分荣幸。××是我们大家所熟悉的。他在研究国际政治问题方面取得了巨大的成就，久负盛誉。首先让我代表今天出席会议的全体同志，向远道而来的贵宾表示热烈的欢迎和衷心的感谢。

指令性应用文，要谨慎郑重。如《广东省人民政府关于加强水污染防范工作的通知》结尾：

> 各地、各部门要将水污染防治的重大项目纳入国民经济和社会发展计划，并在基本建设、技术改造、城市建设、水利开发等方面优先保证水质保护需求……通过政策引导污染者、开发者成为防治污染的投资主体。拓展环境投资渠道，增加环保的投入占同期国内生产总值的比重。

二是从行文目的来说，执行需严格，规章需严明，教育则严肃，批评则严厉。如《进出校门制度》：

学生在上课期间和晚上熄灯以后一般不得出校门。如有特殊情况，需出示学生科的批假条，或经门卫同意并履行登记手续，方可出校门。

为体现应用文庄重性特点，公文恰当运用文言句式。如：

值此贵社创刊三十七周年之际，谨以××市旅游事业管理局和我个人的名义向贵社表示最诚挚的祝贺。

这是一份贺电，其中“值此……之际”“谨以……名义”“贵社”“凡……者”都是文言句式。既体现应用文的庄重文雅，表达特殊意义或庄重严肃的感情，又可以使语言凝练、匀称，在一些公文文件、规章制度和日常应用文中，较多地保留了古语词。

(四)简明生动

用少量的文字表达丰富的内容，言简意赅。如《中国金融：信用是扩大积累的有力杠杆》：

从财政学的观点来说，财政的钱只能一个顶一个用，决不能把张三的钱交给李四支配，反之亦同。信贷资金则不同，张三把一笔钱存入银行，银行把这笔资金贷给李四，李四就取得了对这笔资金的支配权；李四归还贷款后，银行又可以把这笔资金的支配权交给第三者，如此等等。

在此，作者用简洁、通俗的语言准确地解释了财政资金和信贷资金的区别。

其实现代应用文语言的朴实和生动也并不矛盾。虽然应用文不能像文学作品那样生动含蓄、文采飞扬，但也可多几分生动，多一些活泼。

【例 10】

如果每个人在电视荧屏上亮相两秒钟，则需要 66 年才能完成；如果把我国 10 亿人口分成四人一组，像叠罗汉那样，一个站在另一个人的肩上，底下四人站在地球上，最上面四人已经到了月球上；如果 10 亿人都填写出生证，那么，这些出生证叠起来，足有 12 个珠穆朗玛峰那么高；如果 10 亿人手拉手可以绕地球 25 圈。

这份计划生育宣传材料用换算的修辞方法说明 10 亿人口之多，10 亿这个枯燥的数字变得形象生动，而且说理深刻。

【例 11】

(1)乐山大佛身高 71 米，头高 14.7 米，宽 10 米。

(2)佛像有三十多层楼高，耳朵有四人高，每只脚背上可以停五辆解放牌汽车，大脚趾上，可以摆一桌酒席。

这两段文字都用了数字，但第二段的说明运用直观形象的客观事物作参照物，比单调的数字说明更加形象化了，大佛的高大形象仿佛就在眼前。

应用文语言为了精练地概括事实或分析认定问题的性质，还常常使用富有概括力的成语或熟语。如江泽民同志 2002 年 5 月 28 日在中国科学院第六次院士大会上的讲话中，就用了“辛勤耕耘、顽强拼搏、开拓创新、与时俱进、奋力攀登、茁壮成长、率先垂范、实事求是”等数十个成语与术语，使语言简洁有力。

另外，有些应用文体的语言也要求形象、生动，具有感染力，比如感谢信、演讲稿、广告词等。

三、应用文专门用语

(1)领叙用语　用于说明发文目的、原由、意义、根据或介绍背景材料及情况等。如：

为、为了；根据、按照、遵照、依照；鉴于、关于、由于；目前、当前

(2)承启用语　用于连接开头与主体部分，起承上启下的作用。如：

根据……决定；根据……特通告如下；依据……公告如下；

为了……现决定；为……通报如下；为此，现就……问题请示如下；

现将……报告如下；现就……问题提出如下意见；经……批准(同意)，现将有关事项通知如下……

(3)引述用语　批复或复函引述来文作为依据的用语。如：

悉、收悉、电悉、文悉、敬悉、欣悉……

(4)批转用语　用于批转、转发、印发通知时的用语。如：

批示、阅批、审批、批转、转发、印发……

(5)称谓用语　对各机关称谓的简称。如：

我(部)、贵(局)、你(省)、本(部门)、该(处)……

(6)经办用语　表明工作处理过程或情况。如：

经、业经、兹经、未经……

拟办、拟、拟定……

施行、暂行、试行、执行、参照执行、贯彻执行、研究执行……

会议听取了、会议讨论了、会议认为、会议指出、会议强调指出、会议通过了、会议决定、会议希望、会议号召、会议要求、会议恳切呼吁……

(7)表态用语

不同意、原则同意、同意；

不可、可办、照办；

批准、原则批准。

(8)结尾用语

用于请示：当否，请批示；如无不妥，请批转各地执行；妥否，请批复；

用于函：请研究函复；盼复；请予复函；不知尊意如何，盼函告；望协助办理，并尽快见复；特此函复；

用于报告：特此报告、请审阅；

用于知照性公文：特此公告(通告、通报、通知)。

小结

应用文常见的表达方式是说明、叙述、议论。说明侧重解说事物、剖析事理，叙述侧重过程的表达；议论就是议事论理。应用文与议论文中的议论有着明显的区别。应用文的议论方式更注重于直接表态，做出论断，不一定具备论点、论据、论证这样一个完整的议论过程。

应用文的语言运用的要求庄重严谨，恰当准确，朴实得体，简明生动。应用文专用语的使用的范围应当有所了解，以备写作之时所用。

写作技能训练

一、填空题

经过认真阅读分析后，指出这段文字所用的表达方式有哪几种，在括号内填写正确答案。

急性阑尾炎是一种常见的外科急腹症，(　　　　)诊断并不困难。(　　　　)××地区卫生院胡××工作马虎，处理草率，在没有明确诊断以前，滥用麻醉剂杜冷丁，掩盖了临床症状，延误了病人的治疗时间，造成较为严重的医疗事故。(　　　　)这种对人民生命财产极不负责的做法是十分错误的。(　　　　)

二、改错题

修改下列语句，并说明原因。

1. 这种共产主义风格充满了各个城市和乡村，开遍了祖国的每一个角落。

2. 他们坚决反对只求质量，不重视工厂信誉，这是十分正确的。

3. 这个厂形成了一支既懂生产技术、又懂经营管理的精干的领导班子。

4. 到本月底，我厂将全部完成生产任务，只差带钢一个品种。

5. 街道执法人员坚决地贯彻落实区政府的指示，清除和取缔了三家贩私窝点，群众纷纷称赞“干得好”。

6. 只有不断加强英语水平，才能适应对外交流的需要。

7. 未经批准饲养的家畜家禽，限于×年×月×日前全部自行宰杀。违者由所在地街道办事处和乡、镇人民政府组织力量强行捕杀，并向禽畜主收取捕杀费用。

8. 在新一轮人才大比拼中，记者发现了一个有趣的现象，只重人才不问户口的单位占到八成，明确要求“北京户口”的单位已成凤毛麟角。

9. 他们违反财经纪律，滥用扶贫资金建造商用大楼。

10. 甲方收到乙方货物后，应通过银行向乙方付清全部货款。

三、组词并造句

1. 辨字组词：即—既，已—己，已—以，分—份，爆—暴，安—按，俱—具，拨—拔，需—须，竞—竟，辨—辩。

2. 下列词语在使用上有何差异，应用文应侧重选择哪些词语？

研究—掂量　　宣布—告诉　　会见—见面　　命令—吩咐

擅自—私自　　委派—打发　　诞辰—生日　　资金—钞票

四、评析题

根据有关应用文语体的知识，分析下面公文在语言上存在的问题。

1. 1998年7月6日深夜，乌云密布，雷声隆隆，大雨倾盆而下，刹那间，美丽富饶的鱼米之乡被一片汪洋吞没。接连几天如注的暴雨，淹没了田野、冲毁了村庄和工厂，交通、通讯、电力一度中断。这一百年不遇的特大洪涝灾害，给我乡造成了不可估量的损失。为了将灾害造成的损失降低到最低限度，乡党委、政府采取了果断措施，动员全乡广大干部群众自力更生、艰苦奋斗，尽快恢复生产、重建家园……

2.《中共中央关于接受宋庆龄同志为中国共产党正式党员的决定》中写道:“她一贯是共产党的最亲密的战友,是中国各族人民包括台湾同胞和海外侨胞衷心敬爱的领袖之一,是爱国主义、民主主义、国际主义和共产主义的伟大战士,是保卫世界和平事业的久经考验的前驱,是全体中国少年儿童的慈爱的祖母……”能否将其中的“同胞”改为“兄弟”、“战士”改为“闯将”、“祖母”改为“奶奶”等与原来意思相近的词,并请说明理由。

五、下面是一篇通报中的一段话,语言表达不符合应用文体应有的庄重色彩,请你加以修改,重写这段话。

2007年4月2日下午两点来钟,我厂设备科老李和老黄偷偷把三吨铲车开出厂大门,打算干点私活捞点外快。车子开到解放路口,看见前头有辆卡车卸货挡住道路,老李心里一慌,猛打方向盘,用力太大,一下子把站在车上的老黄甩到车下,老黄当时就昏过去了,马上送到医院抢救,到现在人还没醒过来。老李后悔莫及,躲在家里暗自垂泪。

六、分析下面这则就职讲话稿在表达上有哪些技巧。

乐以此“官”伴终身

——在居民会上就任“楼长”时的讲话

楼民们:

刚才居委会主任在开场白中已经宣布,今天为了我这楼长“就职”,特地召开这幢楼的全体楼民会议。会议主持人一定要我在会上“来几句”,我只好“恭敬不如从命”了。

当今时代,楼群崛起,一幢楼该不该设个楼长,没见过明文规定,可我有幸“荣任”了。首先谢谢诸位对我的厚爱,对我的信任!

我这个楼长是出任于刚刚退休之后,受命于诸位高邻之口,原来的官位(县下面的局长)才被“罢”去,新赐的“乌纱”又上头来。也许有人会说,这就叫“脱去‘黄袍’换‘紫袍’”,不,我说大小也是“长”字号。(笑声)不过此“官”非彼官,既无红头文件的正式任命,又无何种级别的享受,是一标准的“口头官”“露水官”“义务官”“麻烦官”。

中国有句古话:“是非皆因多开口,烦恼只为强出头。”我也深知,家长好做,楼长难当,包罗万象,管不胜管。鄙人由于秉性直言快语,生就爱管“闲事”,明知差使苦,愿把苦来尝。其实就我而言,苦中也有乐。这样,我可以潇洒地走门串户,广泛交谈,结友谊、解孤寂;我可以自在地充实生活、欢度晚年,发余热、立新功。看来我这个“官”是当定了,而且要不负众望,争取当好。做到“在其位,谋其政,尽其职,胜其任”。凡事不分巨细,工作不问难易,只要力所能及,都愿乐而为之。为官一任,也要“造福一楼”嘛!在今后的服务实践中,如有点滴“政绩”被大家认可,我“乐以此‘官’伴终身”。

最后,衷心希望我的“楼民”们,邻里间要和睦相处,弘扬友爱精神,保持环境整洁,树立良好风气。愿大家携起手,心连心,一举一动,要具有一幢楼的整体意识;一言一行,要体现一幢楼的高尚境界,为共建我们的“精神文明楼”而努力。这既为你们自己的脸上添彩,也为我这个楼长身上增光。到那时,“军功章”啊,有我的一半,也有你们的一半!(鼓掌)

谢谢大家!

第二单元

日常礼仪文书写作技能

Section 1

条　　据

知识目标

- 掌握条据的种类,区分借条与欠条。
- 掌握条据的写法。

技能目标

- 熟练写作各类日常条据。

自学与自测

一、填空题

1. 请假条是因________、________等原因不能上班、上课或参加预定活动的时候，向相关负责人说明情况，请求准假的一种便条。

2. 便条的种类很多，常见的有________、________、________。

3. 便条通常由________、________、________、________四部分组成。

4. 常见的字据有________、________、________、________四种。

二、简答题

1. 怎样区分借条与欠条？

2. 字据在写作中有哪些要求？

范文阅读与训练

【例文 1】

请假条

李老师：

因参加注册会计师考试，特请假一天（5 月 12 日），请批准。

张力

2007 年 5 月 10 日

【例文 2】

请假条

王主任：

因病不能去上班，医生建议卧床休息，并附上诊断书一份，现向您请假一周，（10 月 4 日至 10 日）请准予为盼。

周洪东

2007 年 10 月 4 日

评析：因病或因事不能按时上班、学习、参加活动等情况，要给有关负责人员写请假条，说明原因和请假时间。上述假条语言表述规范、简明，内容要素明确。

【例文 3】

托事条

小刘：

我因要去总厂开会，请你将已经做好的 2008 年度固定资产登记表，今天上午一定交给财务处张会计，拜托。

四车间保管：李小

2009 年 3 月 14 日

评析：这则托事条将所要托付的事项和完成的时间交代得很清楚，一文一事。

【例文 4】

留言条

小张：

今天我到你家找你未见，听说你在写一篇关于市场经济方面的论文，我们单位邀请著名经济学家王××明天上午 9 时在二楼报告厅作市场分析报告，可能对你有帮助，如果你有空，请你来听报告。

张萧

2009 年 7 月 6 日

评析：这则留言条写明了留言目的和留言事项，格式规范，内容明确，行文得体，语言简洁。

【例文 5】

借　条

今借到财务处人民币伍仟元整（5 000 元），用于购买电脑，于 12 月 31 日前归还。

此据

经手人：周小东

2006 年 5 月 8 日

【例文 6】

今借到

工程系舞台音响一套，演出服装三十件，将于 2007 年 8 月 25 日前归还。

国贸系学生会

经手人：李扬

2007 年 7 月 25 日

【例文 7】

欠　条

现欠市新华书店购书款人民币贰仟柒佰伍拾圆整，两天内归还。

××学校（章）

经手人：张彬

2007 年 5 月 23 日

【例文 8】

欠　条

原借三益电子公司人民币叁佰万元整（3 000 000.0 元），现已归还壹佰伍拾万元整，尚欠壹佰伍拾万元整，利息按 5%计算，于 12 月 20 日前本息一次还清。

红光电子仪表厂（章）

经手人：牛玉喜

2009 年 8 月 20 日

【例文 9】

今领到

办公室新发办公用品铅笔五支、拖布两把、打印纸两包。

计财科：张小霞

2007 年 6 月 4 日

【例文 10】

收　条

今收到国际贸易系黄明老师归还的教学资料 VCD 三张。

学院电教室：沈尧

2008 年 6 月 5 日

评析：例文 5～10 这六张字据内容简明，行文规范，充分体现了凭证的作用。请在阅读后归纳借条、收条的写作模式。

借条结构内容

标题：（　　　　　　　　　　　　　　　　）

正文：（　　　　　　　　　　　　　　　　）

落款：（　　　　　　　　　　　　　　　　）

收条结构内容

标题：（　　　　　　　　　　　　　　　　）

正文：（　　　　　　　　　　　　　　　　）

落款：（　　　　　　　　　　　　　　　　）

知识提要

条据是日常生活中经常使用的综合性文书。它是人们在处理日常事务时，当事者双方按照规定履行一定手续而形成的文字凭证。

条据一般有两种：一种是便条，也叫说明类条据；一种是字据，也叫凭证类条据或单据。

一、便条

(一)便条的适用范围

便条是一种传递信息、介绍情况、表达意愿为主的最简短的一种条据,是人们在日常生活和经济交往活动中,经常使用的一种应用文,它和我们的学习、生活密切相关。有些时候需要向对方说明某事,却不能当面交谈,或是由于手续的需要,使用便条的形式进行联系。

简短、快捷、方便是便条最大的特点。

(二)便条的种类

便条的种类很多,常见的有请假条、留言条、托事条等。

(1)请假条　因事、病等原因不能上班、上课或参加预定活动的时候,向相关负责人说明情况,请求准假的一种便条。

(2)留言条　在没有见到对方的情况下,以直接、简短的书面留言进行信息交流的一种便条。

(3)托事条　委托他人办事而又不能当面交代时写的一种便条。

(三)便条的结构与写法

便条通常由标题、称谓、正文、落款四部分组成。

1.标题

在正文上方中间写上“请假条”“留言条”“托事条”,也可以省略标题。

2.称谓

称谓要求在标题下顶格写上收条人的称呼或姓名,后加冒号。

3.正文

正文内容要求将所要表达的意思、需对方办的事情全部写出来。

(1)请假条　写明请假的原因和请假时间。结尾写结语,直接写“请批准”。说明原因用“因”领起,说明请假时间用“特”领起。正文下一行空两格写致敬语 :“此致”,另起一行顶格写“敬礼”,也可以不写。

(2)留言条　用简洁的语言写明想要传达的信息。包括留言原因、留言事项即另约时间见面或留下联络方式与请求事项。

(3)托事条　写明托事的前因和具体事项。结语写“特此拜托”。

4.落款

落款包括署名和日期,署名写在正文右下方,在署名的右下方写明具体成文日期。

(四)便条的写作要求

(1)便条内容要一文一事　便条只就某一件事情而行文,所以通常都是一文一事。如托事条只能写托别人办的事情,与此事无关的事情不需提及。

(2)便条篇幅要短小、清楚　要将所说的事写清楚,使他人一看便知。如写请假条只需要写清什么人,因为什么请假,请多长时间就可以,不需要详细描述事情经过或病情状况。

(3)语言要简洁、准确、朴实　在将事由表述清楚明白的前提下,便条的语言务必简洁准确,一目了然。不能拖泥带水、含糊其辞,也不能过于简单,表意不清。另外,还要注意对方的身份特征,语言要得体,讲究分寸。

二、字据

(一)字据的适用范围

单位与个人在日常生活、生产、经营过程中,为处理财物工作,在借到、拖欠、领到、收到钱物时写给对方的条子,作为报销、查考、保存的凭证。它适用于单位或个人处理日常事务。

(二)字据的种类

常见的字据有借条、欠条、领条和收条。

(1)借条　借个人或单位的钱物时写给对方的条子。

(2)欠条　单位或个人欠了别人的钱物时所开具的条子,有两种情况需要写欠条:一是借钱未能一次还清,二是购买商品未付现金或者付出劳动未付报酬。

(3)领条　领取钱物时出具的条子,以供对方保存查考。

(4)收条　收到个人或单位的现金、物品时写给对方的条子。

(三)字据的结构与写法

字据通常由标题、正文、落款三部分构成。

1.标题

标题表明条据性质。有两种写法:第一种即在正文上方居中用较大的字体写“借条”“欠条”“领条”“收条”的字样。第二种在此位置写“今借”“今欠”“今领到”“今收到”的字样。

2.正文

第二行空两格写正文内容。

一般先表明性质“今借或今借到”“今欠”“今领到”“今收到”,采用第二种标题可以省略性质,然后写明领属关系即对方单位名称或个人姓名,接着写清钱物的名称和数量。借条和欠条还应注明归还的时间界限及损失的赔偿等事宜。

欠条另外一种特殊情况写法与上述不同:表明原借(到)、贷方、钱名称和数量,已归还的数量,以及余下部分钱物的归还时间界限。

借条、欠条、收条有时可在文后加“此据”二字。

3.落款

在正文右下方写清单位名称和经手人姓名并加盖印章。下一行右下方注明日期。日期要具体准确。

(四)字据的写作要求

(1)字据中涉及钱物的数量必须用汉字书写　若是钱款,用汉字大写,数字后要加上“整”字,若是物品,用汉字小写,要写明名称、种类、规格。这里特别提示注意利息的计算方式,是年息还是月息要注明。

(2)字据的时间期限要明确　借条和欠条涉及钱物的归还时间要有明确的时间界限,不能只写“大约”或者“……之后”。

(3)落款要准确完整　要求借方自己签名,必要时,写身份证号码,贷方要检查姓名的准确性,日期要具体完整,包括年、月、日。

(4)书写要求规范　字据时一般选用钢笔或毛笔,不宜用易褪色的铅笔或其他笔墨。字迹要求工整清楚,如有涂改,必须加盖印章。

小结

条据是日常生活中经常使用的综合性文书。条据分便条、字据两大类。便条包括请假条、留言条、托事条;字据包括借条、欠条、领条和收条。条据格式应注意规范、正确,内容要具体单一,语言应简洁明确。重点掌握写作模式。

写作技能训练

一、病文修改

借　条

今借到王永强同志人民币 6 000 元整,三个月后归还。

借款人:赵刚

2007 年 3 月 10 日

请假条

姜老师:

我有急事需要请假回家,请您批准。

学生:张野

2007 年 4 月 18 日

二、材料写作

1. 晚上要开班会,同宿舍的李冰同学突然生病胃疼,不能参加,请你代他给班主任写张请假条。

2. ××职业学院工商管理系营销班王强同学突然患病住院,临时从学院财务处借款 1 000 元,班长张大海办理借款手续。根据材料写一张借条。

3. 学校开运动会,作为班长的你要从小卖部给运动员买水,暂时没有现金,写张欠条,待运动会结束后一并结算。

4. 某班级参加义务劳动,生活委员要到后勤处借劳动工具,铁锹 30 把,镐头 5 把,平车 3 辆,请写一张借条。

三、案例分析与写作

广州市番禺区窝头镇的何某在 1993—1995 年期间,借款 10 万元给同村的郭某,郭某在 1998 年归还了 2 万元后,余款一直未还。经何某多次催讨后,郭某在 1998 年 5 月 12 日向何某写了一张借条,明确欠款 8 万元在 1998 年 10 月 30 日前清偿,并在该借条的最后一句写上“到期不还按总额的 3%计息”。

借款期限届满,何某见郭某不还款,便向番禺区法院提起民事诉讼。在法院审理中,双方争论的焦点是“到期不还按总额的 3%计息”。3%到底是月息还是年息,计息时间到底是从借款之日算起还是从约定的还款之日算起,双方争论不休。

请你代郭某写两份字据,一是借条,二是欠条。

Section 2

求职信

知识目标

- 掌握求职信写作的准备过程。
- 掌握求职信的结构与内容要素。

技能目标

- 能够根据个人的实际情况，针对求职的岗位，准备求职材料，书写求职信。
- 能够制作个人简历表。

自学与自测

一、填空题

1. 求职信是求职者以__________的方式自我举荐，陈述__________，表达__________，提出求职要求的一种信函文本。也称__________或____________。

2. 求职信的特点主要有以下两点：__________、__________。

3. 求职信写作的准备过程：__________、__________、__________。

4. 求职信一般由__________、__________、__________、__________、__________五部分组成。

二、简答题

1. 针对求职信的要求，在大学生活中，你应该做好哪些准备？

2. 求职信中求职材料准备的内容？

3. 求职信的开头、主体、结尾要写哪些内容？

三、案例分析

1. 某企业招聘业务员，一位毕业生虽然成绩中等，但在求职信中展示了交际、应变能力，并重点列举了自己担任校级学生干部时如何出色工作，成功组织多种大型活动的情况等，结果被顺利录用。原因是他充分展示组织管理方面的潜力，暗示自己有培养、发展的前途。

2. 一位毕业生大谈自己的成绩如何优秀，忽略了业务员所需要的素质和能力的展示，结果应聘失败。

3. 某部门需要一名分析检测员，有几位毕业生写了求职信，其中一名学生写道：我性格外向、开朗，爱好文体活动，是学校文艺队和排球队的队员等，显然这些内容与岗位不仅不相干，甚至有相悖的成分，作为求职信的内容，肯定会适得其反。

4. 向公关、宣传部门推荐自己时，应重点介绍文艺、绘画、编排版、摄影、书法等特长及对外接待、对外活动能力等，暗示自己能胜任公关宣传工作。

请你根据上述求职案例，分析求职信的特点，并说明求职信写作应注意的事项。

范文阅读与训练

【例文 1】

自荐信

尊敬的广州××律师事务所王所长：

您好！

我叫××，是××××大学法学专业 2006 届毕业生。欣闻贵单位招聘律师助理，特慕名应聘。

做一名正直尽责的律师，是我自小立下的志愿。在四年的法学专业学习期间，我处处严格要求自己，为实现理想而不懈努力。思想上我积极上进，追求进步，并于2004年光荣加入中国共产党；学习上勤奋刻苦，成绩优异，专业基础知识扎实，2003—2005年连续三年荣获“××××大学三好学生”称号，顺利通过了大学英语四级和计算机二级考试；工作上我认真负责，先后担任班长、法学研究会副会长等，曾成功组织“××××大学法学论坛”等多项大型活动，并于2006年荣获“××××大学优秀学生干部”称号。

为进一步提高专业实践能力，2005年暑假期间，我在广州××律师事务所实习，主要负责文案写作、档案管理及来访接待工作。实习期间，我虚心学习，努力工作，得到了实习单位领导与同事的一致肯定，并荣获了“××××大学法学专业2005年优秀实习生”称号。通过实习，我进一步增强了自身专业实践能力，加深了对律师这一职业的认识，更坚定了我做一名律师的决心。

贵单位虽然成立仅有五年的时间，但以“严谨、尽责、服务”的优良宗旨在广东律师界闻名遐迩。我喜欢贵单位团结协作的工作氛围，渴望加入××团队，开创我们共同的事业。如果贵所能够接受我，我一定会努力工作，不辜负您的赏识和厚爱。贵所任何形式的回复我都视为关怀与鼓励，不胜感激。恭候您的佳音。

此致

敬礼

求职人：（亲笔签名）

2006年3月1日

附件：个人简历及证书复印件

联络方式：××××××　　地址：××××××

评析：本文开篇首先自我介绍，求职理由即求职信息来源。主体部分选择有针对性的材料，突出思想积极，学习和工作所取得的成绩，社会实践经验丰富。结尾再次呼应开头，进一步强调贵公司的声誉，以示求职的缘由，并表达出十分的求职诚意。全文结构要件完整。

【例文2】

自荐信

尊敬的××公司经理先生：

我叫李志义，2008年6月毕业于××××大学经济学院国际会计专业。拟应聘的职位是会计。

在四年的大学生活中，学业不断进步，全面系统地掌握了工业会计学、商业会计学、银行会计学、国际会计学、西方国际会计学、管理会计学等会计知识及相关经济理论，具有独立分析问题、解决问题的能力。在学好专业课程的同时，注重提高英语与计算机水平，通过了全国计算机二级水平考试，有较强的上机操作能力，能熟练运用OFFICE、VFP进行业务处理。顺应时代发展，本人英语达到较高的读、写、听、说水平，能熟练阅读各类文章，口语表达流利，顺利通过英语四、六级考试。

我积极参加社会实践活动，达到学以致用的目的。在学校组织的××××房地产开发公司的实践活动中，独立设计问卷，深入社会，对市场信息进行大量、周密的调查，努力投入每一步骤、每一细节中。在实践中锻炼自己，成绩显著，受到该公司的好评。

如今我圆满完成学业，准备接受贵公司的挑选。敬请贵单位领导对我诚恳的求职举动给予充分理解和支持，在翔实调查、考核的基础上，做出您最满意的选择！

此致

敬礼

求职人：李志义

2007年12月5日

附件：（略）

评析：全文从文体结构的角度分析，标题、称谓、正文内容、落款规范。正文材料的安排合乎逻辑，先写学习的专业知识及相关知识的情况和所取得的成绩。接着写社会实践活动情况，最后表述求职愿望。尾语“此致”“敬礼”。正文内容的表述有明显的特点，由观点句领起，段落中的内容也有恰当的过渡，全文上下衔接自然，语言准确、流畅。语言虽朴实，字里行间充满着自信与渴望。

【例文3】

求职信

尊敬的人力资源部曾经理：

您好！

从网上获知贵公司招聘总经理助理和销售助理。我现在向您自荐，万分感谢您在百忙之中浏览我的求职信！

我叫马丽，2008年毕业于××职业技术学院计算机专业。大学三年我完成了本专业的所有专业课程，选修了企业管理、人力资源管理、市场营销等课程。同时还获得秘书四级、英语四级、小车驾照等证书。通过专业实习与实践，使我具备了很强的计算机实际操作能力和局域网络的设计维护能力。大学三年，让我掌握了学习方法，使我容易接受新知识、新事物，有很强的上手能力。

在工作方面，我担任过班长，以高度的责任感，积极向上的心态，为同学们服务，具有较强的组织管理能力和协调能力。

学习之余我还利用寒暑假参加社会实践，做过促销员、网管员、秘书等，去电视台实习还发表了两篇文章。在这些顶岗实践的过程中，我悟出真诚为人、忠实处事的道理，沟通协调能力有了较大的提高，受益匪浅。工作中的细心、热情、敬业、大度以及责任感等都得到用人单位的好评。

我深知贵公司总经理助理的职位要求本科学历，我有信心能胜任这一职位，给我一次机会，我会用业绩证明自己。如果您认为我更适合销售助理的职位，我也愿意服从安排。盼望贵公司能给我提供施展才能的一方宝地，我的努力也一定能让公司的事业更上一层楼。

此致

敬礼！

地址：××××××××

邮编：××××××××

电话:××××××××

求职人:马丽

××××年×月×日

附件1:个人简历、学历证书复印件

附件2:秘书四级证书、英语四级证书、驾照,成绩单,用人单位鉴定表(复印件)

附件3:学院推荐表(原件)

评析:

本文开头简明介绍求职的信息来源和求职目标,求职者给人有礼貌、又很自信的良好印象。

这封信的第二、三段写得特别好,好在五个方面:

一是既有针对性,又留有余地。作者求职目标是总经理助理或销售助理,对口的"计算机专业"、对职位的"兴趣"、完成所有课程并取得优异成绩、选修"企业管理、人力资源管理、市场营销等课程""计算机实际操作和局域网络的设计维护能力""担任过班长""组织管理能力和团队协作精神"等对竞聘这两个职位都是有利的,但作者并没有这两个职位的较长的工作经历,竞争这么激烈,倘若这两个职位落选,做秘书也未尝不可。因为求职者获得"秘书四级证书""电视台实习还发表过两篇文章",都为他被聘用留下伏笔。

二是刚毕业的学生有工作阅历,虽不长,也很有利,如寒暑假期间,做过促销员、网管、秘书等。

三是有潜力。体现在"大学三年,让我掌握了学习方法,使我容易接受新知识、新事物,有很强的上手能力"的描述。

四是用证据说明优点,如"工作中细心、热情、敬业、大度以及责任感等都得到用人单位的好评(见附件鉴定表)"等。

五是内容具体。如果只说去电视台实习,就比较虚,还发表了两篇文章就属实写,把实习内容具体化。

最后一段表达自己的求职愿望,既委婉又通达。

知识提要

一、求职信的适用范围

求职信是求职者以书信的方式自我举荐,陈述求职理由,表达求职愿望,提出求职要求的一种信函文本,是求职者向用人单位展示自身知识本领、专业特长、工作能力、整体素质的媒介。

求职信的作用主要是使用人单位对求职者有一个初步的了解并感兴趣,以达到最终被录用的目的。

二、求职信的特点

求职信的特点主要有以下两点：

(1)自我推荐性　求职信是向招聘单位发出的。其目的就是推销自己，以期成功地得到自己想要的工作岗位，因此要充分展示自己的能力和业绩，尤其要把与众不同的特征展示出来，以引起用人单位的注意。

(2)求职针对性　针对性是求职信奏效与否的“生命线”。针对性就是求职者的能力、素质是否符合相关岗位或职务的要求，在求职信中有意识地展露自己的相关才能和素质。兵家说，“知己知彼，百战不殆”。求职信的写作要做到针对性，就要注意如下几个环节：分析目标单位及目标岗位—明确用人单位的期望能力和品质—对照自身特点，突出特长和优势。也就是说，下笔之前必须了解所应聘的公司、岗位的特点及其期望的能力或品质，对照自己是否具备这些方面的特长和优点，然后精选这些方面的经历、成绩及证明材料，按一定要求进行组织、加工，考虑表达方法和技巧。

针对性和个性化让你的求职信从数百封信件中“脱颖而出”。不少人事经理反映，现在求职信中最常见的问题是“千人一面”。的确，网络给求职提供了更多的方便，但面对着互联网上成千上万的职位，有的求职者采用了“天女散花”式发求职信的方式，事实上，它的命中率很低，结果不仅是“广种薄收”都达不到，而是多以“广种无收”告终。原因很简单，这种千篇一律、没有任何针对性的求职信，招聘人员看得太多了。有的求职信没有任何豪言壮语，也没有使用任何华丽的词汇，却使人读来觉得亲切、自然、实实在在。

三、求职信的写作准备过程

(一)求职调研

(1)学习本专业的教学文件　通过学习教学计划，明确适应的职业岗位及能力。

(2)收集就业信息　了解本专业所对应岗位的社会就业形势，通过网络了解岗位需求，通过学校、亲朋好友等渠道确定就业的地点与方向。

(3)了解用人单位招聘岗位的情况，招聘考核标准　通过不同渠道，收集你心目中的企业聘用与专业相关岗位的用人条件。

(二)求职材料的准备

1. 求职目标

根据就业形势，所应聘岗位与专业对口是最佳选择。对初次就业的大学生来说，求职原则要以锻炼为主，先适应社会，学会交际。不要过分地苛求专业对口。

2. 简要说明个人的基本情况

个人的基本情况包括姓名、性别、年龄、籍贯、政治面貌、毕业学校、毕业时间和所学专业等。

3. 说明胜任招聘岗位的条件

这是求职的核心内容，分别从以下几方面进行准备：

(1)适合所求职位的知识　一是专业知识与技能、特长，突出“硬件”内容，如专业课程、专业成绩、经过培训考核所取得证书、参加各类专业竞技的获奖证书等；二是相关知识，掌握非专业知识的水平。能够用数字详细说明情况会更加全方位、立体化地展示求职者的优势。

(2)工作经历　一是在校期间担任的社会工作等情况；二是在校期间的实习经历及打工经历；三是工作品质，如果没有工作的经历，不妨多强调自己其他方面的优点，如工作热情、作风踏实、能吃苦耐劳、承受压力、守时守信、有较强的观察分析能力、有开拓创新精神等，让招聘者感到择业者良好的工作态度和心理素质，感到是个可塑之才。

(3)其他情况　简要介绍自己的性格、兴趣和参加各种竞赛活动等。如对所求职业的素质进行分析，然后根据自身情况有针对性地进行介绍，展示自己的才艺和综合素质。

4. 表达面谈的愿望

信的结尾要表明自己有应聘相应岗位的信心、诚意、决心和勇气，希望有一个面谈的机会，并且期待对方的回音。

(三)个人简历的制作

个人简历的外观形式主要有两种：表格式和条文式。这里主要介绍条文式的内容要素：

(1)个人资料　又叫基本信息，包括姓名、性别、民族、出生日期、户口所在地、毕业学校、专业、学位、联系电话、联系地址、兴趣爱好、身体素质、婚姻状况等。

基本信息不一定全列出来。如果用人单位没有特别强调必须注明，建议你认为这个职位应该列出的信息你才列出。

(2)求职意向　明确求职意向，写明应聘的具体部门和岗位，只有你清楚所求职位工作内容之后，才能在求职简历中突出自己的知识与专长。

现在大多数同学都这样表达求职意向：从事与本专业相关的工作，或者从事财务管理、评估分析、审计、会计电算化等方面的工作。这一类表述，最大的不足是求职意向指向不专、不明、不具体，让招聘单位感到求职者对本单位的不了解和缺乏诚意。

(3)教育背景　本项设置可分为专业课程及成绩、资质认证、外语及计算机水平、表彰奖励证书。有的只写就读学习经历，对于大学毕业生，这样的内容可不写。

(4)社会实践　强调你适合这个职位的成功经验和经历。如果能说明得比较专业，那就会给用人单位眼前一亮的感觉。

(5)兴趣爱好与个性　个性要与所应聘的工作相适应。有人会随手写下不少兴趣爱好，如绘画、唱歌、排球、篮球、计算机、读书、交际。兴趣爱好不能随便写，否则容易在面试时出纰漏。如果真有特别突出的个人特长，可强调写出，如：

2000—2003 年，为校排球队和院篮球队主要成员，多次参加全国和湖北省排球赛及校级篮球比赛，为球队多次赢得优秀成绩；2000 年湖北省武汉地区高校男子排球比赛第一名。

建议：个人简历项目应按招聘单位的要求设置，重点突出与工作相关的内容。

【例 1】

个人基本简历

姓名：

性别：

国籍：中国　目前在广州

民族:汉族

户口所在地:湛江

身高:163 cm

求职意向:贸易类:跟单、业务等

工作年限:1

个人工作经历:

1.2007/8—2008/1　广州荣诚鞋业有限公司　协理助理

负责协助采购协理处理各项事务,兼负 ISO 事务之责;监督与控制本部门的预算情况,以及对相关材料的不良处理问题和 ERP 系统订购材料欠单问题予以紧密跟踪和统计。

2.2007/5—7　香港衡泰实业有限公司　跟单

负责订单的跟踪、相关信息的回传,对客户所下订单的数量及质量进行相关的监督,及时反馈客户的意见,确保客户的交货期。

教育背景

毕业院校:广东外语外贸大学公开学院　国际贸易　本科

最高学历:本科　毕业于 2007/7

所学专业:国际贸易

荣誉证书

1."优秀学生"(广东外语外贸大学公开学院 2005/6)

2."优秀毕业生"(广东外语外贸大学公开学院 2007/6)

3.全国计算机等级考试(一级 Microsoft Office)合格证书

主修课程

国际贸易、国际市场营销学、企业经济统计学、管理系统中计算机应用、外贸函电、国际商务英语、外贸英语写作等。

语言能力

外语:英语　良好

汉语水平:精通　粤语水平:良好

工作能力及其他专长

1.计算机水平:熟练掌握 VFP6.0 软件和 Office 办公软件的操作,能充分利用网络资源以及及时完成日常编辑工作。

2.语言能力:能够撰写和回复英语商业信函,具有良好的读写能力;精通汉语,并备有一定的粤语水平。

个人亮点

1.扎实的专业技能,良好的协调、适应能力,力求上进,注重团队合作。

2.做事认真负责,勤奋踏实,自信自律,注重细节,有较好的数字概念。

四、求职信的结构与写法

求职信一般有标题、称呼、正文、落款、附件五部分组成。

(一)标题

求职信的标题通常只由文种名称组成,即在第一行中间写上“求职信”三个字。有时可写作“自荐信”或“应聘信”。

(二)称呼

称呼要顶格写上公司名称、部门名称、领导姓氏、职务,称呼后加冒号,如:“尊敬的××公司人事部李经理:”;或直接写单位名称“尊敬的×××领导:”“××公司:”等。

如若有明确单位的求职信,为了拉近求职者与用人单位之间的距离,在称谓中明确地指出用人单位的全称及其人事部门负责人姓名,以表示尊重。

(三)正文

这是求职信的重点,它是求职者个人情况的精要概括和展示。包括个人基本情况、专业知识与专业技能、工作经历、性格、爱好与兴趣、特长等。在叙述或说明情况时,语言要精练、准确,既有文采,又不失实。必要的数据最有说服力,把定性的介绍和定量的介绍搭配好,效果会非常好。总之,该部分的详略要处理好。

(1)开头　先写问候、寒暄之语。如:“您好!感谢您在百忙之中阅读我的这封求职信。”然后进行简短的自我介绍,表明求职目标或应聘的岗位。自我介绍最好用一句话表明自己的身份。如:“我是××,××大学法学专业2006级毕业生”。

有的求职信在开头先表明求职的信息来源,然后进行自我介绍。

(2)主体　求职信的主体部分要针对有关用人单位的招聘广告或求职者了解到的有用信息,介绍自身的优越条件,即所谓“自我推销”。

文体写作前要对主体内容的安排进行构思,从用人单位对求职者考察的重点开始写,大致分三个层次:一是专业知识与专业技能情况以及相关知识学习情况,二是工作经历,三是综合素质方面。

语言表达要求既要有说明和叙述,又要有议论,议论是对学习态度、工作能力、人格品质的评价,在写作风格上叫作虚写,说明和叙述是对求职者个人的情况和学习、工作经历的表述,在写作风格上叫作实写。如:“思想上,我积极上进,追求进步,并于2004年光荣加入中国共产党。”每一位求职者都可以写自己“积极上进,追求进步”,而“2004年光荣加入中国共产党”这句话很有说服力地说明求职人思想好的特点,这也是求职人的特色之处,优势所在。

在每一部分总结性、概括性语言的后面,要适当增加一些属于应聘者自己优势与特长的具体内容。毕业生可以在求职信中说明自己的实习、实践情况。在说明的时候,可以指出具体的时间、地点,从事何种岗位工作,以增加可信度。

(3)结尾　在求职信中,可以适当对用人单位作一个总体评价,再表达求职者的信心和强烈的愿望要求。这样可以说明求职者对用人单位的发展情况非常关心,并有一定的了解,能够较好地拉近与用人单位的距离,同时在这样的前提下表明愿望也非常自然。如“热切盼望贵单位肯定的答复”“盼望贵公司的录用通知”或“希望给予面试的机会”等。

(四)落款

落款,在正文的右下方,签上求职者的姓名及求职信成文的日期。

(五)附件

信末应注明随信附上的有关材料,如联络方式、毕业证书、结业证书、技能证书、荣誉证书、推荐表、个人简历、有关人士的推荐信、有关证明等，这可以给对方办事缜密，考虑周全的良好印象。附件的位置在落款的下一行。

五、求职信的写作要求

（1）真实客观　写求职信时，实事求是地介绍和评价自己，任何虚假东西都不能写。介绍自己情况时要尽量做到实在、具体。如说自己成绩优秀，不如说名次。说有一定的社会经验，不如说参加什么社会实践活动并取得成绩。说组织能力强，不如说组织过哪次大型活动等。具体实在的介绍，令人信服，使人感到真实可信，没有水分。从求职信中看到的不只是一个人的经历，还有品格。

（2）突出重点　求职信要突出自己的特点，把在校期间最辉煌的部分突出展示给对方，让自己的闪光点吸引、打动对方，使对方了解、认识到你的智慧与才能。特别是要了解用人单位所需要的专业、能力、特长，求职信中有针对性地介绍自己这些方面的专长，会达到较好的效果。

（3）篇幅简短，语言准确　求职信不宜过长，用人单位在招聘时因材料多，不会过细研读，所以求职信要尽量简洁，一页纸就够了。语言要言简意赅，朴实无华，不宜有文字上的错讹。一份好的求职信不仅能体现你清晰的思路和良好的表达能力，还能考察出你的性格特征和职业化程度。所以一定要注意措辞和语言，写完之后要通读几篇，精雕细琢，切忌有错字、别字、病句的现象发生。否则，就可能使求职信“黯然无光”或是带来更为负面的影响。

（4）文面整洁　文面要做到工整、清洁、美观，让人感到愉快和舒畅。可以用电脑录入材料，也可以自己书写，但字要写得美观，这是展示才华的一个机会。求职材料布局安排合理，版面要进行设计，给人以整体的和谐、优美、得体的感受。

小结

求职信具有自我推荐性、求职针对性的特点；对于求职者来说，求职的前期准备过程是很重要的，每位同学未来都要经过求职这一关，根据教材内容做好求职准备。求职信的写法，侧重结合案例分析文章写作的结构模式与表达技巧，这是本节的重点。

写作技能训练

一、比较下面两封信的开头方式，说明它们选取的不同内容

A. 颂扬对方　　B. 交代求职的缘起　　C. 介绍自我

D. 概括总起　　E. 诉说心愿

1. 我是南宁职业技术学院即将要毕业的一名会计专业的学生。从《南宁信息港》这份报纸杂志中获悉贵公司要招聘会计职位。我对贵公司的发展一直非常关注，并对会计这个工作岗位抱有极大的兴趣，十分乐意为贵公司的发展尽一份微薄之力。我很荣幸有机会向您呈上我的个人资料。（　　　　）

2.我是××大学××校区的一名应届毕业生，专业是财务会计，我希望能到您单位做会计及其相关的工作。（　　　　　）

二、指出下列求职信的不足

1.……我刚刚从学校毕业，很多方面还有很大的欠缺，特别是社会交际能力和自我约束能力挺差，不知能否把工作干好。……

2.我希望这样的人生，它在经历了无数场风雨后成为一道最美丽的彩虹……请用您的目光告诉我海的方向……我渴望成为你们心目中的一员，我渴望奉献我所拥有的一切，请用真诚的心灵拥抱我最热烈的胸怀。……

3.……根据以上成绩，我认为我能胜任这份工作，我一定可以比我的前任做得更好……如果您是独具慧眼的伯乐，那我就是一匹即将扬蹄驰骋的千里马！

4.……以上是我的个人情况，我愿意在贵公司任何职能部门工作。

三、病文修改

求职信

尊敬的贵公司领导：

当我四处奔波找不到工作时，偶然在《××报上》发现贵公司的招聘启事，不禁欣喜万分。今特向您毛遂自荐，应聘贵公司公关部经理或总经理助理一职。我是××大学××专业的学生，现已学完全部课程，学习成绩优异（成绩表复印件附后）。我爱好广泛，在摄影、书法、篮球等方面均有特长，是校篮球队队员，曾代表学校参加西部大学生篮球赛。我身体健康，善于处理人际关系。在校期间，尊敬师长，团结同学，有良好的人缘儿。

我研究过贵公司的资料，发现贵公司的经营管理方式有独特之处。但也有一些不完善之处 。我在学校辅修经济管理专业，掌握了一定的理论知识，盼望能在贵公司得到一个付诸实践的机会。这是促使我积极向贵公司应聘的一个原因。此外，我应聘贵公司的职务，是希望铺平自己未来的人生之路，干一番有意义的事业，并不计较工资待遇和个人得失。如能被贵公司录用，我将努力勤奋地工作，立足本职岗位，创造骄人的业绩。我坚信自己不会让您失望，恳请您在×月×日前给我答复。

顺祝

商祺

求职人：王一页

××××年×月×日

四、综合实训

1.制订一份求职计划，完成这一任务需要学生上网查阅专业知识及技能、相关就业的信息、相关专业的求职信例文。

2.结合所学专业，确定明确的求职目标，根据求职信的写法写一封求职信。

3.制作一份个人简历表。

要求：

1.小组点评，写出书面评语。

2.评选优秀习作。

Section 3

申 请 书

知识目标

- 了解申请书的适用范围。
- 掌握申请书的写法。

技能目标

- 能够根据实际情况写作、评改申请书。

自学与自测

一、填空题

1. 申请书是个人或集体向组织、机关、企事业单位或社会团体__________、__________时使用的一种文书。申请书具有__________的特点。

2. 申请书有比较固定的格式，其结构一般由标题、__________、__________、__________和落款五部分构成。

3. 申请书与一般书信不同，它是个人或下级对上级领导、组织、机关或团体有所请求时使用的，一般要求__________，不能几件事情一并写进一份申请书里。

4. 要考虑对象的特定性。申请书的行文对象不是一般的读者，而是要有所请求的领导、组织或机关，因此申请书的内容必须注意几个方面：一是__________；二是__________；三是__________；四是内容简明扼要，不啰唆重复。

二、简答题

1. 申请书的事由如何表述？

2. 申请书写作应注意哪些事项？

范文阅读与训练

【例文 1】

开业申请书

市工商局：

我是待业青年，2002 年 7 月高中毕业后没有考上大学，一直在家闲居。我不甘心过悠闲无聊的生活，就抓紧时间刻苦钻研家电知识，并向有专长的老工人学习家电修理技术。现在，我已掌握了国产和进口家用电器的修理技术。为了减轻家庭负担，改变依靠父母养活的状况，也为了给社会做点贡献，我申请开办个体户家用电器修理门市部。请考核我的技术，审查我的资格。

开业后，我保证严格遵守国家的政策、法令，自觉维护市场秩序；服务热情周到，价格公平合理，让顾客满意，并按章交纳税金。

此致

敬礼

申请人：×××

2004 年 3 月 6 日

评析：文中标题点明了申请事项，正文中实事求是地申述理由，从两个方面充分说明申请原因，目的明确，态度诚恳。在语言上使用祈请词语“请求”“申请”“恳请”等。

【例文 2】

入党申请书

尊敬的党组织：

我志愿加入中国共产党，为人类的正义事业——共产主义事业而奋斗终生。为此，我向党组织郑重地提出入党请求，恳求组织对我予以严格审查。

中国共产党是中国工人阶级的先锋队，是中国各族人民利益的忠实代表，是中国社会主义事业的领导核心。从中学时代开始，我就对党有了初步认识。随着年龄的增长、阅历的丰富和修养的提高，我对党的认识越来越清楚。中国共产党是在中华民族处于最为危难——外国列强入侵、国内反动派黑暗统治之际诞生的，是顺应历史发展的必然产物。自从她诞生之日起，她就肩负起使中华崛起，使劳苦大众翻身解放的历史使命。经历第一次国内革命战争、第二次国内革命战争、抗日战争、解放战争，中国共产党领导中国各族人民终于推翻了压在他们头上的三座大山，成立了新中国。饱经压迫和剥削的中国劳苦大众终于做了自己国家的主人。新中国成立后，她顺利地进行了社会主义改造，完成了从新民主主义到社会主义的过渡，确立了社会主义制度，发展了社会主义经济、政治和文化。在社会主义现代化建设这一时期，虽然我们党出现过严重的失误，但是实践证明我们党有勇气承认错误，有能力和决心改正错误。社会主义现代化建设取得的成就是举世瞩目的。特别是十一届三中全会以来，中国经济发展的速度是别的国家所无法比拟的。所有这些，与中国共产党的正确领导显然是密不可分的，它充分体现着社会主义制度的优越性。无论从历史的角度，还是从现实的角度，事实证明：只有中国共产党，才能够救中国；只有中国共产党，才能够领导中国人民不断从胜利走向胜利。中国共产党无愧于一个伟大的、光荣的、正确的政党。在现阶段，中国共产党把团结全国各族人民，自力更生艰苦奋斗，逐步实现工业、农业、国防和科学技术现代化，把我国建设成高度文明、高度民主的社会主义国家作为自己的总任务，把领导全国各族人民进行社会主义现代化经济建设作为党的工作重点。她坚持物质文明和精神文明一起抓的方针，发展社会主义民主，健全社会主义法制，强调各民族、各党派的团结、平等与互助，决心完成祖国统一大业。对外则奉行独立自主、和平共处的原则，反对霸权主义、反对战争。在加强党的建设、发扬党的优良传统，提高党的战斗力方面，她提出了三项基本要求：思想上政治上高度一致；全心全意为人民服务；坚持民主集中制。

通过对党纲、党章、党史及有关文件的学习，我对中国共产党的性质、任务等有了更加明确的认识，理论水平有了更进一步的提高。我决心加入中国共产党，决心实现我的信仰追求，决心为实现共产主义事业而献身。

如果党组织经过严格审查批准了我的这一神圣请求，我将更加严格要求自己，认真学习马列主义、毛泽东思想和邓小平理论，学习党的基本知识和党的路线、方针、政策和决议，坚持党和人民的利益高于一切，坚决执行党的决定，服从组织分配，积极完成党的任务，自觉遵守党的纪律和国家的法律，维护党的团结和统一，以“八荣八耻”规范自己的言行，密切联系群众，积极履行党员的义务；同时，模范行使党员权利，在工作、学习和社会活动中起先锋模范作用，做一名合格的共产党员。如果组织未批准我的入党要求，我将继续严格要求自己，继续党纲、党章等的理论学习，继续向党组织靠拢，在学习及工作中争当模范，做好本职工作，请党组织对我进行更深刻、更严格的审查。

请党组织在实践中考验我！

申请人：杨利

2005年3月1日

评析：这份入党申请书内容充实完整，语言简明朴实，语气庄重诚恳，真实地表达了作者的强烈的愿望。首先，明确表达自己的愿望，"自愿加入中国共产党"，"向党组织郑重地提出我的入党请求"。接着，通过简述中国共产党的光荣历史，阐明对党的认识，进一步表明要求入党的原因。最后表达决心和态度。全文条理分明，层次清楚，是一篇写得比较好的入党申请书。

【例文3】

助学金申请书

××学校：

我叫×××，系×××人，出生在一个贫穷而又落后的小山村。家中有四口人，父母文化浅薄，在家务农，由于多年的劳累，父母两人身体状况十分差，农业收入低微，所以全年收入十分微薄。还有一个弟弟正在××中学读书，家中一年省吃俭用的钱大多都供给了我和弟弟读书。而我从小热爱美术，高中时在学校选择了美术专业。

今年我圆满地完成了12年的学业，光荣地参加了高考。于×月×日我收到了××大学的录取通知书。但是从事美术专业的院校学费都那么高，对于农村的家庭来说真是一个天文数字。为此家中面临着巨大的学费压力，家中实在是拿不出足够的钱来送我上大学，可是我又不想因为贫困而丧失上大学的机会，我知道这个社会如果没有知识、没有文化是无法生存下去的。所以我一定要完成我的学业。现向学校证实学生的家庭情况，申请有关部门定于特困生类型，以便能在校获得各种补助及助学贷款，帮助学生顺利完成学业。

此致

敬礼

申请人：×××

×××年×月×日

评析：这份助学金申请书写得很得体。陈述的理由充分。作者用简明的语言反映了家庭困难的现状、学美术高昂的学费、自己的认识，使申请的理由既充分，又具体。提出的申请事项明确。另外，语言朴实、诚恳，易于打动人心，得到理解与支持。

模式：标题＋称呼＋正文内（　　　　）、（　　　　）、（　　　　）＋落款

请在括号内填写正文内容。

知识提要

一、申请书的适用范围及特点

申请书是个人或集体向组织、机关、企事业单位或社会团体表述愿望、提出请求时使用

的一种文书。

申请的使用范围相当广,种类也很多。按作者分,可分为个人申请和单位、集体公务申请;按内容分,可分为入团、入党、困难补助、调换工作、建房、领证、承包、贷款申请书等。

申请书具有祈请性的特点。申请书的写作带有明显的目的,请求对方批准所请事项。

二、申请书的写法

申请书有比较固定的格式,其结构一般由标题、称呼、正文、结语、落款五部分构成。

(一)标题

一般有两种表现方式:一是单独由文种构成,如“申请书”或“申请”,一是在文种前加上事由,表明具体要求,如“入党申请书”、“关于增加拨款的申请”等。

(二)称呼

在标题下隔行顶格写接收申请书的组织或单位的名称,之后加冒号。

(三)正文

正文包括申请原由、申请事项、态度三方面内容,不同的申请事项,这三部分内容的结构不同。

1. 开头

阐述申请原由要充分具体,条理清楚,这是对方是否批准的依据。

(1)交代申请人的基本情况　这种交代要抓住要点,简明扼要。如例文1“我是待业青年,2002年7月高中毕业后没考上大学,一直在家闲居”一句话,就把申请人身份特点交代得很清楚,并且传送出一个消息:待业青年经济上无着落,属于社会的弱势群体。这就能从感情上获得市工商局领导的同情与支持。

(2)写清楚申请理由　理由是提出申请的重要依据。理由写得清楚而充分,便于组织或领导了解和把握申请者的意愿和动机。如例文1在说明申请理由时,从“我不甘心过悠闲无聊的生活”谈起,讲述了学习实用电器知识修理技术的情况,然后又说明了自己已具有的技术能力,而后强调了申请的意愿和动机:减轻家庭负担,给社会做点贡献。理由说得真切、充分而有条理,让人一看就能把握要领。

2. 主体

写明申请事项,要求简明扼要。有时也可写在文首。

在写清楚申请理由之后,紧接着要把申请的事情交代明白。如例文1在讲清了理由之后,直截了当地说明了申请的事情:“我申请开办个体户家用电器修理门市部”,并请市工商局“考核我的技术,审查我的资格”。主动要求考核,表现出申请人的自信,又显示出申请者接受考核、按章办事的态度,容易引起市工商局的共鸣。

3. 结尾

最后进一步表明自己的决心、态度和要求,应写得诚恳、有分寸,语言要朴实准确,简洁明了。根据申请书的主旨要求,有的申请书不写结尾,申请事项之后直接写结语。

申请人要围绕所申请的事情,做出相应的保证或承诺。如例文1最后写道:“开业后,我保证严格遵守国家的政策、法令,自觉维护市场秩序;服务热情周到,价格公平合理,让顾客满意，并按章交纳税金。”这些保证不仅说明申请人有很强的政策和法律意识，同时也表明申请人严格守法、接受监督的态度，这种坦诚和负责的承诺，能打动市工商局领导，批准申请人的申请。

4. 结语

表达愿望和请求的短句或词组。如“特此申请”“请求领导研究批准”“恳请批准”“请组织考验”等，也可用“此致”“敬礼”。

(四)落款

在正文的右侧下方写申请人的姓名或申请单位的名称，其下方写明申请日期。

三、申请书写作要求

1. 申请书要求一事一书

申请书与一般书信不同，它是个人或下级对上级领导、组织、机关或团体有所请求时使用的，一般要求一事一书，不能几件事情一并写进一份申请书里。

2. 要考虑对象的特定性

申请书的行文对象不是一般的读者，而是要有所请求的领导、组织或机关，因此申请书的内容必须注意几个方面：一是格式规范；二是语言准确；三是语气尊重，有礼貌；四是内容简明扼要，不啰唆重复。如果接受申请书的领导或组织已经了解申请书的内容，就可以少说或干脆不说，如果不是第一次申请，可以在原有的基础上强调、补充或修正。

小 结

申请书格式约定俗成，行文目的意向明确。注意格式规范及语言表达的准确性。

写作技能训练

一、情境写作

学校学生处准备为家庭收入低的同学发放一笔困难补助金，假如你符合条件，请拟写一份申请书。

二、材料写作

李清泉是×××工厂的下岗职工，在家闲居数月。为了发挥自己的一技之长，解决家庭生活的困难，准备开一家个体书店。

李师傅居住地的周围是学校聚集区，但书店很少，给广大师生和附近居民带来很多不便。

李师傅准备好了开业所需的房屋、款项、设施，并咨询了个体经营的相关常识。

李师傅租来做门市的房屋位于××市××路××号，面积56米^2。他打算注册资金2万元，经营范围定在图书和字画方面。他给书店起的名字是“朗朗书店”。

写作任务：请你以李清泉的名义，写一份递交××区工商行政管理局的开业申请书。

三、病文修改

仔细阅读下面这份申请书，指出其中的不当之处。

身份证申请

××居委会领导：

我系××公司××处工作人员，在上班乘车途中，随身携带的皮包不慎被窃，身份证和工作证均被窃。为避免损失，我在次日即到××派出所申请补办身份证。我因经常外出工作，无证较为不便。望请尽快给予补办。

家庭地址：××街××号。原身份证号：××××××……

申请人：×××

二〇〇三年五月二日

提示：

1. 标题是否揭示申请事项？
2. 称呼是否正确？
3. 丢失物品叙述不清楚。
4. 补办身份证的程序混乱。

Section 4

欢迎词、欢送词、答谢词

知识目标

- 掌握欢迎词、欢送词、答谢词的适用范围。
- 掌握欢迎词、欢送词、答谢词的结构与写法。

技能目标

- 能够根据情境或案例，完成礼仪文书的写作与评析。

自学与自测

一、填空题

1. ＿＿＿＿＿、＿＿＿＿＿、＿＿＿＿＿属于礼仪性文书。

2. ＿＿＿＿＿是仪式或会议开始时，主人对来宾的到来表示友好＿＿＿＿＿的致辞。

3. ＿＿＿＿＿是仪式或会议结束时，是在为客人举行的告别酒会、宴会及其他仪式上，或在会议开始时，主人对宾客或会议代表的离去表示＿＿＿＿＿的致辞。

4. ＿＿＿＿＿是客人在欢迎仪式或告别仪式上，对主人的盛情款待表示＿＿＿＿＿的致辞。

5. 欢迎词、欢送词、答谢词的结构与写法基本相同，一般都由＿＿＿＿＿、＿＿＿＿＿、＿＿＿＿＿等部分组成。

二、简答题

1. 欢迎词、欢送词、答谢词有何区别？

2. 欢迎词、欢送词、答谢词在社交场合有何具体作用？

3. 欢迎词、欢送词、答谢词在写作过程有何要求？

范文阅读与训练

【例文 1】

在与美国×××公司项目洽谈会上的欢迎词

亲爱的汤姆先生、汤姆夫人：

女士们、先生们、朋友们：

首先我非常高兴地代表××总经理向汤姆先生和夫人，以及其他的朋友表示热烈的欢迎！

同时我也想利用这个机会代表中国××集团的 2 000 名员工向远在大洋彼岸的××公司的朋友们致以亲切的问候！

中国××集团公司和美国××公司已有长达八年的合作与交流关系，具有长期良好合作的基础。汤姆先生与夫人一向重视与我们的合作，并在多方面给予我们真诚的帮助，这次又亲临我们公司洽谈合作项目，将进一步加强我们双方的合作关系，增进双方的友谊，促进双方的共同进步与发展。

祝愿中国××集团公司与美国××公司合作愉快！

祝汤姆先生与夫人以及所有的朋友们在中国期间生活愉快！

预祝这次洽谈会取得圆满成功！

评析：这是一篇洽谈会的欢迎词。

正文开头一句话简洁明了地对汤姆先生一行人的到来表达诚挚友好的欢迎之情，同时将代表的对象扩展到“公司 2 000 名员工”，将亲切的问候送给了“远在大洋彼岸的美国××公司的朋友们”，为双方的交流与合作营造了友好的氛围。

主体部分××副总经理用简洁的语言回顾了与公司长达八年的合作关系，回顾了汤姆先生对××公司的帮助和支持，对这次项目合作洽谈的意义进行了高度评价，为进一步合作奠定了基础。

结尾以简洁的语言表达对活动成功的美好祝愿，向来宾表示良好的祝愿和继续合作的意愿。

【例文 2】

欢迎词

各位新同事：

大家好！

我是飞达公司董事长潘毅。很高兴在各位新职员加入本公司的第一天，就和大家相识。首先，让我代表公司，代表公司领导和同事们，向各位新同事表示热烈的欢迎！

正如大家所知，我们公司在粮食行业上有着良好的声誉与一定的影响。但是我们依旧不断进取，毫不懈怠。今天，见到各位朝气蓬勃的新同事加入本公司，使我颇感欣慰。因为大家所具有的真才实学，定然有助于本公司更上一层楼。

相信各位都是有志之士，都是真正来这里干事业的。那么让我们一道友好合作，同舟共济，发奋图强！本公司鼓励各位出人头地，并愿意为此而向大家提供各种条件。

再一次向各位表示欢迎！谢谢大家！

评析：这是一篇（　　　　　　）。本文的第一段是表达（　　　　　　）。第二段是表达（　　　　　　）。第三段是表达（　　　　　　）。

【例文 3】

欢送词

尊敬的女士们、先生们：

首先我代表××，对你们访问的圆满成功表示热烈的祝贺。

两天来，我们本着平等互利的原则，经过认真协商，签订了《××协议》，为双方今后的合作和发展打下了良好的基础。明天，你们就要离开××了，在即将分别的时刻，我们的心情依依不舍。大家相处的时间是短暂的，但我们之间的友好情谊是长久的。

我们之间的合作才刚刚开始，中国有句古语：“来日方长，后会有期。”希望我们加强合作，不断往来，欢迎各位女士、先生在方便的时候再次来××做客，相信我们的友好合作会结出丰硕果实！祝大家一路顺风！

评析：这是一则洽谈会欢送词。正文内容简明扼要、感情表达真挚。首先是对访问表示祝贺。第二段主要写洽谈的成果及意义，表达分别之际不舍之情。第三段表达良好的祝愿。

【例文4】

欢送词

尊敬的叶老师：

有人说："天下没有不散的筵席"，事实果真如此。当我们乍听到叶老师调走的消息，顿时有一种茫然不知所措的感觉。

时光易逝，不知不觉间叶老师来到本校已有五年多了。由于叶老师的艰辛努力，使本校在各方面的条件都有了很大改善，如教学礼堂的翻新改建，教室的整理布置及设备的配置，还有学生之间的礼貌友谊和互助风气的形成，都是在叶老师的细心规划、亲自倡导与推行下实现的。多年来全校师生、家长们都一直非常敬仰老师，现在叶老师突然调走，对我们来说，真是一个极大的损失。

但是，这一次调动使叶老师离家近了，上下班不用长途跋涉了，同时新的单位也更适合老师专业特长的发挥，因此，对于叶老师的调走虽然我们依依不舍，但却愿意含着热泪在心底恭喜您。

夏末初秋，气候逐渐转凉，但愿老师离开我们之后多保重身体。

今天晚上虽然准备的是淡酒粗肴，但却代表我们大家的一片真挚感情，希望老师能接受这份情感，共同欢度值得回忆的夜晚。

评析：这是一份情真意切的送别老师的欢送词。和朝夕相处的老师分手，学生当然恋恋不舍。但老师另有高就，又让学生感到欣慰。

这篇欢送词以"情"字贯穿全文，先回顾了老师的业绩，又发自内心为老师的工作调动感到欣喜，一句愿老师保重身体的祝福，一份淡酒粗肴，既点明了欢送的主题，又体现了师生间的深情厚谊。

【例文5】

答谢词

尊敬的×××先生、尊敬的××集团公司朋友们：

首先请允许我代表代表团全体成员对×××先生及×××集团公司对我们的盛情款待表示衷心的感谢！

我们代表团一行五人代表公司首次来贵地访问，此次来访时间虽短，但收获颇大。仅有三天时间，我们对贵地的电子业有了比较全面的了解，与贵公司建立了友好的技术合作关系，并成功地洽谈了×××电子技术合作事宜。这一切得益于主人真诚合作和大力支持。对此，我们表示衷心的感谢。

电子业是新兴的产业，蒸蒸日上，有着广阔的发展前景。贵公司拥有一支由网络专家组成的庞大队伍，技术力量相当雄厚，是网络工作站市场中的一枝独秀。我们有幸与贵公司建立友好技术合作关系，为我地电子业的发展提供了新的契机，必将使我地的电子业迈上一个新的台阶。

最后我代表×××公司再次向×集团公司表示感谢，并祝公司迅猛发展，再创奇迹。更希望彼此继续加强合作，共创明天。

在此我提议：为我们之间正式建立友好合作关系，为我们之间的密切合作，干杯！

评析：全文字里行间透露着"真诚的谢意"。对访问的成果进行简明概要的叙述，并给予充分的肯定。同时表达对主人公司的高度赞扬，以及阐明访问的意义。

知识提要

一、欢迎词、欢送词、答谢词的适用范围

欢迎词、欢送词、答谢词属于礼仪性文书。

欢迎词是仪式或会议开始时，主人对来宾的到来表示友好欢迎的致辞。

欢送词是仪式或会议结束时，是在为客人举行的告别酒会、宴会及其他仪式上，或在会议开始时，主人对宾客或会议代表的离去表示欢送的致辞。

答谢词是客人在欢迎仪式或告别仪式上，对主人的盛情款待表示谢意的致辞。当部门、单位、个人进行礼仪交往时，在举行仪式、召开的会议上，经常使用这种文体。

欢迎词、欢送词和答谢词在礼仪交往中起着重要作用。尤其是在改革开放、走向市场经济的今天，全国各地的经济交往日趋增多，国际的友好往来也日益频繁。这几种应用文体不但在国际交往中常用，而且在国内跨地区的大型集会上、社交活动中日益成为必不可少的常用文体。

其主要作用在于：在宾主之间制造一种和谐融洽的气氛，交流情感，增进了解，从而促成一种相互尊重、以诚相待的氛围，进而达到促进国际及国内各地区、各行业、各单位之间的友好往来、经济合作的目的。

二、欢迎词、欢送词、答谢词的写法

欢迎词、欢送词、答谢词的结构与写法基本相同，一般都由标题、称呼、正文等部分组成。

(一)标题

标题通常有两种形式：一种是只写文种；另一种则是由致辞人姓名(有时还加职务)、会议(或仪式)名称、文种三部分构成，这种标题使用较普遍。如："××董事长在新厂区规划论证会上的欢迎词"。有时则省略致辞人。而事实上这一文体是一种讲话稿，标题只是用来发表时注明的。

(二)称呼

在活动仪式上致辞，往往是出于公关、社交礼仪的需要，所以在这几种文体中，称呼的措辞要十分讲究，要特别注意礼貌。其共同特点是要用尊称，如称对方姓名要用全名，不得用简称、代称；在姓名前要冠以"尊敬的""亲爱的"等表示亲切的词语，在姓名后有时要加职衔

或职业名称，有时要加先生、女士、朋友、同志等称谓。如："尊敬的×××先生"。具体使用哪些敬词，要因人而异，可根据不同的对象恰当地选择。

(三)正文

(1)开头　致意式：一般要写出致辞人以什么身份、代表何人或何单位、向谁表示欢迎、欢送或答谢，用以表达致辞人的感情。

(2)主体　独段式或并列式：

欢迎词：

介绍活动举办情况，表明欢迎理由，阐明立场，说明交往意义，展望美好未来。这里对欢迎的不同情境内容的选择不同：对长期友好的单位或老朋友，可简单回顾双方以往的友好往来、传统友谊及其影响、意义，赞扬对方为此做出的努力，对双方关系的进一步发展提出良好祝愿。对初次来访者，可简单介绍单位情况以增进了解。对会议代表，则要概述当前政治、经济形势以及与会议有关的社会背景，召开会议的意义，对这次会议的希望。对有分歧的客人，应从双方共同的利益或共同关心的话题入手阐述活动的意义，表达"双赢"的愿望。

欢送词：

首先要对客人来访期间所取得的成就，包括双方的友好交往或经济合作做出的贡献，表示肯定和祝贺，说明这次来访的意义及将要产生的影响。欢送会议代表，要对会议的圆满结束表示祝贺，对代表们的辛勤工作表示慰问，预示会议将起到的作用和将产生的影响。

答谢词：

首先应感谢主人的盛情接待，回顾这个时期内双方会议洽谈项目、合作项目等；其次赞扬主人为发展双方的友谊或合作做出的贡献；还要肯定这次来访或会议的成功及其意义、影响；提出自己的希望。

(3)结尾　说明式：

欢迎词、欢送词、答谢词的结尾类似，通常是一两句表示祝愿的话，如"祝愿访问(或会议)圆满成功""祝愿我们的友好往来、经济合作日益扩大""祝大家身体健康"等。

三、欢迎词、欢送词、答谢词的写作要求

1.要热情而有礼貌，体现出真情实感

"感人心者，莫先乎情"，不论是外交场合，还是国内地区间、单位间的交往，不论是主人的欢迎词、欢送词，还是客人的答谢词，都要用热情友好来吸引来宾和主人，要用真情实感赢得朋友。这样才有可能增进了解和友谊，扩大交流和合作范围。落实到写作上，就是行文时适当讲究文采，恰当运用虚笔，用文字创设一种热情友好的氛围。

2.要善于巧妙地表达自己的原则立场

在社交公关场合，欢迎词、欢送词和答谢词往往是代表着自己国家或自己单位的，而交往中不免会出现双方意见有分歧的情况，这就需要致辞既坚持原则，又不可伤害对方(不论主宾)。因此，写作时要善于运用委婉的方式、婉转的语言，巧妙地表达自己立场。即使有

重大分歧、原则论争，致辞的措词也要慎重，不可信口开河。

3. 要尊重对方风俗习惯、宗教信仰等，不讲对方忌讳的内容

世界上国与国之间，在宗教信仰、风俗习惯等方面有很大差异，国内不同地区、不同民族也存在这方面的问题，所以写致辞的时候，务必先了解一下对方的一些基本情况，以免触犯对方的忌讳(无意中也不行)，引起不愉快。

4. 语言要精练、明快，语气要热情友好，篇幅要简短适当

欢迎词、欢送词和答谢词都是出于礼仪的需要而写的讲的，在语言上都有着特殊的要求。另外，在这种场合致辞，也都是作为应酬的，大可不必长篇大论，只要表达了某种礼节即可，其他有关事项，也可写进交往的其他文件中，以免冲淡了欢快的气氛。

例文解析

2001(第六届)四川电视节开幕式上组委会名誉主席张中伟所致的欢迎词

各位嘉宾、各位朋友、女士们、先生们：

金秋十月，硕果满枝。在这喜庆丰收的季节里，2001 年四川电视节隆重开幕了。在此，我代表四川省人民政府和 8 600 万四川人民向前来参加电视节的海内外嘉宾、各位朋友表示热烈的欢迎！向长期以来给予四川大力支持的国家广播电影电视总局表示衷心的感谢！

本届电视节是在 21 世纪之初，由国家广播电影电视局与四川省人民政府首次共同主办的一次国际性电视盛会，是展示四川形象和风采的极好机会。电视节的举办，可以进一步提高四川的知名度，让世界了解四川，让四川走向世界。

四川地处中国西部内陆腹地，是西部的一个人口大省，自然资源丰富，科技优势突出，市场潜力巨大，具有十分重要的战略地位。21 世纪前十年，四川加快发展的总体目标是：建成西部经济强省和长江上游生态屏障，经济社会协调发展，努力实现新的跨越。目前，全川人民正在认真实施西部大开发战略，抓住机遇，乘势而上，为实现追赶型、跨越式发展目标而不懈奋斗。这里，我真诚地希望前来参加电视节盛会的海内外朋友，更多地关注四川、宣传四川、支持四川。开放的四川欢迎你们来观光旅游，投资创业，发展贸易。我相信，只要我们真诚合作、互惠互利，就一定能够实现双赢，就一定能够共创美好的未来！

祝 2001 年(第六届)四川电视节圆满成功！

谢谢大家！

评析：这篇欢迎词篇幅简短，但内容完整，结构明晰，代表了节庆活动欢迎词正文写作的惯用章法。

开头：表示欢迎。这是节庆活动欢迎词正文的开头部分，一般要用简洁的文字交代致辞的背景，即什么活动开幕了，用热情的话语对来宾表示欢迎，也可以向来宾或者有关方面(人士)兼表祝愿或者感谢。这部分内容要独立成段，开门见山，干净利落，以求迅速拉近与来宾的情感距离。例文先以“金秋十月，硕果满枝”这一紧扣时令特征又富有寓意的佳句开篇，导

入情境；然后用“在这喜庆丰收的季节里”过渡，交代致辞背景，即“2001 四川电视节隆重开幕了”；接下来开宗明义以东道主的身份直言向“海内外嘉宾、各位朋友表示热烈的欢迎”，同时表达了对国家广播电影电视总局的感谢。

第二段：阐释意义。为什么要举办节庆活动，目的何为，意义何在，这是节庆活动欢迎词中一般应当予以交代的。其实，节庆活动不仅为当地社会发展提供了一个平台，更主要的是搭建了一座与各方广泛交流的桥梁，铺设了一条与各方长期合作的道路。例文紧承前面欢迎之情，高屋建瓴地指出本届电视节是新世纪之初的“一次国际性电视盛会”，并进一步诠释这“是展示四川形象和风采的极好机会”，借此“让世界了解四川，让四川走向世界”，文字高度凝练，寓意颇显开阔。

第三段：展示优势，也可以说树立形象。这是节庆活动欢迎词正文的重心所在。欢迎词是一种礼仪，但在友好的气氛中打造好东道主的“形象名片”是必须致力追求的。这就要求在有限的篇幅里，相对地侧重笔墨介绍东道主的优势，树立东道主的良好形象。比如，可以根据活动的目的、内容、规格、规模等因素，选择合适的角度展示与活动紧密关联的自然环境（如优越的地理条件、丰富的资源物产）、人文环境（如悠久的历史文化、明确的发展目标、开明的政策支持）等，以求在来宾的大脑中形成对东道主的良好“初感”，为今后的合作奠定情感基础。例文紧承上一层次对活动意义的阐释，顺势展示了四川重要的战略地位、21 世纪前十年加快发展的总体目标、全川人民饱满的精神状态；然后又紧扣这一话题，以一种开放的胸襟和姿态，不失时机热情地向来宾发出诚挚的邀请，尤其以“实现双赢”、“共创美好的未来”这样兼顾双方利益的表述来勾勒美好乐观的合作前景，更强化了欢迎之盛情。例文文字不多，却树立了东道主“天时、地利、政通、人和”的崭新形象。

最后：表达祝愿。这是欢迎词的结尾部分，一般用简洁的句子祝愿活动圆满成功，或者祝愿来宾生活愉快，并另起段落以“谢谢大家”“谢谢各位”。也有的欢迎词结尾运用抒情的笔致写来让人回味。如 1997 年中国宜昌丹水漂流首游式开幕式欢迎词的结尾：“愿丹水河流的明天更加光辉灿烂！愿我们的友谊与丹水一样漂入清江，注入长江，奔入东海，源远流长！祝各位领导、各位嘉宾漂得开心，身体健康，万事如意！谢谢各位！”

例文采用了逻辑严谨的“表示欢迎—阐释意义—展示形象—表达祝愿”这样一种基本的结构模式，文脉贯通，文字稳健，给人一气呵成之感。

小结

欢迎词、欢送词和答谢词的结构与写法基本相同，一般都由标题、称呼、正文和结尾等部分构成。欢迎词、欢送词和答谢词写作的要求是进行写作评析时的重要依据，如要热情而有礼貌，体现出真情实感，要善于巧妙地表达自己的原则立场，要尊重对方风俗习惯、宗教信仰等，不讲对方忌讳的内容，语言要精练、明快，语气要热情友好，篇幅要简短适当。

写作技能训练

一、情境写作

学校要举办消夏晚会，你作为校文艺部的负责人，是晚会的组织者，在这一活动的筹备过程中，需要完成下列文体写作，才能更好地完成工作。

1.你需要到后勤处借一套音响设备，请你写一张借条。

2.你分配文艺部干事张丽去学校的小卖部购买了一些晚会用的小礼品，因所带现金不够，还差150元，请以张丽的名义写张欠条。

3.张丽将买好的礼品交给你，请你清点后写张收条。

4.因有部分家长和外校贵宾参加，请你代校长精心写一篇简短的欢迎词在晚会上宣读。

二、写一份欢送词，以在校生代表名义在学校举办的毕业典礼上欢送毕业生

第三单元

事务文书写作技能

第一节　总结

第二节　计划

第三节　调查报告

Section 1

总　结

知识目标

- 掌握总结的适用范围、特点。
- 掌握总结的主要内容与表达方法。
- 掌握总结的结构模式。

技能目标

- 能够根据实际情况完成总结写作与修改。

自学与自测

一、填空题

1.总结是机关团体、企事业单位或个人、对__________的工作、生活、学习、进行回顾、__________和__________，肯定__________，发现__________，得出__________，找出反映事务本质的__________，以便指导今后工作实践的一种事务文书。

2.总结有四个显著的特点：__________、__________、__________、__________。

3.总结的主要内容包括__________、__________、__________、__________。

4.总结文体结构由__________、__________、__________、__________、__________五个部分组成。

5.总结标题有__________、__________、__________三种形式。《中共××县委2009年工作总结》是__________标题，由__________、__________、__________、__________四个部分组成。

6.总结比较常见的开头模式主要有__________、__________、__________三种。主体模式常见的有__________、__________两种。结尾一般采用__________，总结过去一段存在的问题，下一步工作提出希望和要求，以及今后的努力方向或目标。

二、判断题(对的打"√"，错的打"×")

1.总结只要把成绩和经验写好就行了。(　　)

2.总结可以不写落款。(　　)

3.事前写总结可以提高效率。(　　)

4.总结中数据使用越多越有说服力。(　　)

5.写总结要实事求是。(　　)

三、简答题

1.总结包括哪些内容要素？

2.总结的写作有哪些要求？

范文阅读与训练

【例文1】

××市教育局办公室2009年度工作总结

一年来，教育局办公室在局领导班子的正确领导下，始终坚持以"三个代表"重要思想为指导，深入贯彻落实科学发展观，认真学习领会党的十七大精神，紧紧围绕我局2009年中心工作，内强素质，外树形象，充分发挥办公室的枢纽、保障作用，为我局日常工作的开展和教育系统各项工作的顺利实施做出了一定的贡献。全体领导和同事对办公室的工作能够给予充分的理解，各项具体工作按计划推进，各项临时交办工作能按时完成，为总体工作计划的实现发挥了积极作用。现将办公室一年来的工作总结如下：

一、加强政治业务学习，提高办公室工作人员素质，团结协作，搞好服务

做好办公室工作，争创一流业绩，必须要有较高的政治理论素质和分析解决问题的能力。全体办公室工作人员都能够通过各种途径学习邓小平理论、“三个代表”重要思想、八荣八耻、《县机关工作作风建设实施方案》等；学习各项教育法律、法规，及时了解、掌握教育发展的新动向、新经验；积极参加机关组织的形式多样的学习教育活动，经常下基层开展调研，办公室人员的政治理论水平、业务素质和工作能力不断提高。不定时召开办公室全体人员工作会议，明确了每个人的岗位责任，工作任务，做到分工明确，责任清晰。树立高度的服务意识，办公室工作人员服务态度和蔼、热情、耐心、细致，为领导和基层单位提供良好周到的服务。本年度在落实各项工作时，大家都注意态度和方法，和同事们的关系处理得比较和谐，各项工作都得到了各科室、学校教师的支持，落实顺利。办公室全体人员团结合作，工作气氛融洽，配合默契。每个人都能从教育局工作的大局出发，从教育局整体利益出发，互相支持，工作顺心，大家心情舒畅。

二、团结协作，分工明确，突出重点，落实到位

1.做好办会、办文和办事工作

办公室工作烦琐、复杂，就是指办文、办会、办事工作。关于办文工作，我们克服人少文多的实际困难，完成教育局工作计划、工作总结以及各种会议材料、领导讲话和各种活动计划、总结，以正式文件下文的有×教字 53 份，×教请、×教复、×教函等共 76 份，圆满地完成了各项工作任务。关于办会，全年圆满完成了教育工作会议、教育局学年工作总结会议等各种大小会议近 30 台次。关于办事，主要是督促检查教育局部署在基层学校的贯彻落实情况，及时传达领导指示，要求及时反馈各种信息，做到了快捷和实效，保证全局上下政令畅通。全年没有出现重大失误行为。

2.做好宣传工作

宣传工作是为教育教学服务、为教育改革服务、为提高学校知名度服务，加强全市教育系统的宣传教育工作，注重通讯员队伍的建设，全年共计撰写了教育简报 22 篇，为广电局提供了大量的电视新闻报道稿件；完成了市教育局政府信息公开指南、市教育局政府信息公开目录的编制工作，在政府信息公开网站上发布了 400 余条教育信息，全面地向公众公开了教育动态以及教育工作。

3.信访及人大、政协建议、提案工作

坚持认真、负责处理信访工作，把信访工作作为联系群众民意的一条重要渠道。信访工作对办公室人员素质要求很高，既要不卑不亢、不急不慌，又要对出现的问题处理及时、果断，不留后遗症，不给领导添乱。为此，我们特别强调服务的思想，对待每一个上访人员、来电、来信都能礼貌接待、耐心答复，尤其是在招生等重要时期，每天都要接到大量的来电、来访，有些棘手的问题，我们在向领导汇报的同时，协调科室，都给予了圆满解决。对于人大代表建议和政协委员提案的答复工作，我们由专人协调，及时答复，及时与代表、委员沟通，全年共计答复 19 件，全部使代表和委员满意，得到了领导的肯定。

4.做好档案归档和信息公开工作

今年，办公室健全了档案收集归档制度，各科室的文件及时收集、归档；建立了学校大事记收集制度。按时、按质、按量完成好上级来文、来电交办的各种事项及各中小学请示、报告的办理工作，做到来文、来电办理不误时，不延时。

5. 做好后勤事务的管理

对于办公用品、生活用品及时购置和发放，保证了机关的正常运转；做好机关卫生工作；做好车辆的调配、使用和管理，司机责任心强，服务质量高，全年没有发生任何事故；做好安全稳定的值班工作，全年没有发生重大安全责任事故。

6. 做好各种临时工作

今年涉及全局的事多，工作量大、责任重大、涉及面广，为保证高质量完成这些工作，局领导将重任放在了办公室，办公室全体同志没有怨言，愉快接受任务，迅速开展工作，圆满完成各项任务，受到了领导的肯定和信任，也锻炼了队伍，提高了办公室工作人员的工作能力。

三、加强协调，保证沟通，互相配合

办公室全体人员与其他各部门加强沟通，密切配合，互相支持，保证教育局整体工作不出现纰漏。办公室有一条工作原则，属于办公室的工作要完成，不属于办公室的工作发现了问题要说话，要及时与其他科室联系沟通，不能让工作出现真空。一年来，办公室与各科室保持了良好的关系，科室之间的沟通也非常顺畅。

四、完善各项管理制度，落实"科学管理为主，人本关怀为辅"的科室管理理念

为了加强对人、财、物的管理，我们完善了过去的各种管理制度，突出了制度管理，严格照章办事，我们进一步建立和完善了办公室工作职责，完善了公章使用、纸张使用、复印机使用、请销假、值日等各种常规管理制度，充分体现了对事不对人的管理思想，各项工作井然有序。

一年来，办公室工作取得了一定的成绩，但是仍然存在一些不足，管理制度仍需完善、落实力度需进一步加强；办公室人员整体素质有待进一步提高，工作的责任心和事业心有待进一步提高，服务的观念有待进一步深入；与科室之间、学校的联系有待进一步密切，工作应当更加注重成效等。

在新的一年来临之际，我们办公室全体成员将在局领导班子的正确领导下，进一步发扬成绩，克服困难，创新工作，取得更加优异的工作业绩。

××市教育局办公室

2010 年 1 月 1 日

评析：这是一篇综合工作总结。开头概括介绍了总结的指导思想及收获。正文结构形式并列式，详细地总结了各项工作中的做法、成绩及经验，最后在结尾中指出工作中的不足、下一步工作的方向。在总结中对工作中的做法做了详细具体叙述，并对成绩及不足从本质上进行分析和研究，总结出规律性的认识用以指导今后的工作实践。

模式：标题＋正文——开头（　　　　　　）、主体（　　　　　　）、结尾（　　　　　　）

【例文 2】

2009 年工作总结

2009 年，在集团公司领导的关心和指导下，在同事们的热情帮助下，我已完全融入到了"唐齿集团公司"这个大家庭。认真履行工作职责，扎实工作，科学规范地做好日常事务工作，较好地完成了工作任务，个人的工作技能也有了明显的提高，工作模式上有了新的突破，工作方式有了较大的改变，现将本年度工作情况总结如下：

一、以踏实的工作态度，适应办公室工作

办公室是总经理室直接领导下的综合管理机构，是承上启下、沟通内外、协调左右、联系四面八方的枢纽，推动各项工作朝着既定目标前进的中心。

办公室是公司运转的一个重要枢纽部门，对公司内外的许多工作进行协调、沟通，做到上情下达，这就决定了办公室工作繁杂的特点。在文件起草、提供调研资料方面要为领导决策提供一些有益的资料、数据。面对繁杂琐碎的大量事务性工作（文书处理、档案管理、文件批转、迎来送往等），自我强化工作意识，注意加快工作节奏，提高工作效率，冷静办理各项事务，力求周全、准确、适度，避免疏漏和差错，基本把握处理事务的方法。

1. 认真做好集团公司的日常性工作

（1）文书工作严要求　秘书工作要求有较强的文字表达能力，材料的写作要求尽可能详尽、准确，这样才能保证向领导反映准确信息，为及时决策提供可靠依据。

第一，坚持在自学的基础上，努力钻研业务，在观察中学习，积极向领导、其他部门和同事学习，仔细分析上级机关的材料，多进行换位思考，努力提高写作水平。

第二，坚持读书看报，收看新闻。坚持做到勤思、常练、多改，努力提高文章质量，虚心与同事交流写作体会，汲取有益经验。

（2）公文轮阅归档及时　文件的流转、阅办严格按照公司规章制度要求，保证各类文件拟办、传阅的时效性，并及时将上级文件精神传达至各分公司、子公司，确保信息畅通。待文件阅办完毕后，负责文件的归档、保管以及查阅。

（3）下发文件无差错　我坚持做好公司的发文工作，负责文件的套打、修改、红头文件的分发，电子邮件的收发，同时协助各部门发文核稿。公司发文量较大，有时一天有多个文件要发，都是仔细去逐一核对原稿，以确保发文质量。

（4）文件归档　认真做好公司有关文件的收发、登记、分递、文印和督办工作；公司所有的文件、审批表、协议书整理归档入册，做好资料归档工作；及时传达贯彻公司有关会议、文件、批示精神。

2. 抓好集团公司办公物品的日常管理工作

按照预算审批制度，组织落实公司办公用品的统计、采购和实物管理工作，完成购置办公用品、电脑配件等物品的配置工作。

3. 理顺关系，办理公司有关证件

今年年初和9月份公司搬家，需要办理相关的手续及证件。我不厌其烦地到各个部门去咨询，积极为公司办理各类证件。通过多方努力，我只用了一个多月的时间，办好了营业执照正副本更换、企业机构代码证年审、公司土地证年审等，充分发挥了个人的主观能动性。

二、加强自身学习，提高业务水平

因为办公室工作繁杂的特点，而自己的学识、能力和阅历与其任职要求还有一定的距离，所以我一直不断加强学习，向领导学习、向同事学习、向书本学习，一年来取得了一定的进步。

经过不断学习、不断积累，我已具备了办公室工作技能，能够比较从容地处理日常工作中出现的各类问题。在组织管理能力、综合分析能力、协调办事能力和文字语言表达能力等方面，有了很大的提高，已能保证本岗位各项工作的正常运行，能够以正确的态度对待各项工作任务，争取工作的主动性，具备较强的责任心，努力提高工作效率和工作质量。

一年来，本人能敬业爱岗、创造性地开展工作，取得了一些成绩，但也存在一些问题和不足，主要表现在：一是事务性工作纷繁复杂，减少了调研机会，从而无法进一步提高自己的工作能力；二是工作中不够大胆，总是在不断学习的过程中改变工作方法，而不能在创新中去实践，去推广。

总之，在以后的工作中，我还要不断提升个人修养，自觉加强业务学习，努力提高工作水平，适应新形势下本职工作的需要，扬长避短，克难攻坚，为公司经济跨越式发展贡献自己的力量。

×××

二〇〇九年十二月三十日

评析：这是一篇个人年度工作总结。作者在总结中全面细致地叙述了自己的工作情况，结构完整，内容丰富，详略得当，重点突出，体会真实，表达角度正确，语言流畅且突出本职工作特点。

请回答总结的内容要素，比较一下本文在内容完整性上是否有问题。

知识提要

一、总结的适用范围

总结是机关团体、企事业单位或个人对过去一定时期内的工作、生活、学习进行回顾、分析和研究，肯定成绩，发现问题，得出经验教训，找出反映事物本质的规律性认识，以便指导今后工作实践的一种事务文书。总结是对实践的分析，是对某一阶段工作情况的鉴定和结论，是对以往工作实践的一种理性认识。

二、总结的特点

1. 评价性

总结不仅是对过去工作情况的回顾，主要是在此基础上对已完成的工作做出实事求是的评价，肯定取得的成绩，找出存在的不足。因此，在撰写总结时，必须要对大量事实材料进行客观、全面、深入地分析和研究才能得出规律性的认识和结论。

2. 实践性

总结是写作主体在自身的工作、学习和生活实践中的产物，没有总结主体的实践，就不会有真实的心得与体会。因此，总结只能使用第一人称来写，并且一定要根据自己的实践过程选取真实的材料来写，有成绩不夸大，有问题不回避，这样才能真正体现总结的价值意义。

3. 理论性

总结是由感性认识上升到理性认识的必经之路，它要求写作主体从实际情况出发，运用科学的理论对自己的实践进行合理的分析检查，使零星的、肤浅的、表面的感性认识上升到全面的、系统的、本质的理性认识，寻找出工作和事物发展的规律，使这些规律成为指导今后工作的宝贵经验。

4. 启发性

总结的意义并不停留于对实践的分析和评价，更着重于对今后实践的启发和指导。通过总结，我们可以提高认识，加深理解，从而再接再厉，努力工作；也可以在原有的基础上调整或整顿，避免重蹈覆辙，从而打开新的工作局面；还可以通过总结来认识当事人所处的时代和环境，从当时的实践中寻找对当前工作有益的启发和帮助。

三、总结的种类

根据不同的分类标准，总结分为不同的类型：按范围，可分为班组总结、单位总结、行业总结、地区总结等；按内容，可分为工作总结、教学总结、学习总结、科研总结、思想总结、项目总结等；按时间，可分为月份总结、季度总结、半年总结、年度总结等；按性质，可分为综合总结、专题总结等。

综合总结的内容要求“全”，是指企、事业单位对自己在某个阶段内各项工作的全面回顾、检查与概括，包括工作情况、成绩和经验、问题与教训和今后工作的努力方向等，其内容丰富，篇幅较长。在写作时要求根据主题的需要有所侧重，并不需要面面俱到。

专题总结的内容要求“专”，是对一个时期内某项工作或某个方面的专门总结，其内容单一、针对性强，篇幅较短。在写作时应着重突出成绩，反映工作中的经验教训，以利于其他工作、其他方面的学习借鉴。

四、总结的主要内容

(一)做法与成绩

实践主体在某个时期开展工作的基本过程和结果，大部分总结都把这部分内容作为重点。主要应写明在什么时间段，什么背景下，采取了哪些措施与方法，做了哪些具体工作，有哪些主要收获。要求点面结合、突出重点、材料真实、数据可靠。如《2007 年上半年工作总结》的开头，从整体的角度概括了总结的时间段、采取的措施、所做的工作及取得的成绩：

> 2007 年上半年，在县委领导下，我们围绕现代化生态岛区建设总目标和年初县人代会确定的工作任务，依靠全县人民，开拓创新，努力工作，全县经济建设和社会事业取得了新的成绩，同时实现了“时间过半，完成任务过半”的目标。1～6 月实现增加值 518 亿元，比上年同期增长 13.1%；实现县级财政收入 8 亿元，比上年同期增长 7.2%；新增就业岗位 7 084 人，完成全年任务的 70.8%。上半年的主要工作有以下个几个部分：

在总结的主体部分详细具体地叙述了工作中所采取的措施及取得的成绩。

> 一、国民经济健康协调发展
>
> 上半年，我们实现夏粮总产 5.6 万吨，比去年增长 11.3%。……全县种植蔬菜及特色经济作物 31.2 万亩次，总产量 43.5 万吨，总产值 5.99 亿元。完成跨年度

农业综合开发土地治理项目7个,设施粮田建设项目2个。……

二、重点地区和重点项目建设按计划推进

岛专业规划整合工作全面完成,凤凰新市镇总体规划已获市规划局批准,三岛各类发展规划进入充实和深化阶段。……北部滨江生态大堤规划编制等前期工作均已完成。

三、生态环境保护和基础设施建设力度不断增大

上半年,启动了第三轮环保三年行动计划。全县实现造林面积34 280亩,……城桥污水处理厂已完成工程问题的80%,生活垃圾综合处理场一号库如期竣工启用,……鼓励使用有机肥料和生物农药,污染有所减轻,水体质量进一步改善。……

四、科教兴县和社会事业取得新成果

省科委支持生态岛建设首批18个项目中的15个已按计划实施,"生态研究中心"项目已报省发改委立项审批;申报国家级新产品、创新基金项目和高新技术转化项目等22项。……

五、促进就业和社会保障工作进一步加强

上半年,我们强化对河道管理、林业养护、垃圾收集等公益性就业项目的长效管理,不断努力扩大劳务输出,进一步促进了城乡就业。上半年新增就业7 000人。……

六、改革开放步伐不断加快

上半年,我们形成了关于推进本县社会主义新农村建设的实施意见,启动了新农村建设的试点工作。"三个集中"战略有序推进。……全县各乡镇、园区和有关委局的招商引资工作在困难中不断推进。上半年实现税收11.5亿元,完成年度目标的51.3%,引进各类企业1 196户,注册资金29.7亿元。……

(二)经验与体会

写作主体对所采取的措施和取得的成绩做出深入分析后得出的规律性认识。主要应写明取得成绩的原因,要求对主、客观两个方面进行深入分析,得出真实体会并上升为理性认识。

【例1】

2001年大学生社会实践工作总结

……

四、经验和收获

1.学院各级领导的重视,广大同学的积极参与,是我院大学生社会实践活动得以成功的重要保证。多年来,学院党政领导把社会实践活动作为大学生素质教育的重要形式,每年拨出专项经费用于社会实践,并组成社会实践领导小组,指导社会实践活动的展开,并把社会实践列入教学计划,形成制度加以保证。全院广大同学自觉把社会实践作为了解社会、接触社会、投身改革、锻炼才干的重要渠道,积极深入生产第一线,体验生活。

2.各级地方政府和社会各界的大力支持,是社会实践活动顺利进行的有力保证。多年来,各级地方政府把接受大学生社会实践作为自身的一项重要工作,给予

了我们极大的支持。在食宿、安全及活动的开展方面尽量为大学生提供各种便利，保证了社会实践活动的顺利进行。同时学院注重社会实践的基地建设，与地方开展长期结对合作，把扶贫工作、科技服务、文艺下乡等活动与大学生接受锻炼、成长培养紧密结合在一起取得良好效果，受到当地干部群众的一致好评。

……

【例2】

大学生活总结

……

在学习上，我认为还有一样东西是非常重要的，那就是学习态度至关重要。我以前对学习的态度不是很端正，常常都是“得过且过”，现在我开始养成一种谦虚、勤问的学习态度。因为我懂得了在学习上不能弄虚作假，不懂就不懂，不能不懂装懂。要想在学问上有所成就，古今中外所有的成功例子都证明了只有保持这两种学习态度才行。……

在平时生活中，我与同学相处融洽，友谊日益深厚。在与他人的交往中，我懂得了宽容、理解与关爱，感到了人际关系在交往中的重要性，这些都是在高中从未体会到的。……

(三)问题与教训

写作主体在找出成绩、经验的同时，发现实践活动中存在不足与问题。要对这些问题和不足做细致剖析，找出其成因，对其消极影响做出正确评价。

【例1】

2007年上半年工作总结

……

在上半年的工作中，我们也面临着一些困难和问题，主要表现在：

一、经济发展后劲依然不足，招商引资出现新的困难，县级财政收入增幅与去年同期相比有所下降……

二、城乡居民特别是农民增收的压力较大，城乡就业的渠道比较单一，农村社会保障水平与市郊水平的差距依然较大……

三、重点地区和重点项目建设在项目审批、土地使用等方面需要进一步做出努力……

四、城乡环境卫生还存在较多的脏乱现象……

五、政府部门社会管理职能还不够到位，办事效率需要进一步提高……

【例2】

大学生活总结

……

综上所述，虽然我在本学期取得了一定的进步，但仍存在不少缺点。例如，请假次数比较多，有时没有按时交作业，星期六和星期日的时间利用得不是很合理。

……

(四)今后的努力方向

写作主体在客观分析取得成绩与存在问题的基础上,借鉴所得出的经验教训,并结合自身实际,提出切实可行的下一阶段的工作目标和前进的方向。这里的"目标"与"方向"一般来说都是粗线条的,只需简要说明大致的方向即可,不必在总结中一一详细列出。

【例 1】

中共××县纪委县监察局 1995 年工作总结

……

1996 年,我们决心在县委的领导下,继续坚持纪检监察工作为党的基本路线服务的指导思想,按照"保护、惩处、监督、教育"四位一体的思路,抓好领导干部廉洁自律、查处严重案件、纠正部门和行业不正之风三个重点,实行标本兼治、综合治理,把反腐败斗争深入、持久、更有成效地开展下去。

【例 2】

2009 年工作总结

……

总之,在以后的工作中,我还要不断提升个人修养,自觉加强业务学习,努力提高工作水平,适应新形势下本职工作的需要,扬长避短,克难攻坚,为公司经济跨越式发展贡献自己的力量。

五、总结的写法

总结文体结构由标题、开头、主体、结尾、落款五个部分组成。

(一)标题

(1)文件式标题　由单位名称、时限、内容和文种四个部分组成。如《××职业技术学院 2008 年度招生工作总结》《河南省茶叶畜产总公司一分利工作总结》《专业技术职称评定工作的检查总结》。单位名称或时限有时也可以省略。

(2)文章式标题　在标题中高度概括总结的主要内容,不出现"总结"的字样。如《学习"三个代表",加快企业发展》《我省干部选任制度改革的一次成功尝试》。

(3)双标题　正标题使用文章式,概括总结的内容,副标题使用文件式,由单位名称、时限、内容和文种组成,如《抓好抓细,使××工作经常化,制度化——××县××工作总结》《辛勤拼搏结硕果——××县氮肥厂 1995 年工作总结》。

(二)开头

开头常常称之为"前言",即写在前面的话,位于总结起始的段落。主要是用简练的文字概括介绍总结的基本情况、基本过程或突出的成绩。目的是让读者对总结的主体内容有一个概括了解,为阅读、理解全篇起到铺垫作用。比较常见的开头模式主要有以下几种:

(1)概述式　概括叙述基本情况、基本过程。

(2)比较式　主要突出取得的成绩,通过与过去一段时间的情况进行比较,用定量和定性的方式加以说明。

(3)结论式　把得出的结论放在总结的开头,使读者明确总结的主要内容及写作主体的态度。

(三)主体

主体部分主要内容是做法、成绩和经验。从行文结构模式上看,常见的有两种:

1. 并列式

将总结的内容按性质划分为几个方面,然后按主次轻重逐条排列,特点是纲目清楚,段落清晰,让人一目了然。并列式结构的具体形式有:

(1)分块并列式　用词语提示内容。如"一、做法和成绩;二、经验和体会;三、存在的问题及下一步工作打算"。

(2)观点首句并列式　每一层或段都用一句话说明观点,表现为小标题或观点句。如《大一上学期学习、生活总结》一文的主体结构层次安排:"一、明确学习方向,努力学习文化基础知识……;二、注重加强生活自立能力锻炼……;三、参与各项活动,具有团队合作的精神……"

2. 连贯式

按时间和事物本身发展的过程来写,特点是时间上前后连贯,在内容上一气呵成。如《大学第一学期学习、生活总结》一文的主体安排:"一、九月,军训;二、十月,学习与生活的适应;三、十一月,小有收获;十二月,迅速成长"。

(四)结尾

结尾部分采用号召式,主要内容存在的问题与教训,对下一步工作提出希望和要求,一般写今后的努力方向或目标。这部分语言要简洁且具有号召性和感染力。

(五)落款

落款包括总结单位(或总结个人)的署名和总结写作的日期,位置一般写在结尾的右下方。如果为突出单位,其署名已经署于标题下,此处可省略,只在结尾处落上日期即可;如果总结要报送上级,还应在单位名称处加盖公章。

六、总结的写作要求

1. 写作之前要充分占有材料

没有丰富的实际材料作基础,就难以把总结的内容全面准确地表达出来。因此,在总结写作前要通过不同的形式,听取多方面的意见,对整个工作过程、相关背景、相关事实和数据材料充分占有、熟悉和理解,才能对这些事实材料做出实事求是的评价。

2. 写作角度要明确

总结要使用第一人称来写,即要从本单位、本部门或本人的角度来写。表达方式以夹叙夹议为主,以说明为辅。

3. 写作态度要实事求是

在综合工作总结中,常常出现两种倾向:一种是好大喜功,搞浮夸,只讲成绩,不谈问题;另一种是将总结写成了"检讨书",把工作说得一无是处。这两种都不是实事求是的态度。

总结要如实地、一分为二地分析、评价自己的工作，对成绩，不要夸大；对问题，不要轻描淡写；对缺点，不能避而不谈，这样才能发扬成绩，纠正错误，更好地改进工作。

4. 写作过程要进行理性分析

总结工作中的经验教训，找出规律性的认识，这是工作总结的重点。因此，在写作过程中，要对成绩和问题进行深入细致的分析，谈成绩要写清怎么做的，为什么这样做，效果如何，经验是什么；谈存在问题，要写清是什么问题，为什么会出现这种问题，其性质是什么，教训是什么。这样的总结，才能对前一段的工作有所反思，并由感性认识上升到理性认识，才能对今后的工作或对其他单位的工作有一定的指导和借鉴作用。

5. 写作内容要突出自身特点

行业与行业之间特点不同，个人之间学习、工作内容、生活经历也不相同。写总结就要写出自身的"与众不同"之处，要求写作者本人要结合自身实际情况，抓住特点和重点，写出特色，写深写透。否则，总结内容雷同，写总结就变成了例行公事，失去其应有意义。

小结

本节要了解总结具备评价性、实践性、理论性、启发性的特点。

重点是总结的内容：做法与成绩、经验和体会，存在的问题和教训，今后的工作和努力的方向。

掌握总结写作结构模式：开头有概述式、比较式、结论式；主体部分主要内容是做法、成绩和经验。结构模式常见的有两种：并列式、连贯式；总结写作注重材料的整理与分析，突出重点，实事求是，总结经验，找出差距。

写作技能训练

一、排序题

××县卫生局《2008 年工作总结》的开头部分概述了一年来总的工作情况及取得的主要成绩，主体部分并列叙述了六个问题，请分析六条内容适合安排在总结结构的哪一部分。

1. 加强各级领导班子的自身建设。
2. 健全制度，落实岗位责任制，不断提高管理水平。
3. 做好基层卫生网点的建设工作。
4. 加强了地方病的防治工作。
5. 基层卫生工作出现了新局面。
6. 问题及今后的打算。

二、病文修改

2005—2006 学年我的个人总结

炎日当空，天上无一丝云彩，火辣辣的太阳简直叫人不敢出门，空中没有一点风，只有知了在树上不停地叫着，好像在说："放假啦，放假啦！"又一学年过去了，我应该利用暑假对这一学年的学习情况作一些总结，以迎接新学年。

在这一学年里，我学习了成本会计、管理会计、审计原理、经济法、计算机应用、外贸会计、大学英语、应用文写作、体育、职业道德、概率论等课。其中，成本会计82分，管理会计86分，审计原理77分，经济法89分，计算机应用90分，外贸会计90分，大学英语72分，应用文写作68分，体育是中，职业道德是优，概率论是中。总的来说，成绩还是可以的，在班上属于中等水平。其中，计算机应用和外贸会计成绩好些，而大学英语、概率和应用文写作差些。下一学期，我要继续努力，争取取得更好的成绩，最好都在80分以上，这样就可以获得奖学金，减轻家庭的经济负担，更可以在择业时增加自己的实力。

提示：

1. 从总结的内容看，这应该是一则个人全面总结，其缺少什么内容？

2. 结构安排是否准确？

3. 语言表达是否符合应用文的语言要求？请加以适当的修改。

三、写作训练

请你结合自己的实际情况，完成本学期的个人总结写作。

要求：

1. 内容完整，结构正确，语言流畅。

2. 结构模式：标题（文件式）、开头（概述式）、主体（并列式）、结尾（号召式）。

Section 2

计　　划

知识目标

- 掌握计划的适用范围、特点。
- 掌握计划的主要内容与表达方法。
- 掌握计划的结构模式。

技能目标

- 能够根据实际情况撰写个人学习计划，并能够评析、修改计划。

自学与自测

一、填空题

1.计划是机关团体、企事业单位或个人为实现________或完成________，对________进行科学化、条理化、具体化________的事务文书。

2.计划具有________、________、________、________的特点。

3.由________、________、纲要、________、________、安排、打算等文种组成一类文体，叫计划性文体。

4.________是时间涉及较短、对目前的单项工作进行具体布置的计划。

5. ________是时间涉及较短且内容尚待完善的要点式计划。

6.方案——对专项工作从________、________、________到________做出专业性较强的、全面细致的布置。

7.________是对一定时期内的全局工作或中心工作做原则性规定而不作具体安排。

8.________是时间大都在十年以上的计划性文种。属于工作的初步构想，一般具有远景性、理想性、可变性的特点。

9. ________是带有全局性、方向性的中期(如三五年)计划。内容涉及全面，时间跨度较大。

10.××市国民经济和社会发展五年 ________。

11.××职业技术学院2009—2010学年第二学期期末考试________。

12.××企业营销策略及实施________。

13.计划的主要内容包括________、________两个方面。

14.计划写作的格式可以采用________、________、________。

15.计划的开头大多采用________，表明目的或背景登内容，主体部分在写法上采用________结构，即分条列项写明计划的目标和任务、措施和步骤。一般有两种写法：一是________，二是________。

16.××集团2000年销售工作计划是________标题。

二、判断题(对的打“√”，错的打“×”)

1.计划是事后行文。( )

2.计划的标题通常由单位名称、时间、内容、文种构成。( )

3.有时候也可以只用“文种”二字做标题。( )

4.计划有时候不需要写结尾，在主体部分明确交代后直接结束正文。( )

5.目标和任务是指行为达到质量上的标准和数量上的要求。( )

三、简答题

1.计划具有哪些特点？

2.计划包括哪些内容要素？

3.制订计划有哪些要注意的问题？

范文阅读与训练

【例文 1】

财务部 2016 年工作计划

今年是公司飞速发展的一年，结合公司的实际情况，公司财务部将一如既往地做好日常会计核算工作、提供优质服务的同时，将着力做好完善财务制度、推进规范管理，为本公司的做大、做强提供优质、高效的保障和服务。

为了使财务工作更好地为公司的业务发展服务，加强财务管理，完善各项财务制度，使财务工作在规范化、制度化的良好环境中更好地发挥作用。特拟定以下财务工作计划。

一、指导思想

财务会计工作应发挥好“企业信息系统”的作用，为公司内部经营管理者及公司外部会计信息使用者提供及时、真实、可靠的会计信息。

财务部是企业财务工作的管理、核算、监督指导部门，其管理职能是根据企业发展规划编制和下达企业财务预算，并对预算的实施情况进行管理，其核算职能是对公司的生产经营、资金运行情况进行核算，其预警提示职能是对于董事长、总经理反馈公司资金的营运预警和提示。

切实做好财务预测、财务决策、财务预算、财务控制和财务分析五项工作，提高公司的经济效益。

二、目标和任务

（一）依时完成日常会计记录和会计核算工作，提高工作效率

1. 严格遵守《会计法》《企业会计制度》等有关会计法律法规进行会计核算和会计管理工作，完善公司内部会计管理与控制制度、内部审计制度和会计核算制度与方法。

2. 完成指标的预算及制订工作，并做好公司有关财务管理制度的拟稿工作，加强财务制度建设。

3. 做好日常会计核算工作。按照会计制度，分清资金渠道，认真审核每笔原始凭证，正确运用会计科目，细化成本核算，编制会计凭证，进行记账。做到“三及时”：即及时编制有关会计报表，及时报送税务等部门；及时装订会计凭证；及时清理往来款项。出纳要严格按照现金管理办法和银行结算制度，办理现金收付和银行结算业务；及时准确地登记银行、现金日记账，做到日清月结；严格支票领用手续，按规定签发现金支票和转账支票。

4. 做好会计档案的管理工作。

（二）加强公司的资金管理

1. 拟定公司的年度资金预算并提交公司董事会审批。

2. 拟定公司的资金筹集方案并提交公司董事会审批。

3. 调度公司资金，确保公司正常生产经营所需资金的集中使用。

4. 加强公司的存货管理、应收账款管理。

（三）制定公司年度财务预测和预算，积极参与公司决策

1. 制定全面预算，提供全面、准确的经济分析和建议，为公司领导决策当好参谋。

2. 按财务预算科学合理安排调度资金，充分发挥资金利用效率。

（四）严格落实财务控制工作

1. 严格抓好采购环节的财务控制、存货控制、现金控制等控制环节，确保公司及其内部机构和人员全面实现财务预算，实现公司总体目标。

2. 实施全方位财务控制机制，使财务控制工作渗透到公司组织管理的各个层次、生产业务的全过程、各个经营环节，覆盖企业所有的部门和岗位。

（五）财务分析

及时利用财务业务、会计、统计、市场等信息资料，采用科学的分析方法，对公司的财务状况、营运能力和财务成果进行分析，全面、客观地评价公司财务活动的业绩，有效控制财务活动的运行，正确预测财务发展的未来。

三、加强素质养成、推进队伍建设

随着公司的不断壮大，面对日趋复杂的市场和日益加大的竞争，提高财务人员素质日显重要。

1. 认真学习会计法、财务管理制度，提高会计人员的法制观念，加强会计人员的职业道德，树立牢固地依法理财的观念，做到有法必依，执法必严，违法必究，贯彻执行党的方针政策，自觉遵守法律、法规，维护财经纪律，抵制不正之风。

2. 加强业务学习，提高业务水平。定期进行业务培训，更新业务知识，扩大知识面。在掌握基础知识的同时，加强计算机知识的学习，以适应现阶段财务管理的要求。与此同时，认真学些税务、金融等相关性知识，以拓展知识面，提高理论和实际操作水平。

3. 加强学术交流。学术交流是提高会计人员素质的重要方面。通过交流可促进理论知识，有利于总结工作中的经验，提高业务水平，还能提高写作能力和口述能力。通过对会计人员素质的培养，全面提高公司的财务管理水平，以适应新形势下对会计信息的快速的、准确的、真实的要求，确保公司各部门各项工作有序运转和各项事业的发展。

四、工作重点与难点

增加资金投入：资金需求计划和融资计划。根据我司20××年的销售计划，资金缺口比较大，如何更好地与银行合作，取得银行的资金支持是我司20××年总目能否实现的关键。在这个问题上财务部感觉压力特别大，如何多方位拓宽融资渠道，保证公司高速发展所需资金，是财务部的工作重点和难点。

五、建议和措施

1. 重大发生费用支出应报财务部备案，以使有计划地摊销支付（如销售返利）。

2. 加大新药产品的开发力度，改善产品结构。

3. 做好原料定价采购工作，控制采购成本升高，努力降低采购成本，增加产品毛利率。

4. 扩大产品销售范围，增加销售收入。

5. 量入而出，控制费用支出：

（1）要控制推销费用支出，制定促销费支出，要量入而出。

（2）期间费用（管理费用等）要制定一定措施，要有一套严谨的报销制度，而且要加强管理、监督、用较少钱办更多事。

×市××公司

2016年2月28日

评析：这是一份财务工作计划。主要内容是2016年度的工作。标题是"财务部2016年工作计划"。开头以简洁明了的语言交代了制订计划的背景和目的，主体分别写了计划的指导思想、目标和任务、具体措施。全文主题突出，条理清楚，语言简洁，从内容到结构都很具典型性。

模式：标题__________+开头__________+主体__________+落款

【例文2】

2005年全市宣传思想工作要点

2005年全市宣传思想工作总的要求是：坚持以邓小平理论和"三个代表"重要思想为指导，全面宣传贯彻十六大和十六届三中、四中全会精神，全面宣传贯彻科学发展观，紧紧围绕实施"东部突破××"战略，始终突出赶超发展主旋律，着力于解放思想，凝聚力量，融入中心抓服务，贴近实际抓创新，围绕难点搞突破，深化改革促发展，为开创全市经济和社会发展新局面提供精神动力、思想保证和舆论支持。总体工作布局是：把握一条主线，突出一个主题，打好一场硬仗，推进三项工程。

把握一条主线，就是深入宣传贯彻"三个代表"重要思想、十六届四中全会精神和科学发展观，着力营造解放思想加压奋进，凝心聚力赶超发展的思想环境。大力强化理论武装工作，把学习宣传贯彻"三个代表"重要思想不断引向深入。突出抓好县处级以上领导干部的学习，进一步加强学习考核和督导检查。围绕提高执政能力，在各级领导干部中组织"赶超发展"主题研讨活动。以开展保持共产党员先进性教育活动为契机，切实加强基层党员教育阵地建设，充分发挥市、县两级"三个代表"重要思想宣讲团、优秀党课下基层宣讲团的作用。围绕落实科学发展观、实施赶超发展战略，开展大规模集中宣讲。认真抓好"三个代表"重要思想进教材、进课堂、进头脑工作。紧紧围绕实施赶超发展战略，组织社科界就调整产业结构、加大改革开放力度、构筑经济发展支撑体系等重大部署确立专项课题，开展对策性研究，为市委、市政府决策当好参谋。着眼于提高建设社会主义先进文化的能力，大力加强和改进意识形态工作，突出抓好对意识形态领域特别是宣传文化阵地的管理，深入分析问题，找准薄弱环节，扎实进行整改。

突出一个主题，就是紧紧围绕"赶超发展"，大力加强舆论宣传，为市委、市政府重大决策的顺利实施凝聚共识和合力。广泛深入地宣传党的十六大和十六届三中、四中全会精神，全面准确地宣传中央和省、市委经济工作的决策部署和政策措施。以"解放思想加压奋进，凝心聚力赶超发展"为主题，围绕膨胀发展产业集群等工作重点，组织七次集中战役宣传。

1.集中开展实施赶超发展战略的宣传，围绕"比、查、议"，以多种形式组织系列宣传，掀起新一轮解放思想、赶超发展的舆论热潮。

2.围绕膨胀发展主导产业集群，瞄准赶超目标，组织骨干记者开展大规模异地互动式新闻采访活动，从紧紧抓住国际产业转移、扩大投入做大做强骨干企业、强化区域协作拉长产业链等方面，深入研讨我市发展产业集群的做法，形成强大舆论效应。

3.……

4.……

对外宣传要突出韩日，锁定区域，抓住产业，重点突破。整合全市上下各个方面的外宣资源，启动和利用好三个方面的力量，即各级党委政府、各级外宣部门、涉外部门和有关单位等主要力量；中央及海外新闻媒体，特别是韩、日本土新闻媒体等外部力量；驻×外企、华侨华人、来×外国人、在×外国人和我市企业等民间力量。通过完善协调机制，调动一切积极因素，努力打造大外宣工作格局，充分发挥好外宣工作在宣传××、促进招商中的先导作用。具体工作：

1.围绕发展制造业，策划组织市直媒体记者赴韩国开展“来自韩国制造业的报道”大型主题采访活动，同时分批邀请韩、日两国媒体记者来×采访报道。

2.举办“韩国日”活动。……

3.加强与韩、日媒体间的实质性合作。……

4.大力拓展外宣渠道。……

打好一场硬仗，就是全面整合精神文明创建资源，确保我市首批进入全省文明城市行列，力争入选全国文明城市。按照创城意见要求，配合联动，整体推进“六大工程”建设，叫响“魅力××”“爱心××”“诚信××”品牌。上半年，组织一次全面检查验收，抓住薄弱环节，实行重点突破，确保完成文明城市测评体系的基本指标。具体工作：

1.抓载体，深化市民思想道德建设。全年贯穿“我为××增添魅力，争创全省全国文明城市”主题。围绕提高素质添魅力、擦亮窗口添魅力、优化环境添魅力，每季度侧重一个方面深入推进系列化群众性精神文明创建活动，着力提高市民文明素质。

2.抓基础，兴起基层精神文明创建热潮。……

3.抓特色，把上级的精神与本地的实际结合起来，选准切入点，实施重点突破，打造自己的特色，形成自己的亮点工作和品牌优势。……

推进三项工程：

1.思想政治工作基础建设工程。……

2.文化体制改革工程。……

3.宣传文化人才队伍建设工程。……

中共××市委宣传部

2005年1月12日

评析：

(1)前言部分　高度概括，简明扼要，起到了画龙点睛的作用。

一是指导思想、目的要求明确。“要点”在前言部分明确提出，二是布局思路清晰，重点突出。“要点”在前言的最后部分画龙点睛地高度概括，提出“总体工作布局是：把握一条主线，突出一个主题，打好一场硬仗，推进三项工程”。给人以耳目一新的感觉。容易记住，便于抓落实。

(2)主体部分　内容充实，简练精美，显示了便于操作的特点。

作者根据总体布局思路展开全文，安排结构合理，内容紧凑，环环相扣。

“把握一条主线，就是深入宣传贯彻‘三个代表’重要思想、十六届四中全会精神和科学发展观，着力营造解放思想加压奋进，凝心聚力赶超发展的思想环境。”

“突出一个主题，就是紧紧围绕赶超发展，大力加强舆论宣传，为市委、市政府重大决策的顺利实施凝聚共识和合力。”具体要组织7次集中宣传活动。“对外宣传要突出韩日，锁定区域，抓住产业，重点突破。”具体工作有3项。

“打好一场硬仗，就是全面整合精神文明创新资源，确保我市首批进入全省文明城市行列，力争入选全国文明城市。”这里面具体提出了要抓好三方面的工作：“一是抓载体，深化市民思想道德建设。二是抓基础，兴起基层精神文明创建热潮。三是抓特色，把上级的精神与本地的实际结合起来，选准切入点，实施重点突破，打造自己的特色，形成自己的亮点工作和品牌优势。”

“推进三项工程，就是思想政治工作基础建设工程，文化体制改革工程和宣传文化人才队伍建设工程。”

(3)落款部分　简单明了，显示制发单位和时间。

这篇工作要点骨架清晰，结构合理，条理清楚，文字简练。

【例文3】

××单位关于治理商业贿赂实施方案
（节选）

为进一步规范管理，维护依法征费的公平、公正性，促进稽征事业健康有序发展，按照党中央、国务院，省委、省政府，市委、市政府的统一部署和中办、国办《关于开展治理商业贿赂专项工作的意见》及《××省治理商业贿赂专项工作实施方案工作的意见》、省交通厅《开展治理交通工程建设领域商业贿赂专项工作实施方案》、省局《关于在交通稽征系统开展治理商业贿赂专项工作的实施方案》要求，根据省厅、省局和市委、市政府开展治理商业贿赂专项工作精神，制订本实施方案。

一、指导思想

以邓小平理论和“三个代表”重要思想为指导，全面贯彻落实科学发展观，按照中央纪委六次全会、省纪委七次全会、市政府廉政工作会议和全省交通系统廉政工作会议的部署和要求，依据省局《贯彻落实〈建立健全教育、制度、监督并重的惩治和预防腐败体系实施纲要〉的具体工作意见》和有关规定，坚持标本兼治，综合治理，明确工作重点，解决突出问题，确保全市稽征系统治理商业贿赂专项工作取得显著成效。

二、目标要求

通过开展治理交通稽征部门商业贿赂专项工作，坚决遏制商业贿赂蔓延的势头，使稽征从业人员普遍受到教育，增强执法意识、诚信服务意识和廉洁自律意识，行政权力运行廉洁、高效，相关制度规定得到完善，建立起全市交通稽征系统治理商业贿赂的长效机制，确保专项治理工作取得实效。

三、工作重点

治理全市交通稽征系统商业贿赂要围绕基建工程、依法行政、物资采购等环节，重点查处违反基建工程项目招投标制度、违反规费征收标准、违反政府采购有关规定行为，坚决纠正基建工程项目中违反商业道德和市场规划的不正当交易行为，坚决杜绝变更设计图纸扩大基建项目、利用物资采购收取回扣等现象，严肃查处稽征行业人员利用职权擅自降低征收标准、违规减免规费以谋取非法利益和索贿受贿行为。

四、实施步骤

按照省局治理商业贿赂领导小组的部署，配合治理交通稽征部门商业贿赂专项工作计划安排11个月的时间，从2006年4月下旬开始，至2007年2月中旬结束。工作分三个阶段进行。

第一阶段：动员部署阶段（2006 年 4 月下旬至 5 月上旬）。4 月 29 日，召开全市稽征系统治理商业贿赂专项工作会议，统一思想，明确任务，提出工作要求，完成工作部署。各所、站要结合实际制定治理工作方案，明确工作要求和方法步骤，做好本单位的动员部署工作。要认真组织学习中央，省委、省局和市委、市政府关于开展治理商业贿赂的有关文件，把握政策要求，充分认识开展治理商业贿赂专项工作的重要性和必要性，提高开展工作的自觉性，统一思想认识；做好宣传工作，通过组织专题讲座、开展答题问卷等多种形式，营造工作氛围。

第二阶段：自查自纠和依法查处阶段（2006 年 5 月中旬至 2006 年 11 月中旬）。自查自纠工作从 5 月中旬开始，11 月中旬结束，集中开展不正当交易行为的自查自纠。根据自查阶段的发现和群众举报线索，严肃查处商业贿赂案件。要以基建工程项目、物资采购、依法征费为切入点，组织各单位进行自查自纠。各所、站要按照分级负责原则，对所管项目负责，要根据本单位的实际情况，制定切实可行的自查工作方案。

（一）全面调查摸底……

（二）查找突出问题……

（三）落实整改措施……

（四）加强监督检查……

（五）及时处理问题……

（六）严肃查处商业贿赂案件……

第三阶段：巩固提高阶段（2006 年 11 月下旬至 2007 年 2 月中旬）。

治理商业贿赂工作是一项复杂而艰巨的任务，既要集中时间开展专项治理，又要从大局和长远出发常抓不懈，与构建惩治与预防腐败体系相结合，深化改革、完善制度，建立健全防治全市稽征系统商业贿赂的长效机制。

（一）加强廉政文化建设……

（二）修订完善规章制度……

（三）深化管理体制改革……

（四）建立健全内部自律机制……

五、加强治理全市稽征系统商业贿赂专项工作组织领导

治理全市稽征系统商业贿赂工作涉及面广，政策性强，工作难度大，要切实加强组织领导。

（一）健全机构，加强领导……

（二）落实责任，形成合力……

（三）深入调研，注重指导……

评析：这份方案内容翔实、措施得当、阐述充分、语言庄重，是一篇实用性、指导性强的计划。方案三要素完备、阐述充分，体现了方案的严谨、周到，保证了执行者有章可循。本文的一大亮点就是方案的依据（为什么做），方案的目标和任务（做什么、做到什么程度），方案的方法、措施和步骤（怎么做、何时做）三要素齐备，对工作安排全面周详。

文章的第一、二个自然段属于对第一要素的阐述，从行文目的、政策依据到指导思想都

作了说明，使执行者能够迅速领会开展该项工作的意义，这对统一思想、同心协力做好该项工作起了很好的作用。

文章的第三、四自然段“目标要求”“工作重点”是对第二要素的阐述，在“质”与“量”的确定上，从“质”的角度来阐述欲达到的目标：“坚决遏制商业贿赂蔓延的势头，使稽征从业人员普遍受到教育，增强执法意识、诚信服务意识和廉洁自律意识，行政权力运行廉洁、高效，相关制度规定得到完善，建立起全市交通稽征系统治理商业贿赂的长效机制，确保专项治理工作取得实效。”短短几句话，把开展“治理商业贿赂”工作后欲达到的目标，取得的效果阐述得非常清晰，让执行者明确了努力的方向。

第五自然段到文尾是对第三要素的阐述，分三个阶段来说明“怎样开展商业贿赂治理工作”。该部分对工作安排非常具体，对每一阶段的工作内容、工作重点、工作要求、工作原则、时间安排以及组织领导都作了详尽的阐述，便于执行者贯彻实施。

通过上述分析，我们可以发现本文三要素齐全，从方案的依据、目标和任务到方案的方法、措施和步骤都逐一进行了阐述，且阐述非常充分、具体，指导性、实用性强。

知识提要

一、计划的适用范围

计划是机关团体、企事业单位或个人为实现某项目标或完成某项任务，对未来一段时间进行科学化、条理化、具体化安排部署的事务文书。

计划是一个统称。常见的还有规划、设想、纲要、方案、要点、安排、打算等名称。在选择使用时，要考虑在时间长短、内容详略以及成熟度等方面的差异。

(1)规划　带有全局性、方向性的中期(如三五年)计划。内容涉及全面，时间跨度较大。如《国民经济和社会发展五年规划》《大学生职业生涯规划》。

(2)设想　时间大都在十年以上的计划性文种。属于工作的初步构想，一般具有远景性、理想性、可变性的特点。时间涉及较长，内容尚待完善，在写法上是概括地、粗线条地勾勒。如《对我市商业系统体制改革的设想》《对文联体制改革的一些设想》。

(3)方案　对专项工作从目的、要求、工作方式方法到工作步骤做出专业性较强的、全面细致的布置。如《××省××委员会关于贯彻中央20××年7号文件的实施方案》《××企业营销策略及实施方案》。

(4)要点　对一定时期内的全局工作或中心工作作原则性规定而不作具体安排。如《2008年上海统计工作要点》《××学院200×年上半年工作要点》。

(5)安排　时间涉及较短、对目前的单项工作进行具体布置的计划。如《××职业技术学院2009—2010学年第二学期期末考试安排》。

(6)打算　时间涉及较短且内容尚待完善的要点式计划。如《××局年终清查“小金库”的打算》。

二、计划的特点

1. 预见性

计划是对尚未实施的工作事项做出的设想和安排，是事前行文，计划中所提出的目标、任务，所制定的措施、步骤，都是先于实践活动所制定的。在制订计划时，首先要做好调研工作，要从指导思想、主客观条件、目标追求等多方面进行考虑，对未来工作中可能发生的问题有正确充分的预计和估算，才能提出科学、可行的方案。另外，在执行计划时，也要根据客观实际，适时地调整计划内容。

2. 科学性

计划是为未来实践的顺利进行而制定的，无论是目标、还是措施、步骤必须要结合实际，科学可行，不可行的计划完全失去其意义。因此，制订计划时不能好高骛远，也不能消极保守，必须实事求是，积极安排，目标、步骤和措施，既要科学先进，又要留有余地。在科学的基础上制定较高的目标，通过切实可行的措施和步骤最终能够达到目标。

3. 约束性

计划一经制订，就对单位或个人的工作、学习和生活产生制约作用。具体工作的开展，时间的安排都必须严格遵守和执行计划内容，以确保计划达到预期效果，确保各项工作顺利进行。

4. 全局性

制订计划时要顾全大局、统筹兼顾，全面、具体、周密地把工作内容、目标、方法、步骤安排好，以防止片面性和局限性。

三、计划的种类

根据不同分类标准，计划可分为不同类型：

按内容，可分为工作计划、学习计划、生产计划、教学计划、研究计划、购销计划等。

按性质，可分为综合性计划和专题性计划。

按时间，可分为长期计划、中期计划和短期计划及年度计划、季度计划、月计划、周计划等。

按范围，可分为个人计划、班组计划、单位计划、地区计划、国家计划等。

按形式，可分为条文式计划、表格式计划、文表结合式计划等。

条文式计划是把计划全部内容按其性质、任务、措施等分条分款地写出来。它的特点是任务具体、层次清晰、措施明确，便于在实践中执行。

表格式计划是把计划中涉及的任务、步骤、措施、完成时间等填写在表格栏目中。这种形式的计划多适用于内容比较单一、数据资料较多的计划，如工厂中的班、组、车间的生产计划。其特点是简明扼要、重点突出、对比性强。文表结合式计划是指既有文字叙述，又有表格体现，这种形式的计划多见于内容比较复杂的计划。一般以数字、数据表格为主体，辅以简要的文字说明。

在实际工作中，一份计划往往具备多种属性，如《××公司2007年环境保护工作安排》就兼有单位、年度、专题、科研计划的特点。

四、计划的主要内容

（一）目标与任务

目标和任务是指未来一段时间内实践活动的主要内容和具体要求。解决实践主体在未来一段时间内“要做什么”和“要做到什么程度，达到什么标准”的问题。目标和任务的制定如质量标准、数量要求，都必须具体、明确、清楚，切忌模棱两可，责任不清，尽量不要使用“大概”“左右”“尽量”“可能的情况下”等模糊词语。否则，任务和目标的弹性太大，不利于计划的顺利实施。

【例1】

关于北京市2002年国民经济和社会发展计划安排及主要措施

……

今年国民经济和社会发展的主要预期目标是：国内生产总值按可比价格计算增长9%；地方财政收入增长15%左右；全社会固定资产投资增长10%；地方企业外贸进出口总额136亿美元；其中出口49亿美元；城镇居民人均可支配收入实际增长5%以上；农民人均可支配收入实际增长6%；居民消费价格指数103%左右；城镇登记失业率控制在2%左右；城市空气质量二级和好于二级的天数达到55%。

……

【例2】

×××大学毕业后十年规划

（2005—2015年，20～30岁）

美好愿望：事业有成，家庭幸福

方向：企业高级管理人员

总体目标：完成硕士、博士的学习，进入××著名外资企业，成为高层管理者。

【例3】

大三上学期学习计划

1. 获得本科证书及学位证书
2. 加强英语学习，为达到六级水平做好准备。
3. 研究电子商务专业相关知识，能够在网上熟练操作。
4. 分析各大企业成功案例，为以后就业和创业打好坚实基础。

（二）措施与步骤

任务和目标制定以后，就涉及如何达到目标、完成任务的问题，即“怎么做”、“怎么安排未来一段时间”。措施包括采用什么办法，如要动员和依靠什么力量、利用哪些有利条件、克服哪些困难、如何组织相关人员、配合合作的单位及个人等；步骤包括先做什么，后做什么，一项工作或任务分为几个阶段来完成，每个阶段都做什么，各阶段如何衔接等。步骤与措施的安排要求根据实际条件，科学、合理来安排。一般情况下计划都把措施和步骤合在一起来写。

【例4】

××厂××年度核定流动资金定额的工作计划

……

二、措施和方法

这次核资采取分级归口、自查自核，专业部门协助的办法进行。具体做法是：

1.定额的计算，以第一季度生产计划为依据。

2.一切不参加正常周转的呆滞、积压物资和供、产、销各个环节不正常因素所需的额外资金，不包括在核定范围之内。

3.凡是原材料供应方式、地点、价格发生变动，产品生产周期和存放期限变化，或者销售条件和结算方式的改变，均据实予以调整。

4.供应正常，可以保证供应或有其他代用品的原材料物料，一律不计算保险日数。

5.各项定额均需分项计算，并计算系数。如：纸张应分品种计算；油墨应分书版墨、色墨、一般墨及高档墨计算；一般原材料和辅助材料应分小类计算。

三、时间安排和步骤

总的时间为一个月，自即日起到×年×月止。分三步进行：第一步，各部门自查自核，财务科配合协助；第二步，全厂平衡，汇总上报；第三步，建立健全制度，深入动员，做好执行定额的思想准备。具体安排如下：

1.×年×月至×年×月各部门准备资料，发动有关群众讨论，自查自核。

2.×年×月至×年×月财务科内部核算，开始拟定资金归口管理办法。

3.×年×月至×年×月财务科综合平衡，上报方案，各部门酝酿讨论资金归口办法，开会听取汇报。

4.×年×月至×年×月向上级办理资金交拨，公布资金归口办法。

【例5】

大三上学期学习计划

……

二、措施

1.每天早起晨读英语半小时，培养口语及听力水平。

2.每天听好课，做好笔记，课余时间研究电子商务案例。

3.利用晚自习的时间复习自考相关知识。

4.对于白天的零散时间，可以用来背英语单词，把单词以小卡片的形式随身携带，方便记忆，加大词汇量。

三、步骤

9～10月自学《财务管理》《物流信息系统》。

10～11 月自学《库存管理》《物流案例与实践》《运输管理》。

11～12 月着重复习英语，加强六级模拟题的训练。

12 月至翌年 1 月为期末考试做好准备。

……

五、计划的写法

计划写作的格式比较灵活，可以根据具体需要采用相应的格式，可以采用表格式、条文式、文表结合式。下面以常用的条文式计划为例进行讲解。条文式计划由标题、开头、主体、落款五个部分组成。

(一)标题

计划的标题有两种：

(1)文件式标题　由单位名称、时限、内容和文种四个部分构成。有时可省略单位名称或时限。如《××药材有限公司 2007 年度培训方案》《大江食品公司 2009 年度新产品开发计划》《××公关学校公共关系培训班面授辅导安排》等。如果是草稿或初稿，还应在标题下或标题后加括号注明，如《××市义务植树造林春季工作计划》(草案)。

(2)公文式标题　由事由和文种构成。如《××有限公司关于 2007 年度职工培训工作方案》。

(二)开头

开头也称为前言、序言，一般为交代式，主要说明制订计划的依据和理由，即“为何做”。包括制订计划的目的、根据上级的精神指示、当前的形势分析、本单位的具体情况、阐明制订计划的指导思想等，写作时根据主旨要求，选择开头写作内容，文字要求简明扼要。前言部分通常用“为此，特制订如下计划”“为此，本年度要抓好以下几项工作”等过渡句引起下文。

【例 6】

××县委下半年工作计划

为了完成县委、县政府下达 3.1 亿工业总产值(力争 3.5 亿)的任务以及各项经济指标，我们计划在下半年内主要抓好以下几个方面的工作：

……

【例 7】

大三上学期学习计划

为了充实大学四年级的生活，进一步提高学习能力，提升综合素质，为顶岗实习打下良好的基础。特制订如下计划：

……

(三)主体

主体部分在写法上采用并列式结构，即分条列项写明计划的目标和任务、措施和步骤。从逻辑结构看，要具体说明做什么，做到什么程度，怎么做，什么时间段内做，一般有两种写法：

（1）词语提示并列式　以“目标与任务、措施与步骤”等词语为小标题，分开来写。如例文1《××市××造纸厂2004年质量工作计划》的主体结构安排。

（2）观点首句并列式　把目标与任务、措施与步骤融合在一起，用一句话说明每一项任务，紧接着就是完成这项任务的措施和步骤。

【例8】

中国档案学会三年学术活动计划

……

一、鼓励会员积极进行档案学术研究，组织学术交流活动，逐步提高档案学术水平。

1.每年举行一次档案学术讨论会。讲座的题目可包括：30年来我国档案工作的经验教训问题，档案和档案工作的性质及发展规律问题，档案的科学管理问题，档案工作的现代方法步骤问题，档案的保护技术问题等。

2.配合一定的纪念活动，组织学术报告会。

3.推广档案学术研究的经验。

……

在写作实践中可以根据实际情况使用适当的模式来安排主体结构。

有些计划需要结尾，有些计划可以根据实际需要不写结尾。

（四）落款

落款位于计划正文的右下方，署上制订计划的单位或个人名称，计划的时间在署名的右下方，用阿拉伯数字写年、月、日。另外，如果是正式上报或下发的计划，必须在落款处加盖制订单位的公章，以示严肃性。

六、计划的写作要求

（1）正确预测，科学可行　制订计划要把预测和可行结合起来，根据本地区、本单位或个人的实际情况，充分分析主、客观条件，目标既要尽力而为，又要量力而行；方法、措施要切实可行；步骤要适当，时间安排要科学，这样才能充分体现计划的可行性。

（2）大局出发，统筹兼顾　制订综合性计划，还要服从大局，必须了解和掌握相关的政策方针、法律法规，正确处理好局部与整体、个人与集体的关系，自觉地把本单位、本部门或个人的小计划纳入到国家和上级机构的大计划之中；正确处理好眼前与长远、分工与合作的关系，使各部门、各人既能人尽其责，又能发挥团结协作，形成合力，保证计划顺利进行。

（3）具体明确，条理清晰　制订计划时，对目标任务、方法措施要用准确规范的文字加以表述，有利于执行者明确目的和要求；步骤和进程的安排要层次清楚，使人一目了然，便于对计划内容的理解和执行。

小 结

计划是机关团体、企事业单位或个人为实现某项目标或完成某项任务，对未来一段时间进行科学化、条理化、具体化安排部署的事务文书。根据计划涉及的时间与内容，可以有不同的名称：规划、设想、要点、方案、打算、安排、预案；计划的特点：预见性、科学性、约束性、全局性。重点掌握计划写作的内容要素：目标与任务、措施与步骤。

计划的结构模式：开头：依据、目的或现状、目的或意义、目的或指导思想；主体并列式结构：目标、措施、步骤。结合例文，分析计划的写法。计划写作要从工作实际出发，主次分明，目标明确，步骤具体，这是本节的重点。

写作技能训练

一、例文修改

1. 有的计划不写“开端部分”，可是有的计划又把开端写得很长，内容杂乱。下面是一个银行办事处要办中专班，制订了一份教学计划，请你对下面开头内容进行修改。

近几年，我们银行的青年职工越来越多，已经成了业务骨干力量，他们在经济战线上发挥着积极的作用，展示了我国银行事业的希望和前景。但也不能忽视，一些青年由于理论水平低，文化素养差，科学文化知识贫乏等而感到我们做的工作没有意思。根据中国人民银行总行的要求，提高在职干部文化水平，我们办事处开办了中专班，脱产学习一年半，招生对象是在银行工作两年以上，高中毕业的同志。为了更好地完成学习任务，我们教育科计划如下：

2. 下面列举一篇工作计划的总标题和小标题，你认为这样的写法是否合适？为什么？

××电信局2003年工作计划

(一)总的奋斗目标

(二)2003年做好以下主要工作

A. 认真贯彻《中共中央关于经济体制改革的决定》，加快改革的步伐。

B. 牢固树立人民电信为人民的思想，继续改善服务，把提高通信质量放在重要地位来抓。

C. 抓基础工作，进一步巩固企业整顿成果，逐步完善已经推行的现代化管理。

D. 抓技术改造和技术进步，努力增加通信能力。

E. 努力提高职工队伍素质，抓好人才现代化。

二、评析题

××商场2007年下半年促销规划

为了繁荣商品市场，促进我市经济发展，特制订本商场今年下半年的促销计划如下：

一、按照商业局下达的商品销售利润指标，国庆期间开展大规模的让利促销活动。

二、在此次活动期间，各部门要努力合作，凡成绩突出者，商厦将予以精神和物质奖励。

三、全体商厦工作人员必须认真遵守商厦制定的文明服务公约，使顾客满意率达到99%以上。

望党、团员带头，全体职工共同努力，确保本计划的完满实现。

××商场

2002年6月30日

1.计划的标题存在什么问题？请修改。

2.计划的结构安排是否合理？并改正。

3.按照这个计划能否完满完成下半年的促销工作任务，为什么？

三、写作训练

1.假如你所在系要举办一次演讲比赛，请你拟定一份比赛方案。

2.请你结合本学期学习情况，拟写一份下学期个人学习计划，学生干部可拟写个人工作计划。要求目标明确，措施科学，步骤可行。

3.请你结合本学期计划，制订下周学习计划，形式采用表格式。

4.查阅三份大学生职业规划资料，制订一份大学职业生涯规划。

Section 3

调查报告

知识目标

- 了解调查报告的适用范围、特点。
- 掌握调查报告的种类。
- 掌握调查研究的方法和过程。
- 掌握调查报告的内容与结构。

技能目标

- 能够根据调查目的收集材料、整理材料、评析调查报告。

自学与自测

一、填空题

1.调查报告是对__________进行调查研究，根据所获得的成果写成的反映__________、揭示__________的一种事务文书。

2.调查报告具有__________、针对性、理论性、__________的特点。

3.常用的调查报告有__________、__________、__________三种类型。

4.调查研究的方法有普遍调查法、__________、__________、实地观察法和__________五种。

5.调查研究的方式有座谈会、__________、__________和考察四种。

6.调查报告大多由标题、署名、__________、__________结尾、落款组成。

7.调查报告的标题有__________、__________、__________、__________四种。常见的开头模式有__________、__________、__________、__________。主体模式有__________、__________两种，结尾模式有__________、__________、__________、__________。

8.《关于大学生就业观的调查》标题是__________。

9.情况调查报告的主体通常采用__________来安排结构层次。

二、判断题(对的打"√"，错的打"×")

1.调查报告就是按照自己的想法反映某个问题。(　　)

2.调查什么问题是可以进行选择的。(　　)

3.考察报告也是调查报告的一种。(　　)

4.对中小学生课业负担现状的调查报告是属于情况调查报告。(　　)

5.调查报告一定要用事实来说话。(　　)

6.反映情况、揭露问题的调查报告结尾时，应对调查中存在的问题提出处理意见和改进措施。(　　)

三、简答题

1.调查报告一般分哪几种类型？

2.简述调查报告和公文报告的区别。

3.简述调查研究的过程。

四、案例分析

以下是一个调查报告的开头部分，指出它属于哪种开头形式？写的主要内容是什么？在调查中使用了哪些调查方法？

为了切实掌握全疆教师工资拖欠情况，探讨建立教师工资按时足额发放的保障机制，为政府部门制定相关政策提供依据，自治区教育工会组成了 3 人调查组，于 3 月 19 日至 4 月 15 日，对 7 个地区 42 所基层学校教师工资发放情况进行了实地调查。

《教师工资拖欠问题亟待解决——关于新疆教师工资拖欠情况的调查》

范文阅读与训练

【例文 1】

建设小康社会的成功典范——义乌发展经验调查报告

义乌发展经验调研组

义乌地处浙江中部，面积 1 105 千米^2，下辖 6 镇 7 街道。2005 年底全市人口 160 余万，其中户籍人口 68 万，外来建设者近 100 万。改革开放 20 多年来，义乌市坚持“兴商建市”发展战略，从“鸡毛换糖”、马路市场起步，通过繁荣发展小商品市场，积极推进市场化、工业化、城市化，走出了一条独特的区域经济社会持续快速协调健康发展的成功道路。特别是近年来，义乌市在推进全面建设小康社会的实践中，认真贯彻党的十六大和十六届三中、四中、五中全会精神，全面落实科学发展观和构建社会主义和谐社会的要求，注重从实际出发，贯彻落实省委关于实施“八八战略”，建设“平安浙江”、文化大省、“法治浙江”，加强党的执政能力建设和先进性建设等一系列重大决策部署，有力地促进了小商品市场加快提升，经贸国际化不断发展，城乡一体化快速推进，和谐社会建设取得显著成效，党建工作整体水平不断提高，经济社会呈现出全面协调持续发展的强劲势头，并向全面小康社会快速迈进。

——相对落后的农业小县发展成实力雄厚的经济强市。……

——资源贫乏的丘陵地区培育出全球最大的小商品批发市场。……

——远离都市的内陆小城正在向国际性的商贸城市迈进。……

——基础薄弱的落后乡村呈现出城乡一体的崭新面貌。……

——敢闯敢创的义乌人民基本过上了比较宽裕的小康生活。……

——复杂多元的社会环境保持了稳定和谐的良好局面。……

——蓬勃发展的义乌市场引领着日益兴旺的“义乌经济圈”。……

深入探究义乌发展之“谜”，我们可以看到，义乌市在全面建设小康社会的实践中，始终坚持以邓小平理论、“三个代表”重要思想和科学发展观为指导，从实际出发，创造性地贯彻中央的精神，落实省委的决策部署，积极探索具有浙江特色和义乌特点的有效做法，坚持兴商建市，促进产业联动，注重城乡统筹，推进和谐发展，丰厚文化底蕴，力求党政有为，走出了一条独特的区域经济社会持续快速协调健康发展的成功道路。

一、兴商建市：推进专业市场的扩张提升，这是义乌全面建设小康社会、走科学发展之路的龙头和基石

义乌的自然禀赋并没有为这里的人们生存繁衍提供足够的生产生活资源，计划经济时代也没有在这里布局大工业生产。是改革开放的春风，激活了义乌人民的经商传统，激发了义乌人民的创业激情，让义乌人民走出了一条“兴商建市”的成功之路。义乌确立并实践“兴商建市”发展战略从未动摇，遵循抓市场就是抓经济的理念从未改变，推进专业市场硬件完善、功能拓展、业态提升的工作从未停止，真正做到了工作围绕市场转、城市围绕市场建、产业围绕市场育。自清乾隆年间以来，义乌逐步形成了“鸡毛换糖”的经商传统。……

目前，义乌市基本形成以商贸流通、物流、金融、会展、购物旅游等为主体的现代服务业

体系，并成为主要支柱产业。2005 年，全市共有各类服务业经营单位 10 万余家，从业人员 50 多万人，第三产业增加值已超过生产总值的一半，2005 年义博会实现成交额 81 亿元，境外参会客商达 1.4 万人。

二、产业联动：市场带动工业，工业支撑市场，市场与产业联动发展，这是义乌全面建设小康社会、走科学发展之路的独特路径

商贸业的持久繁荣，需要有产业的坚强支撑。……

以商促工、贸工联动。……

园区集聚、产业提升。……

辐射周边、接轨国际。……

三、城乡统筹：以工哺农、以商强农，以城带乡、城乡互促，这是义乌全面建设小康社会、走科学发展之路的有力举措

小商品贸易及相关第三产业的迅速发展，吸引了大量农村和外地人口向义乌城区集聚。义乌在启动城市化进程的同时，依托市场国际化、产业集群化、城市现代化的基础和趋势，把握城乡一体化发展的要求和规律，坚持工商反哺农业和城市支持农村的方针，积极推进农业产业化，不断加大城乡基础设施建设力度，在全国率先实施城乡一体化行动纲要，在全省率先编制完成城乡一体化社区布局规划，推动农村向社区、农民向市民、农业向企业转变，努力促进城乡融合、共享现代文明。

加快城市化进程，努力建设国际性商贸城市。……

积极实施“以工哺农，以商强农”战略，大力推进农业产业化。……

率先实施城乡一体化行动纲要，积极建设社会主义新农村。……

四、和谐发展：注重生产、生活、生态的和谐相容，注重经济社会的和谐互动，注重各类社会成员的和谐共处，这是义乌全面建设小康社会、走科学发展之路的重要特征

随着市场的不断扩张、经济的高速发展，经济发展与资源环境之间的矛盾日益凸显，土地资源缺乏、水质性缺水、能源短缺等成为制约经济社会健康发展的瓶颈。同时，社会成分日趋多元、社会结构更为复杂、社会矛盾不断增多、社会利益关系处于不断调整之中。义乌市坚持以人为本，积极创建国家环保模范城市，着力缓解资源环境的瓶颈制约，扎实推进和谐社会建设，突出“两个关注、两个尊重”，即关注经济社会的协调发展、关注不同利益群体的合理诉求，尊重劳动者主体地位、尊重文化多样性，形成了本地人与外地人、本国人与外国人和谐相处、和谐创业的良好环境。

着力构建环境友好型、资源节约型社会。……

切实维护人民群众的根本利益。……

积极创新对外来建设者的服务和管理。……

努力创造良好的社会治安环境。……

五、丰厚底蕴：秉承深厚的文化传统，弘扬独特的人文精神，发展具有时代特征的先进文化，这是义乌全面建设小康社会、走科学发展之路的不竭源泉

义乌深厚的文化底蕴，孕育了“勤耕好学、刚正勇为”的义乌精神，形成了具有地区特色的“拨浪鼓文化”，为义乌人的创业和义乌的改革发展提供了强大的精神源泉和肥沃的文化土壤。义乌重视传承“鸡毛换糖”的经商传统，光大敢闯敢创的“拨浪鼓文化”，弘扬区域人文精神，培育具有时代内涵、义乌特点和现代市场经济特质的商贸文化，在全社会营造创业无

止境、创新求发展的浓厚氛围，为经济社会发展提供了强大的精神动力。

弘扬义乌人文精神，激发群众创造活力。……

开展文明创建活动，提高社会文明程度。……

大力发展教育事业，努力建设学习型城市。……

发展文化事业和文化产业，满足群众日益增长的文化需求。……

六、党政有为：党委总揽全局、把好发展方向，政府调控有度、搞好公共服务，这是义乌全面建设小康社会、走科学发展之路的根本保证

义乌市委、市政府始终坚持有所作为、有所不为，决不为所欲为。……

善于把握大局。……

切实转变职能。……

坚持依法行政。政府依法整顿和规范市场经济秩序，使市场在规范运行中更具生命力和竞争力。……

义乌的发展，是贯彻党的路线方针政策，全面建设小康社会，走科学发展之路的成功实践；是贯彻省委、省政府一系列重大决策部署，特别是近年来结合实际推进"八八战略"、"平安浙江"、文化大省、"法治浙江"、加强党的执政能力建设和先进性建设各项工作的成功实践，是浙江发展的一个生动缩影。义乌的发展经验是"浙江经验"的重要组成部分，"义乌精神"是"浙江精神"与时俱进的具体体现。从义乌全面建设小康社会、走科学发展之路的成功实践中，我们可以得到以下启示：

第一，必须始终坚持一切从实际出发，尊重人民群众的首创精神，保持与时俱进的精神状态，积极探索具有自身特色、符合客观规律的区域发展之路。……

第二，必须始终坚持发展党执政兴国的第一要务，以经济建设为中心，贯彻"五个统筹"的要求，努力走全面协调可持续的科学发展之路。……

第三，必须始终坚持生产生活生态的和谐相融，激发社会创造活力，加强社会建设和管理，努力走具有中国特色、时代特征、浙江特点的和谐发展之路。……

第四，必须始终坚持以人为本，以实现人的全面发展为目标，切实保障人民群众的经济、政治和文化权益，努力走发展成果惠及全体人民的富民强省之路。……

第五，必须始终坚持党的领导，充分发挥地方党委的领导核心作用，正确处理政府和市场的关系，坚定不移地走中国特色社会主义道路。……

××年×月×日

评析：这是一则(　　　　　　)报告。开头概括介绍了调查对象的基本情况，主体部分首先从七个方面叙述了调查对象所取得的令人瞩目的佳绩，接下来分析了义乌全面建设小康社会的经验和启示。内容丰富，材料典型有说服力，数据准确翔实，分析客观深刻，是调查报告中的佳作。

请在括号里填写调查报告的种类。

【例文2】

大学生就业现状分析调查报告

2009年开始的世界性经济危机席卷全球，在世界经济一体化格局下，高速发展的中国并不能独善其身，在一些地区、一些领域，经济危机已经表现得非常明显。经济危机下，很多

公司开始裁员，招聘需求大幅减少，这使得中国的劳动力市场压力异常巨大，尤其是大学生就业问题异常突出。近期，中国社会科学院发布的2009年《经济蓝皮书》指出：预计到2009年底，将有100万名大学生不能就业，2009年还将有592万名大学生毕业面临找工作，大学生就业问题非常严峻。

一、大学生就业难的真正原因

1.供过于求

在没有出现经济危机的时候，大学生的就业问题也是比较突出的问题，从整个就业情况看，大学生的供给明显大于实际需求。不是总量的供过于求，而是结构性的供过于求，主要是培养的大学生的方向及大学生所应该学习的内容和社会的实际需求是脱节的。当经济危机到来的时候，企业普遍实行的保守的发展战略和紧缩的财务战略，一方面人力资源的补给大幅减少，另一方面用于培养与培训的费用也大幅减少，在招聘的时候会对相关专业的大学生优中选优。经济危机造成的结果是，无论是从结构看，还是从总量上看，大学生的数量都是供过于求。

2.缺乏胜任力

现在高校培养的大学生都是掌握了一定的理论，实践非常缺乏，即便是对实践要求极高的技工类，很多学校因为种种原因取消和减少了实践的课程。大量理论的课程让学生在专业方向上的收益是有限的，缺乏实践能力的大学生成了纸上谈兵的高手。

企业是非常现实的经济实体，需要的人就是能够给企业直接带来绩效的人，而纸上谈兵的大学生并不能马上给企业带来绩效，还要搭上老员工为其辅导，从而影响了企业的整体绩效。现在很多企业都停止了招聘新员工，尤其是大学生，即便招聘也是有实力的公司进行的优中选优的战略性人才储备；而有些有实力的公司，在进行人才的战略性调整，希望通过现在的经济危机带来的变化，招募和储备一批中高端人才和优秀的技术骨干，从而迎接经济危机过去后的新的发展。

由此可见，一些企业认为经济危机也是转机，在这个转机的过程中，良莠不齐的企业进行了自然而然的优胜劣汰，使得企业乃至整个行业以后的发展会更加规范。而大学生没能在这一转机中受到青睐，其根本原因是大学生毕业后不具备相关工作的胜任力。

二、大学生就业难带来的影响

1.负面影响

首先是大学生本人，原本以为考上大学就是天之骄子，原本以为大学毕业可以养活自己，原本以为找个好工作赚钱可以孝敬父母；没想到考上大学后是“天之棋子”（自己的命运任天摆布），没想到毕业后还没上岗就已下岗，没想到本应自力更生却还要父母牵肠挂肚，这些对大学生造成的心理压力不可谓不大。

其次是对大学生家庭的影响，本来大学期间就花了很多钱，大学毕业后还得为孩子承担一定的经济压力，更主要的是看到孩子找不到工作给孩子带来的精神压力，家长真想把这些压力都揽到自己身上，既着急又没有办法，有些家长甚至希望孩子有点事干就行，哪怕一分钱不挣也行。

再次是社会压力，有那么多人不能就业本身就是非常大的社会问题，而且还有可能变成更多的其他社会问题。

2. 正面影响

大学生就业难已经成为社会普遍关注的问题，对教育的反思也愈发深刻，政府、高校、企业也都在自己的范围内进行着自己的思考。政府从财政上予以支持，虽然有些措施是短期的，有些效果是表面的，但毕竟在一定程度上解决了部分问题，政府还应该在教育改革上进行更深入的探索和更有效的投入。

学校也在积极寻找教育改革途径。……

企业首要考虑的不是教育问题，而是如何能获取更多更好的能快速胜任工作的人，却间接地促进了教育的改革和对教育本身的思考和探索。……

三、大学生就业难如何解决

很多培训机构认为2009年将是就业培训的又一个转机，毫无疑问，对于找不着工作的大学生，培训确实是一种有效的方式，尤其是很多机构还承诺负责就业。但摆在眼前的现实问题是，就业形势不好的情况下，很多培训机构的承诺并不能兑现，而很多认证培训除了一纸证书外，并没有为参训者带来更高的附加值，连参加培训的人自己都知道，这是自欺欺人的没有办法但又不得不试试的办法。

而一些真正关心培训内涵，注重技能提升的培训机构，如果没有承诺就业出口，如果没有相关的证书，吸引力也是有限的。如果承诺就业但不能兑现，无疑是饮鸩止渴，还是自取灭亡。因为大学生真正关心的是能不能找到工作，能不能学到真正的本领，如果找不到工作，和没本领没有什么差别。问题在于能不能找到工作上了，这是企业的事情。但是目前情况下，保守和收缩策略的绝大多数企业，不可能招聘大批没有经验的新员工，因为企业首要解决的问题是生存，为新员工支付的薪水是企业直接成本，这可能会影响到企业的生存。

于是政府出面了，出台了一些财政政策，企业接纳大学生可以得到补贴等。这在一定程度上有一定的作用，但是政府要求半年后企业必须接收该员工，而大多数企业不能保证半年后经济形势会好转，因此不愿承担这样的用人风险，因此对于这一政策也并不敢尝试。

是不是可以将这些综合起来考虑呢？大学生要解决的是工作的问题，很多人只要是有个工作不赚钱也可以，企业也要考虑如果经济形势好转人才补给如何解决，政府考虑的是大学生有工作干可以解决一些突出的社会问题。那么在此阶段，大学毕业后可以视为见习期，由企业接收并进行实际工作的训练，当经济好转的时候，企业就会储备了一定的补给人才，而大学生无论选择是否留在该企业，都已经掌握了一定的工作技能，求职也不再是一件难事了。而政府的补贴可以一部分用于补贴企业实训的人力成本和场地设备成本，一部分用于补贴大学生的见习期间的生活费用，这就解决了企业的一部分问题，也解决了大学生家庭负担的一部分问题。同时一部分培训机构也将发挥一定的作用，对于培训机构来说，真正要考虑的应该是究竟能够给受训者带来什么样的价值，带来多大的价值，作为补充教育形式的优势是什么，考虑的不仅仅是就业难带来的收益机会，更应该是对教育本身的思考。

总而言之，目前既要解决大学生掌握实际工作技能的问题，又要解决企业的后顾之忧问题。因此，政府补贴的钱要花在刀刃上，避免钱花了，大学生只是延期几个月失业的情况发生。大学生自己花钱参加培训，更要花在刀刃上，要真正考虑能否学到真实的本领。

这是解决目前问题的途径之一，解决问题的根本办法还是教育本身的探索和实践。问题一直都存在，经济危机只不过是让问题变得更加尖锐，如果能借助这次经济问题，加快对教育的探索，加快政府职能的探索，加强企业和高校的更深层次衔接，对于从根本上解决问题，对于未来中国的发展，也许是件好事。问题的产生不是一朝一夕的，所以解决问题的过程也不会是一蹴而就的。需要从各个角度，不同的时间段有不同的侧重点，逐步来解决这一问题。

×××××
2009年×月×日

评析：这是一则（　　　　　　）报告。前言交代了调查的（　　　　　　　　）和调查对象的（　　　　　　），在主体部分深入分析问题产生的（　　　　　）及其产生的正、负面影响；并针对上述原因，提出了解决问题的相关建议。

请在括号里填写调查报告的种类、内容。

【例文3】

金融危机下大学生创业情况调查报告

为了深入了解金融危机下大学生创业情况，了解大学生面对创业选择时所面对的困难和需要，从大学生的真实需求出发，多角度地寻求提高大学生创业热情和创业成功率的办法，探索出从政府层面、高校层面和大学生自身层面所能做的可行措施。我们特开展此次调查。

一、研究方法与被调查对象的基本情况

（一）调查方法

本次调查充分运用多种调研方法，力求使所得的资料相互补充，相得益彰，保证本研究以点面结合的方式获得大量第一手资料，从而确保所得结论的科学性和有效性。

本次调查共发放问卷155份，回收147份，有效回收率为94.8%，其中有效问卷145份，有效率为98.6%。调查对象为浙江省的大学生，调查对象的选择采取随机方式。本次调查分析采用的为SPSS11.5统计软件。

（二）被调查者的基本情况

（1）性别　本次调查中，被调查对象男性占总量的71%，女性占总量的29%。在调查中我们了解到在大学生创业群体中，男性数量大于女性，说明在严峻的就业形势下，男性更多地选择了自主创业，而女性则偏向于在人才市场中谋求工作。

（2）专业分布情况　本次调查涉及法学（5.2%）、工学（20.3%）、理学（12.4%）、农学（8.3%）、文学（6.6%）、医学（3.3%）、经济学（23.4%）、管理学（20.5%）等专业，涉及的专业较广，比较全面有效地了解到了大学生创业的情况。

二、大学生创业的现状调查分析

调查发现，金融危机对大学生就业造成了冲击，大学生们也认识到了这种情况，部分大学生也产生了创业的想法，并开始为创业做准备。

（一）大学生对创业的认识和创业的目的

在受访的高校学生中，65.88%支持在校期间参与创业；10.31%表示反对，认为浪费学习时间，得不偿失。针对没有创业经历大学生的调查显示，他们的创业热情比较高涨，约75.22%被调查者选择了“一定要自己创立事业”或“如果有机会就创业”。这也说明创业的理念已经在高校得到大多数人的认同。在有计划创业或已经创业的受访者中，44.13%的人创业是为了赚钱；31.79%的人选择“挑战自我，实现梦想”；选择“缓解就业压力”的人数是10%，这说明大部分大学生并非因为就业压力过大和竞争激烈而被迫选择自主创业。

（二）大学生创业的行业选择

调查发现，大学生创业选择行业的具体情况如下：一是智力服务领域占31.6%。智力是大学生创业的资本，在智力服务领域创业，大学生认为游刃有余。如家教、家教中介、设计工作室、翻译事务所等。二是开店占29.3%。选择投资小、风险小的开店项目是不少大学生所青睐的。大学生开店可以享受到包括政府和投资者的优惠。三是连锁加盟领域占23.4%。统计数据显示，在相同的经营领域，个人创业的成功率低于20%，而加盟创业的则高达80%。对创业资源十分有限的大学生来说，选择投资小、风险低的加盟店加盟经营成了最好的选择，如成人用品、快餐业、家政服务、校园小型超市、数码速印站等。四是高科技领域占17.5%。处在高新科技前沿阵地的大学生，在高科技领域创业有近水楼台的优势，但并非所有的大学生都适合在高科技领域创业，技术功底深厚、学科成绩优秀的大学生才有成功的把握，如软件开发、网页制作、网络服务、手机游戏开发等。

（三）大学生创业的优劣势

在调查中，我们了解到大学生在创业上的优劣势，也了解到大学生是否认识到了自身的优劣势。如何更好地扬长避短，是大学生创业成功的关键。

1.大学生自身的优势

调查发现，70.4%的大学生认为大学生知识层次较高、理论知识丰富，是一个知识和智力都相对密集的群体，具有较强的专业能力，60.3%的大学生把年轻有活力、勇于拼搏当成自身的最大优势。除此之外，大学生普遍还有如下优点，诸如：30%的大学生对事物较有领悟力，接受新鲜事物快，有些东西一点即通，自主学习知识的能力强，易接受新鲜事物是大学生相对其他创业群体的优势；45.1%的大学生认为自信心较足，对认准的事情有激情去做，思维普遍活跃；50%的大学生运用IT技术能力强，能够在互联网络上搜寻到许多信息，等等。

2.大学生创业的劣势

缺乏经验和创业资金是大学生创业的最大劣势。27.3%的大学生缺乏职业经历，尤其缺乏人际关系和商业网络；20.2%的大学生缺乏真正有商业前景的创业项目，许多创业点子经不起市场的考验；23.3%的大学生缺乏商业信用，在校大学生信用档案与社会没有接轨，导致融资借贷困难重重；17.4%的大学生喜欢纸上谈兵，市场预测普遍过于乐观，定位过高，好高骛远，看不起蝇头小利；12.1%的大学生认为大学生心理素质不够完善，不能积极地面对挫折。

（四）大学生创业者遇到的困难

1.启动资金……

2.没经验也无借鉴……

3.手续复杂优惠小……

（五）大学生创业的需求

1.希望高校提供的帮助……

2.希望政府提供的帮助……

三、对策与建议

经过一段时间的调查，针对问卷分析所反映出来的问题，我们从政府层面、高校层面和大学生自身层面提出帮助大学生创业者成功创业的对策和建议。

(一)各级政府应有的措施

据了解，93.49%的政府部门表示“已经或正在制定大学生创业扶持政策”；82.38%的地方制定了相关规定，保证毕业生创业投资程序上的合法性和合理性。但只有3.12%的高校学生认为所在地的创业扶持体系已经较为完善；认为自主创业促进体系的运营管理机制上存在缺陷的有31.38%。由此可见，各级政府部门对大学生创业者的扶持工作还有待完善。调查小组认为要从以下几点出发：

1.要从大学生的实际出发……

2.要以解决创业资金为重点……

3.要引导学生确定合理的创业目标……

4.要尽量减少限制性条件……

(二)高校应有的服务

高校要培养大学生创新素质、创新能力，就是要让他们拥有创业的基础知识、基本技能和强烈意识，因此必须丰富大学生创业教育的教学内容体系，为更多的大学生成为优秀的创业者打下坚实的基础。

1.加强大学生创业意识的养成教育……

2.加强创业心理品质的教育……

3.加强学生创业能力的培养……

(三)大学生自身应做的努力

大学生要想创业，并保障创业成功，就必须做到以下两点：一是加强创业法律知识学习。由于大学生创业者缺乏创业法律知识而导致大学生创业涉法案例屡见不鲜。大学生创业者要不断加强创业法律知识学习，为创业奠定较好的法律保障。二是要具备较强的创业知识和心理素质。调查发现，那些能承受挫折、具备独创性和冒险精神、有计划和组织能力、能吃苦有恒心的人，被认为能够成为一个合格的创业者。但同时，具备丰富的创业知识素质也是非常关键的。大学生创业是由一个学生直接到创业者的转化，缺少积累的过渡阶段，所以那些想要创业的学生可以考虑在创业前进行相应的培训和学习。

评析：这是一则(　　　　　　　　)报告。开头交代了这次调查研究的目的。主体部分包括调研的基本情况及对调查结果的分析，大学生创业的优势及所面临的困难和需要。从大学生的实际需求出发，提出从政府层面、高校层面和大学生自身层面所应采取的措施和办法，以激发大学生的创业热情，提高大学生的创业成功率。作者采取多种调查方法，材料翔实准确，分析合情入理，建议措施针对性强，切实可行，能够为高校及政府部门制定相关创业、就业政策提供咨议性意见。

请在括号里填写调查报告的种类。

知识提要

一、调查报告的适用范围

调查报告是对客观事物进行调查研究，根据所获得的成果写成的反映客观实际、揭示事物本质和规律的一种事务文书。

调查报告与行政公文中的“报告”有所不同。公文中的“报告”主要是向上级领导汇报日常工作情况及工作中的重大、突发事件；而调查报告的写作范围相对广泛，凡是与工作相关的重大情况、问题事件、典型经验等都可以用调查报告的形式加以反映。有的调查报告可以为上级领导部门制定路线、方针、政策起到参考作用；有的调查报告可以扶植新生事物，推广先进经验，树立行业典型；有的调查报告可以揭露问题，批评社会丑恶现象，为解决和处理问题提供依据。

二、调查报告的特点

(1)真实性　调查报告的对象是客观事实，目的是揭示客观事物的本质，得出规律性的认识。因此，调查报告首先要基于客观真实。真实性包含三个方面：第一是指材料的真实，即调查报告中所涉及的事件、数据必须真实准确，不能弄虚作假；第二是指态度的真实，即写作主体要用实事求是的态度去调查、分析；第三是指结论的真实，即调查结果要能反映出事物本质，客观深刻。

(2)针对性　写调查报告首先要确定调查对象，才能有的放矢地进行调查和写作。针对性要求选择的调查对象要有典型意义，并要针对不同调查对象采用不同方法，这样才能加深调查报告的指导意义并充分发挥它应有的作用。

(3)理论性　调查报告不是材料的堆积和现象的描述，而是在分析大量事实材料的基础上，得出客观、理性认识。理论性要求在撰写调查报告时，通过对事实的概括叙述和简要说明，来以事论理，引出结论，在表达方式上多采用夹叙夹议的方法。

(4)时效性　调查报告的内容是当前社会现象或实际工作中亟待解决的问题，具有较强的时效性。这一点与新闻类似。因此，写作主体在确定调查对象后，要抓紧时间进行调查和写作，不能让新事变旧闻，失去写作意义。

三、调查报告的种类

(1)经验调查报告　经验调查报告也叫典型报告，主要介绍社会实践中某一行业、某一企业、某一方面的成绩，发挥其典范作用，从而以点带面、示范引路、推广经验，指导全局。如《“波司登”靠什么六年全国销量遥遥领先？——江苏波司登股份有限公司质量管理先进经验调查报告》《建设小康社会的成功典范——义乌发展经验调查报告》。

(2)情况调查报告　情况调查报告是反映某地区、单位、行业或某一方面的基本情况、发展态势。它涉及政治、经济、军事、文化、生活等诸多方面的内容。这类调查报告对正确制定党的路线、方针、政策有重大的意义。如《2007年中国大学生就业选择价值观调查报告》。

(3)问题调查报告　问题调查报告多以当前社会生活中具有代表性的突出问题、不良现象和社会弊端为内容，用大量的事实揭露其严重性和危害性，其目的是引起有关主管部门和广大人民群众的重视，从中吸取教训或促进问题尽快解决。如《贫困大学生问题调查报告》《中国农民工工资问题调查报告》。

四、调查研究的方法、方式

(一)调查研究的方法

(1)普遍调查法　即普查，是指在一定范围内，对所有对象进行全面的调查，以获得完整、系统的资料。普查的优点是资料全面、准确、误差小。如2000年全国进行的第五次人口普查意义重大，对今后国家有关方针、政策的制定提供了有力依据。缺点是对人力、物力、时间的耗费较大。

(2)典型调查法　典型调查法是指在一定的总体范围内，选择能够代表总体状况的典型深入地调查。准确地选择典型是关键。选择的典型必须具有普遍性和代表性，才能适用全局，具有指导意义。

(3)抽样调查法　即在需要调查的客观事物的总体中抽取一部分进行调查，以此来推断总体情况。此法的优点在于：省时、省力、经济，并能排除人们的主观选择，比较客观、可靠。

(4)实地观察法　即直接亲自深入调查第一线中去，通过观察、访谈等方式，获取真实、可靠的情况。

(5)文献法　即收集分析有关文献资料，通过浏览、筛选、精读、记录、保存等方式来获得资料。

(二)调查研究的方式

(1)座谈会　即根据调查需要，选择若干调查对象，组织目的明确的聚会、会谈，一般是在写作主体对所调查的问题有了一定的认识和了解的基础上采用的方式。关键是要组织充分，恰当选择参会对象，参会对象都能畅所欲言，各抒己见，才能获得真实可信的材料。

(2)个别访谈　即根据调查需要，选择单一调查对象进行采访、问询，了解情况。要求在调查前要有充分的准备，访问前必须有明确的目的。

(3)问卷调查　即调查者以问卷为介质，最大范围地对调查对象进行一个单向的个别访问。关键在于问卷的内容设计，一要目的明确；二要讲究技巧，即讲究问询水平和问询艺术。

(4)考察　即调查者拿出一定的时间，对调查对象、调查环境做一次亲历。这是更进一步的实践，是在实际体会中的调查研究。

五、调查研究的实施过程

调查研究按步骤可以分为以下四步：

(一)准备阶段

(1)确定调查主题　调查主题即调查要解决和研究的问题,调查要考察的对象。在确定调查主题时应注意主题的现实意义和实用价值。

(2)选择调查对象　确立调查主题后,要根据主题慎重地选择调查对象。调查对象包括人、事、物三个方面,如调查要深入的具体单位或组织、调查的范围以及具体的被调查人员、调查现场和调查事物等。

(3)选配调查人员　根据调查主题和调查对象的特点,选配相关人员进行分工。选择的调查人员要对调查情况比较熟悉,同时,选派人员要正派、踏实、肯干、政策水平高、业务知识全、综合能力强,必要时可结合调查内容对调查人员进行先期培训,如我国进行的几次人口普查,都在调查工作展开之前对调研人员进行了系统正规的培训。

(4)准备相关资料　根据调查的主题查阅有关资料,了解与调研内容相关的理论、政策、法律法规和必要的调研方面的知识以及技术参考信息等。

(5)制订调查计划　调查计划要制订得严密周全、切实可行,主要包括以下八项:调查的目的和要求;调查的对象范围;调查的项目;调查的方法;调查人员的组织分工;具体实施步骤;调查时所需的问卷或表格;调查的具体要求与注意事项。

(二)实施阶段

实施阶段主要有三大步:

(1)联系确认调查对象　与调查对象取得联系;确认调查对象与调查方式的选择是否恰当;与调查对象说明调查内容、目的、时间、步骤和方式,相互商量配合的方法。

(2)实施调查　在具体实施时,要参照计划,注意点面结合,科学安排调查时间,力争节省人力、物力。要先了解大致情况,再深入调查特殊的、个别的、具体的、典型的情况,最后再回到一般的、普遍的上来。

(3)阶段性小结　阶段性小结可以保存调查人员在调查过程中的感受和体会,也可以此为基础进一步分析思考,复查前期调查情况,保证调查的结果真实有效。

(三)研究分析阶段

研究分析阶段对调查所获得的大量情况资料进行分类、归纳、概括、比较、推断,从中找出问题的本质和规律,找出对调查对象的分析结果。主要包括四个工作环节:

首先对调查材料进行取舍、审定、核对和证实;其次是分类整理,将初级信息通过技术手段转化为高层次信息,如录入、声像资料的剪辑、计算机处理等;然后利用科学的研究方法,对调研内容进行分析统计。最后是确定研究结果。

(四)结论阶段

结论阶段主要包括撰写调研报告和调查研究的总结两项工作:

(1)撰写调研报告　即以书面形式反映的调查结果。真实准确的信息材料、细致深入的分析研究与科学可行的论证,是调研报告的关键。要以充分的调查事实为依据,以事喻理,引导大家相信事实,接受调研报告的观点和建议。

(2)撰写调研总结　即对调查活动的总结,包括调查人员工作表现、成绩、财务开支等内容,文字材料的立卷归档等。

六、调查报告的写法

调查报告大多由标题、署名、开头、主体、结尾、落款组成。署名在公开发表的论文中标注。有署名就可以不写落款。

(一)标题

(1)公文式标题　这是调查报告常用的标题形式，一般由事由、文种构成，如《关于女大学生婚恋观的调查报告》《关于大学生网络购物情况的调查报告》等。

(2)文件式标题　由范围、内容、文种构成，有时可省略“报告”。如《大学生上网情况调查》《我国空调市场调查报告》。

(3)文章式标题　即在标题中点明调查对象、提示调查的主要问题。如《莘莘打工者，维权何其难》《个人住房贷款缘何发展缓慢》。

(4)双标题　正标题揭示调查报告的主要内容，副标题说明调查的地区、事件或范围等。如《现代流通助推新农村建设——山东莒南调查》《“皇帝女儿”也“愁嫁”——为什么舟山鱼游不动?》。

(二)开头

开头即前言部分，主要是对调查的时间、地点、背景、目的、对象、问题、范围、方式、结论作一个大致的概括交代，给读者一个总的印象，要求开门见山，紧扣主题，吸引读者。常见有以下几种模式：

1. 概述式

概括文章的主题，交代调查的目的、对象、时间、范围、过程、方式等。

【例 1】

××村村民自治问题调查报告

6 月 29 日，××电子信息学院电子信息分院大学生实践“三个代表”小分队一行十人在老师的带领下，前往××市××镇××村，针对当地村民自治问题展开调查，调查内容主要是××村民主选举的情况。

这个开头概括叙述了调查的时间、地点、对象和内容，使读者对调查的内容有一个总的把握和了解，为下文的分析奠定了基础。

2. 交代式

简要交代调查对象的基本情况，或阐述调查工作的重要性、意义。

【例 2】

靠名牌赢得市场——关于深圳市飞亚达(集团)股份有限公司的调查

飞亚达(集团)股份有限公司(以下简称飞亚达)是一家以生产钟表为主的大型企业，1987 年成立于深圳。在经济特区这块改革开放的沃土上，该公司坚持不懈地实施名牌战略，终于在竞争激烈的钟表行业后来居上。历经 12 年的艰苦创业，飞亚达由一个钟表小厂发展为总资产逾 8 亿元，年创利润 8 000 万元的上市公司，成为国内同行的翘楚。

这个开头把飞亚达公司发展情况和主要成绩作了简要的交代介绍，使读者对调查对象的基本情况有了大致的了解。

3. 结论式

把调查的结论简要表述在前言部分。

【例 3】

关于北京市家用缝纫机销售情况的调查

为了增强计划性，加强对家用缝纫机的经营，更好地掌握市场销售动态，我们采取了走访经营单位与分析历史资料的办法，对北京市家用缝纫机历年销售情况以及当前社会保有量和市场需求变化进行了调查。经过分析，认为北京市场除上海缝纫机供不应求以外，其他牌号缝纫机销售在北京市已趋于饱和。

这个开头首先交代了调查得出的结论，使读者对作者的观点和看法一目了然。

4. 提问式

在开头提出问题，引起读者对调查内容的关注，激发读者思考。可以采用提问的方式引出问题，也可以直接将问题摆出来。

【例 4】

农村发展社会主义市场经济的成功之路

——贸工农一体化、产加销一条龙经营的调查

近些年，随着农村改革的深化和商品经济的发展，贸工农一体化、产加销一条龙的经营方式，正在我国农村迅速突起。它一出现，就显示出旺盛的生命力和巨大的优越性，为农村经济的发展注入新的活力。这种经营方式对我国农业向商品化、现代化转化有哪些作用？应采取什么方针政策扶持其发展？我们就这些问题进行了调查，并同十个县(市)的有关同志进行了座谈，达成了一些共识。

【例 5】

明晰产权起风波——对太原市一集体企业被强行接管的调查

企业要求按照有关法律、法规和政府规定明晰产权，本来是件好事。可太原市一家集体企业却因为明晰产权被所在区政府部门强行接管，陷于瘫痪。该企业把区政府两个部门告上法庭，至今已一年多时间，早就超过了审结期限，可法院却迟迟不判决。

前一个先入笔提问，后一个是采用叙述的方式直接暴露问题，都属于问题式写法。

(三)主体

主体是调查报告的核心和关键，这部分材料丰富，内容全面，既是对前言部分的展开，也是得出结论的依据。主体既要具体地叙述调查的实践过程，又要在事实的基础上提出合情入理的分析，透过现象看本质，最终得出反映事物本质的结论，要做到由事析理、夹叙夹议。

由于调查报告的种类不同，主体的结构模式也不相同。

(1)情况调查报告　常采用递进式，内容包括情况、原因、建议，即第一部分叙述调查得到的基本情况；第二部分分析造成这种情况的原因；第三部分提出解决问题的措施或建议。

如例文 3 中的主体结构模式。

(2)经验调查报告　常采用并列式，内容包括成果、做法、经验，即第一部分主要介绍某些典型经验的成绩概况；第二部分比较详细地介绍取得这些成绩的具体做法、经验。如例文 1 中的主体结构模式。

(3)问题调查报告　常采用递进式，内容包括问题、原因、意见或建议，即第一部分叙述被调查对象的不良现状；第二部分分析造成这些不良现状的种种原因；第三部分提出消除不良现状、解决问题的措施。这种模式的写法和思路，其实就是议论文中常见的“提出问题—分析问题—解决问题”的写作方法和步骤。如例文 2 中的主体结构模式。

除上述写作格式和内容，事故调查报告、情况调查报告还可以根据工作的需要增加内容，灵活运用结构形式。

(四)结尾

调查报告的结尾是对主体部分的内容进行概括、升华，应简明扼要，或归纳全篇；或提出建议；或者作出前景展望等。有的调查报告主体部分即言止意尽，就无须再写结尾。

常见的模式有以下三种：

1.归纳式

概括全文，明确主旨，在结束的时候将全文归结到一个统一的立足点上。如《关于邯郸钢铁总厂管理经验的调查报告》的结尾：

> 邯钢的实践证明，国有企业适应建立社会主义市场经济体制要求，必须在转换经营机制的基础上转换经营方式，切实转变经济增长方式，这样才能充分挖掘企业的内部潜力，提高企业的整体素质和市场竞争力。邯钢的做法为国有企业实行从传统的计划经济体制向社会主义市场经济体制，从粗放经营向集约经营两个具有全局意义的根本性转变提供了借鉴的经验。

这样的结尾，提供了清醒的理性认识。

2.建议式

针对问题，提出建议。揭示有关问题之后，对解决问题提供一些可行的建议。如 1999 年 11 月 23 日《人民日报》刊登的专题调查《人情消费，让人如何承受你！》就写了一个建议性的结尾：

> 在人情消费已成为一种风气的情况下，制止大操大办单靠哪一个人、哪一个单位很难从根本上奏效。如喝喜酒，往往是通知范围大了人们反感，范围小了没接到通知的人也有意见。遏制人情消费，建立新型的人际关系，倡导社会新风，是一项社会系统工程，需要各级各部门共同努力。首先要加强宣传和教育。提倡新事新办，勤俭持家，厉行节约，建立新型的社会主义人际关系。节日期间，报纸、电台、电视台可举办专题栏目、节目进行宣传，文化部门应挑选一批优秀的影片(主要是婚丧嫁娶新事新办方面的)在各乡镇、村巡回播放。通过广泛深入的宣传教育，使人们树立正确的人情消费观。其次要制定社会规范。在政府机关和企事业单位建立红白理事会，推行节俭办红白喜事。建立约束机制，对人情消费进行引导、规范、管理。三是严格稽查。对大操大办甚至借机敛财的干部要严肃处理，直至在新闻媒体上曝光。

在结尾处提出了三条建议来解决人情消费的严重问题，其中不乏切实可行的措施。

3.展望式

根据现状，展望前景，在结尾中对调查对象的发展前景作出展望。如《湖南女大学生婚恋观调查报告》：

> 女大学生作为大学生中的一个特殊群体，她们面临的心理冲突和压力远远高于男生，冲突表现在她们在学校的学习成绩优异，但择业机会却远远低于男生，与男大学生相比，女大学生在成才与发展的道路上，将面临更多的困难与障碍，因而成长中的女大学生面临生活、情感、事业的挑战，女大学生要成就事业要付出更多的艰辛与努力。

在结尾处对女大学生在学业和事业的发展前景作出估计和展望，为他人提供借鉴和指导意义。

4.自然式

文章主体结束，没有内容补充说明。

(五)落款

落款位于正文右下方，由单位或个人署名和写作时间组成，如果在标题下面已写明，此处就可省略。

七、调查报告的写作要求

(1)掌握符合实际的丰富确凿的材料　丰富确凿的材料一方面来自于实地考察，一方面来自于报刊和因特网。在知识爆炸的时代，获得间接信息是比较容易的，难得的是深入实地获取第一手材料。这就需要眼睛向下，脚踏实地到实践中认真调查，掌握大量的符合实际的第一手材料，这是写好调查报告的前提，必须下功夫。

(2)总结出事物的内在规律　对于获得的大量的直接和间接材料，要做艰苦细致的辨别真伪工作，从中找出事物的内在规律性，这是件不容易的事。调查报告切忌面面俱到。在第一手材料中，筛选出最典型、最能说明问题的材料，对其进行分析，从中提示出事物的本质或找出事物的内在规律，得出正确的结论，总结出有价值的东西，这是写调查报告时应特别注意的。

(3)用词力求准确，文风朴实　写调查报告，应该用概念成熟的专业用语，非专业用语应力求准确易懂、通俗。特别是被调查对象反映事物的典型语言，应在调查报告中选用。

调查报告一般是针对解决某一问题而产生的。报告需要陈述问题发生发展的起因、过程、趋势和影响。如果用词概念不清，读者就难以了解事物的本来面目，也就达不到解决问题的目的。

(4)逻辑严谨，条理清晰　调研报告要做到观点鲜明，论据和观点要有严密的逻辑关系，条理清晰。结构上的创新只是形式问题，不能把主要精力放在追求报告的形式上。调查报告的结构可以不拘一格。

(5)要有扎实的专业知识和思想素质　好的调查报告，是由调查人员的基本素质决定的。调查人员既要有深厚的理论基础，又要有丰富的专业知识。一项政策往往涉及国民经济的许多方面，并且影响到不同的社会群体，只有具备很宽的知识面，才能够深刻理解国家的方针政策，正确判断国家政策所涉及的不同群体的需要，才能看清事物的真实面目。

小结

调查报告的写作应该把握调查报告的特点与写法。进行调研工作是写好调查报告的前提，需要调查者按计划进行调研，收集直接材料和间接材料，再进行分析与综合，归纳整理，最终完成调查报告的写作。

写作技能训练

一、材料写作

农村村委会换届选举，这项事关农民政治和经济利益的大事进行得怎么样，有哪些经验和教训需要总结？2002年12月上旬，××市×区政协分别召开村书记、村主任、村民代表、政协委员座谈会，对全区52个村换届选举情况、村两委班子建设情况做了广泛调查。从座谈会上了解到，这次村委会换届选举基本顺利。全区3个镇的52个村民委员会，有51个村主任选举均已成功。选民参选率达91%，共选举产生新一届村委会成员230人，连任村主任18人，交叉连任村干部115人，占村委会成员总数的50%，有42个村一次选举成功。参加座谈会的人员也反映说，这次换届选举也存在一些问题。选民的整体素质与民主选举制度的要求存在差异。由于选民文化素质，传统的小农意识浓厚，相当一部分选民不能正确行使自己的民主权利，他们摆脱不了家族势力、宗派势力以及各种不正当竞争行为的影响，自己没有主见，选举中往往被别人利用。个别基层领导对村民委员会换届选举工作的意义认识不够：一是由于选举工作难度大，村情复杂，分析掌握的情况及对出现问题的预测与实际选举结果存在较大差异；二是选举方案与实际操作过程相比显得有点笼统，使基层干部在处理选举中遇到的问题时感到左右为难。各种不良现象及因素影响村委会的选举。由于竞选的方式方法没有明确规定，造成有的选举中出现贿选现象，请选民吃喝，送饮料、烟酒的屡见不鲜，老百姓把这种现象总结为“有钱人请客买权”。同时家族争选，影响了农村的稳定。

在座谈会上，大家认为，选举办法有待完善补充。按照规定，各省各地可以结合实际制定《实施办法》，但实践中缺乏与选举相配套的法律条文，使基层执行起来难度大。主要有：对村民有无选举权的规定过于笼统。按规定村民无选举权的仅限于被剥夺政治权利者和精神病患者，而在实际工作中还有一些低智、弱智、偏瘫和聋子哑巴等残疾人，无法表达自己的意愿。按规定他们都有选举权，这部分人的选票往往被人利用。另外，没有严格规定候选人资格审查的办法和意见，造成了只要没有被剥夺政治权利的人都可以参加竞选的局面出现了一些村霸、违反计划生育政策者、经济犯罪人员也参加竞选村委会主任候选人的现象。由于上述问题的存在，影响了群众对这次换届选举后的村委会的信任度。

在座谈会上，与会人员纷纷提出搞好选举的建议，认为加强对村民的教育刻不容缓。由于选民素质低，不能正确行使自己的民主权利，才出现一些不正常现象。要解决这一问题，唯一的出路在于重视对农民的教育，提高农民素质，切实加强农村党组织的建设。换届选举的实践证明，村支部书记是换届选举能否成功的关键，选好配好支部书记人选非常重要。

要求：

1. 根据案例内容，写一份关于村委会换届选举的调查报告，题目自拟。

2. 文档要求格式规范，内容正确，条理性强，表达准确、顺畅。

二、材料分析

某国科学家协会在1980年和2000年分别作了两次社会调查，调查的题目是“科学对社会的影响”。调查结果如下：

影响	1980年	2000年
有利	25%	82%
利弊参半	37%	8%
有害	20%	7%
不了解	18%	3%

上面结果说明了什么道理？根据你所了解的科学知识和社会知识，解释一下为什么会出现这种结果。

三、写作训练

对本班同学的消费情况进行一次抽样调查，写篇调查报告。

先制作调查表，请调查对象填写，再汇总计算出各项数据。

姓名	伙食费	日用支出	学习支出	通讯网上支出	其他	合计
人均						

要求：

1. 全班同学以宿舍组合的形式分为若干小组，每组以6人为宜。

2. 制订一份内容详细的调查计划，注意格式规范。

3. 撰写一份分析深刻、格式正确的调查报告。

第四单元
党政公文写作技能

Section 1

党政公文概述

知识目标

- 了解党政公文的适用范围、特点、种类，了解党政公文的行文规则。
- 掌握党政公文格式。

技能目标

- 熟练掌握党政公文格式及计算机排版技能。

自学与自测

一、填空题

1.党政机关公文是党政机关实施领导、履行职能、处理公务的具有______和______的文书,是传达贯彻党和国家方针政策,公布______,指导、布置和______工作,______问题,______和交流情况等的重要工具。

2.党政公文的作者是依法成立并能以自己的名义______和______的国家机关、社会团体、企事业单位。

3.《党政机关公文处理工作条例》规定,公文主要有______种。按照行文关系和行文方向不同,可将公文分为______、______和______三类。

4.请示应当______。不得在报告等非请示性公文中夹带______。受双重领导的机关向一个上级机关行文,必要时抄送______。

5.公文格式各要素划分为______、______、______三部分。

6.公文版头部分包括份号、秘密等级和保密期限、紧急程度、______、______、______和分隔线等要素。

7.发文字号由______、______、序号三部分依次组成。年份应标全称,用______括入。

8.签发人是指最后审定公文文稿签字印发的机关领导人。签发人内容只有在______时才标注。

9.公文的主体部分包括______、______、______、附件说明、______、______、附注等。

10.公文标题的三要素是:______、______、______。

11.公文的成文日期用______。

12.公文版记部分包括______、______和印发时间等组成要素。

二、简答题

1.党政公文有哪些特点?

2.党政公文格式分三部分,主要包括哪些具体内容?

知识提要

一、党政公文的适用范围

2012年4月16日中共中央办公厅、国务院办公厅颁布的《党政机关公文处理工作条例》中指出:"党政机关公文是党政机关实施领导、履行职能、处理公务的具有特定效力和规范体式的文书，是传达贯彻党和国家方针政策，公布法规和规章，指导、布置和商洽工作，请示和答复问题，报告、通报和交流情况等的重要工具。”它是通用于国家机关、社会团体、企事业单位公务活动的体式完整、规范、固定的文件。

我们把党政机关的公文又称作党政公文或公文。它的使用范围非常广泛，不仅在国家各级行政机关内通用，而且还通用于各级各类企业、事业单位和合法组织。因此公文写作，对于高职生来说，就显得十分重要。

二、党政公文的特点

1. 高度的权威性

党政公文传达制发机关的决策和意图，其权威性是由制发机关的职权决定的，制发机关职能权限的大小决定着公文权威性大小。制发机关的职权范围越大，其公文的权威性就越强，作用的范围也越广。

2. 作者的法定性

党政公文的作者是依法成立并能以自己的名义行使职权和担负义务的国家机关、社会团体、企事业单位。

党政公文的制发，必须是法定的机构及其代表人，其机构的部门或个人无权制发公文。另外，党政公文因公务活动和管理的需要而制发，而管理是分层次并有职权分工的，因此，法定作者也必须在自己法定的职权范围内行文，超越自己职权范围制发的公文是无效的。

3. 体式和程序的规范性

公文的格式必须统一，任何单位都必须执行标准的公文格式。公文规范体式，一是指我国撰写公文所采用的语体，即现代汉语语体；二是指文件的格式，即公文结构与公文各组成部分的文字符号在载体上的排列形式。如果一份公文格式不全或格式不规范，就会影响公文的执行效力，甚至根本就没有法定效力。

公文的制发还必须经过一定的处理程序，各个程序之间的先后次序是固定的，不能颠倒或错乱。公文由法定作者制发，在撰写和制发的过程中，它受公文处理程序的制约。比如：公文的制发，必须经过起草、核稿、签发等一系列程序，其目的是保证公文的制发质量，以维护公文的法定效力和机关的权威性。

随着科学技术的发展，公文的信息载体已由纸介质向电子介质过渡。但无论载体如何变化，都要遵循规范的处理程序和统一的体式。

4. 阅读对象的确定性

普通文字作品的阅读对象是不确定的，谁都可读可不读。而公文的读者是特指的，或者是一个单位，或者是一些单位，或者是一定范围内的人员，该读的就必须读，而且读了还要遵照执行。

三、党政公文的种类

1. 从文种分类

《党政机关公文处理工作条例》规定，公文主要有 15 种：

(1)决议　适用于会议讨论通过的重大决策事项。

(2)决定　适用于对重要事项作出决策和部署、奖惩有关单位和人员、变更或者撤销下级机关不适当的决定事项。

(3)命令(令)　适用于公布行政法规和规章、宣布施行重大强制性措施、批准授予和晋升衔级、嘉奖有关单位和人员。

(4)公报　适用于公布重要决定或者重大事项。

(5)公告　适用于向国内外宣布重要事项或者法定事项。

(6)通告　适用于在一定范围内公布应当遵守或者周知的事项。

(7)意见　适用于对重要问题提出见解和处理办法。

(8)通知　适用于发布、传达要求下级机关执行和有关单位周知或者执行的事项,批转、转发公文。

(9)通报　适用于表彰先进、批评错误、传达重要精神和告知重要情况。

(10)报告　适用于向上级机关汇报工作、反映情况,回复上级机关的询问。

(11)请示　适用于向上级机关请求指示、批准。

(12)批复　适用于答复下级机关请示事项。

(13)议案　适用于各级人民政府按照法律程序向同级人民代表大会或者人民代表大会常务委员会提请审议事项。

(14)函　适用于不相隶属机关之间商洽工作、询问和答复问题、请求批准和答复审批事项。

(15)纪要　适用于记载会议主要情况和议定事项。

2.从行文关系分类

依照行文关系可分为上行文、平行文和下行文3类。下级向上级行文为上行文,如报告、请示等、议案;上级向下级行文为下行文,如命令、决定、决议、公报、通知、通报、批复等;平级互相行文为平行文,如函等。行文方向比较灵活的文种有公告、通告、意见、纪要等,各级国家机关、企事业单位、社会团体行文关系,应依照各自隶属关系和职权范围确定。

3.从紧急程度分类

有特急件、急件和平件。

4.从秘密等级分类

有绝密件、机密件和秘密件。

四、党政公文的行文规则

行文规则主要是指行文关系的准则。为了保证公文迅速、准确地发送,提高工作效率,在《党政机关公文处理工作条例》(本文简称《条例》)中对行文规则作了明确规定。《条例》第十三条首先强调制发公文要考虑"行文应当确有必要,讲求效用";第十四条又指出:"行文关系根据隶属关系和职权范围确定"。行文关系,是指行文时发文机关与受文机关的关系;隶属关系,是指机关之间在工作与业务方面形成的领导与被领导或管辖与被管辖的关系;职权范围,是指机关级别权力、职能的界限和所辖领域。据此,《条例》对行文规则作了如下具体规定:

1. 上行文规则

①原则上主送一个上级机关，根据需要同时抄送相关上级机关和同级机关，不抄送下级机关。

②党委、政府的部门向上级主管部门请示、报告重大事项，应当经本级党委、政府同意或者授权；属于部门职权范围内的事项应当直接报送上级主管部门。

③下级机关的请示事项，如需以本机关名义向上级机关请示，应当提出倾向性意见后上报，不得原文转报上级机关。

④请示应当一文一事。不得在报告等非请示性公文中夹带请示事项。

⑤除上级机关负责人直接交办事项外，不得以本机关名义向上级机关负责人报送公文，不得以本机关负责人名义向上级机关报送公文。

⑥受双重领导的机关向一个上级机关行文，必要时抄送另一个上级机关。

2. 下行文行文规则

①主送受理机关，根据需要抄送相关机关。重要行文应当同时抄送发文机关的直接上级机关。

②党委、政府的办公厅(室)根据本级党委、政府授权，可以向下级党委、政府行文，其他部门和单位不得向下级党委、政府发布指令性公文或者在公文中向下级党委、政府提出指令性要求。需经政府审批的具体事项，经政府同意后可以由政府职能部门行文，文中须注明已经政府同意。

③党委、政府的部门在各自职权范围内可以向下级党委、政府的相关部门行文。

④涉及多个部门职权范围内的事务，部门之间未协商一致的，不得向下行文；擅自行文的，上级机关应当责令其纠正或者撤销。

⑤上级机关向受双重领导的下级机关行文，必要时抄送该下级机关的另一个上级机关。

3. 联合行文规则

同级党政机关、党政机关与其他同级机关必要时可以联合行文。属于党委、政府各自职权范围内的工作，不得联合行文。

党委、政府的部门依据职权可以相互行文。部门内设机构除办公厅(室)外不得对外正式行文。

五、党政公文的格式

为提高党政机关公文的规范化、标准化水平，2012 年 6 月 29 日，国家质量监督检验检疫总局、国家标准化管理委员会发布了《党政机关公文格式》国家标准(GB/T 9704—2012)。该标准于 2012 年 7 月 1 日起正式实施。对组成公文的各格式要素的正确标法及其应标位置都作了严格规定。公文制作时，应按规定标识，准确规范。

(一)公文用纸及印装格式

1. 公文用纸采用 A4 型。

公文用纸为 A4 型，其成品幅面尺寸为：210 mm×297 mm。

公文用纸天头(上白边)为37 mm±1 mm。

公文用纸订口(左白边)为28 mm±1 mm。

版心尺寸为:156 mm×225 mm(不含页码)。

2. 公文印装要规范

公文排版正文用3号仿宋字,一般每面排22行,每行排28个字。特定情况可以作适当调整。

公文文字从左至右横写、横排。

公文应左侧装订,不掉页。张贴的公文用纸大小,根据实际需要确定。骑马订或平订的公文应当订位为两钉外订眼距版面上下边缘各70 mm处,允许误差±4 mm。

(二)党政公文的格式内容及排版规则

《条例》中关于公文格式内容是这样规定的:"公文一般由份号、密级和保密期限、紧急程度、发文机关标志、发文字号、签发人、标题、主送机关、正文、附件说明、发文机关署名、成文日期、印章、附注、附件、抄送机关、印发机关和印发日期、页码等组成。"

《党政机关公文格式》中规定:"公文格式各要素划分为版头、主体、版记三部分。公文首页红色分隔线以上的部分称为版头;公文首页红色分隔线(不含)以下、公文末页首条分隔线(不含)以上的部分称为主体;公文末页首条分隔线以下(含分隔线)、末条分隔线以上的部分称为版记。"

1. 版头

公文版头部分包括份号、秘密等级和保密期限、紧急程度、发文机关标志、发文字号、签发人(会签人)和红色分隔线等要素。

(1)份号　份号是公文的份数序号。如需标注份号,一般用6位3号阿拉伯数字,顶格编排在版心左上角第一行。

(2)密级和保密期限　秘密等级是指划分公文保密的级别。可分为三个等级:绝密、机密、秘密。绝密文件,指涉及党和国家最核心机密的文书;机密文件指涉及党和国家重要机密的文书;秘密文件指涉及党和国家一般秘密的文书。

保密期限是对文件保密时效的限定。

如需标注密级和保密期限,一般用3号黑体字,顶格编排在版心左上角第二行;保密期限中的数字用阿拉伯数字标注。如"机密★1年"。密级和期限之间用"★"分开。

(3)紧急程度　紧急程度是指对文件送达和承办的时限要求。紧急公文分为"特急"和"急件"两种。有的文件要限时送达,则在文件封套上标注时间。

如需标注紧急程度,一般用3号黑体字,顶格编排在版心左上角;如需同时标注份号、密级和保密期限、紧急程度,按照份号、密级和保密期限、紧急程度的顺序自上而下分行排列。

(4)发文机关标志　由发文机关全称或者规范化简称加"文件"二字组成,也可以使用发文机关全称或者规范化简称。

发文机关标志居中排布,上边缘至版心上边缘为35 mm,推荐使用1号仿宋体字,字体加粗,颜色为红色,以醒目、美观、庄重为原则。

联合行文时,如需同时标注联合发文机关名称,一般应当将主办机关名称排列在前;如有“文件”二字，应当置于发文机关名称右侧，以联合发文机关名称为准上下居中排布。

(5)发文字号　发文字号由发文机关代字、年份、序号三部分依次组成。如《国务院关于加强城乡规划监督管理的通知》这一文件的发文字号是“国发〔2002〕13 号”其中“国”是发文机关国务院的代字；“2002”是发文年份；“13 号”是序号，是指 2002 年国务院 2002 年发的第 13 个文件。

发文字号用 3 号仿宋标识，编排在发文机关标志下空二行位置，居中排布。年份、发文顺序号用阿拉伯数字标注；年份应标全称，用六角括号“〔〕”括入；发文顺序号不加“第”字，不编虚位(即 1 不编为 01)，在阿拉伯数字后加“号”字。上行文的发文字号居左空一字编排，与最后一个签发人姓名处在同一行。

(6)签发人　签发人是指最后审定公文文稿签字印发的机关领导人。签发人内容只有在上行文时才标注。由“签发人”三字加全角冒号和签发人姓名组成，居右空一字，编排在发文机关标志下空二行位置。“签发人”三字用 3 号仿宋体字，签发人姓名用 3 号楷体字。

如有多个签发人，签发人姓名按照发文机关的排列顺序从左到右、自上而下依次均匀编排，一般每行排两个姓名，回行时与上一行第一个签发人姓名对齐。

(7)分隔线　发文字号之下 4 mm 处居中印一条与版心等宽的红色分隔线。

2. 主体

公文的主体格式包括标题、主送机关、正文、附件说明、发文机关署名、成文日期、印章、附注。

(1)标题　公文标题由三要素组成：发文机关名称、发文事由、文种。

一般用 2 号仿宋体字，编排于红色分隔线下空二行位置，分一行或多行居中排布；回行时，要做到词意完整，排列对称，长短适宜，间距恰当，标题排列应当使用梯形或菱形。

(2)主送机关　主送机关指公文的主要受理机关，应当使用全称、规范化简称或者统称。

编排于标题下空一行位置，居左顶格，回行时仍顶格，最后一个机关名称后标全角冒号。如主送机关名称过多导致公文首页不能显示正文时，应当将主送机关名称移至版记。

(3)正文　公文首页必须显示正文。一般用 3 号仿宋体字，编排于主送机关名称下一行，每个自然段左空二字，回行顶格。文中结构层次序数依次可以用“一、”“(一)”“1.”“(1)”标注；一般第一层用黑体字、第二层用楷体字、第三层和第四层用仿宋体字标注。

(4)附件说明　附件就是附属于公文正件的有关文件或材料。如有附件，在正文下空一行左空二字编排“附件”二字，后标全角冒号和附件名称。如有多个附件，使用阿拉伯数字标注附件顺序号；附件名称后不加标点符号。附件名称较长需回行时，应当与上一行附件名称的首字对齐。

如下示例：

附件：1. ××××××

　　　2. ×××××

(5)发文机关署名、成文日期和印章　发文机关署名、成文日期用 3 号仿宋体字。成文日期一般右空四字编排，印章用红色，不得出现空白印章。

单一机关行文时，一般在成文日期之上、以成文日期为准居中编排发文机关署名，印章端正、居中下压发文机关署名和成文日期，使发文机关署名和成文日期居印章中心偏下位置，印章顶端应当上距正文（或附件说明）一行之内。

联合行文时，一般将各发文机关署名按照发文机关顺序整齐排列在相应位置，并将印章一一对应、端正、居中下压发文机关署名，最后一个印章端正、居中下压发文机关署名和成文日期，印章之间排列整齐、互不相交或相切，每排印章两端不得超出版心，首排印章顶端应当上距正文（或附件说明）一行之内。

成文日期中的数字用阿拉伯数字将年、月、日标全，年份应标全称，月、日，不编虚位（即 1 不编为 01）。

当公文排版后所剩空白处不能容下印章或签发人签名章、成文日期时，可以采取调整行距、字距的措施解决。

（6）附注　附注就是附带说明，是用来注明文件的阅读、传达范围和行文有关事项。所谓阅读、传达范围是指公文发至的机关级别和传达对象的范围，如“此件发至省军级”。在一般情况下，无须标注，只有密级的下行文则必须标识。此外，使用“请示”这一文种时应在附注处注明发文机关联系人的姓名和电话号码。

公文如有附注，用 3 号仿宋体字，居左空 2 字加圆括号标注在成文日期的下一行。

（7）附件　附件应当另面编排，并在版记之前，与公文正文一起装订。“附件”二字及附件顺序号用 3 号黑体字顶格编排在版心左上角第一行。附件标题居中编排在版心第三行。附件顺序号和附件标题应当与附件说明的表述一致。附件格式要求同正文。

如附件与正文不能一起装订，应当在附件左上角第一行顶格编排公文的发文字号并在其后标注“附件”二字及附件顺序号。

3. 版记

公文版记部分包括抄送机关、印发机关和印发时间等组成要素。

（1）版记中的分隔线　版记中的分隔线与版心等宽，首条分隔线和末条分隔线用粗线（推荐高度为 0.35 mm），中间的分隔线用细线（推荐高度为 0.25 mm）。首条分隔线位于版记中第一个要素之上，末条分隔线与公文最后一面的版心下边缘重合。

（2）抄送机关　指除主送机关以外需要执行或知晓公文的其他机关，应使用全称、规范化简称或统称。

如有抄送机关，一般用 4 号仿宋体字，在印发机关和印发日期之上一行，左空一字编排。“抄送”二字后加全角冒号和抄送机关名称，回行时与冒号后的首字对齐，抄送机关之间用逗号隔开，最后一个抄送机关名称后标句号。

如需把主送机关移至版记，除将“抄送”二字改为“主送”外，编排方法同抄送机关。既有主送机关又有抄送机关时，应当将主送机关置于抄送机关之上一行，之间不加分隔线。

（3）印发机关和印发日期　印发机关和印发日期一般用 4 号仿宋体字，编排在末条分隔线之上，印发机关左空一字，印发日期右空一字，用阿拉伯数字将年、月、日标全，年份应标全称，月、日不编虚位（即 1 不编为 01），后加“印发”二字。

版记中如有其他要素，应当将其与印发机关和印发日期用一条细分隔线隔开。

（4）页码　一般用 4 号半角宋体阿拉伯数字，编排在公文版心下边缘之下，数字左右各放一条一字线；一字线上距版心下边缘 7 mm。单页码居右空一字，双页码居左空一字。公文的版记页前有空白页的，空白页和版记页均不编排页码。公文的附件与正文一起装订时，页码应当连续编排。

版记置于公文的最后一页纸面上，其最后一个格式要素位于最后一行。

党政公文格式模板

图一：下行文示例

0000001

机密★一年

特 急

×××文件

×××〔2000〕1号

关于××××的通知

××、××：

××××××××××××××，××××××××××××××××。××××××××××××。××××××××××××。

……

××××××××××××××××××××××××××××××××。

附件：1. ××××××××

2. ××××××××

××××（印章）

2009年×月×日

（附注：××）

抄送：××，×××。

××××　　2009年×月×日印发

图二：上行文示例

机 密

特 急

××××文件

×〔2000〕1号　　签发人：××

关于××××的请示

××：

××××××××××××××××，××××××××××××××××。××××××××××××。××××××××××××。

×××××××××××××××××××××××××××××××。

附件：1. ××××××××

2. ××××××××

×××××（印章）

2009年×月×日

（附注：联系人 ×××电话：××××××）

抄送：××，×××。

××××　　2009年×月×日印发

链接：公文的特定格式

一、信函格式

发文机关标志使用发文机关全称或者规范化简称，居中排布，上边缘至上页边为30 mm，推荐使用红色小标宋体字。联合行文时，使用主办机关标志。

发文机关标志下 4 mm 处印一条红色双线（上粗下细），距下页边 20 mm 处印一条红色双线（上细下粗），线长均为 170 mm，居中排布。

如需标注份号、密级和保密期限、紧急程度，应当顶格居版心左边缘编排在第一条红色双线下，按照份号、密级和保密期限、紧急程度的顺序自上而下分行排列，第一个要素与该线的距离为 3 号汉字高度的 7/8。

发文字号顶格居版心右边缘编排在第一条红色双线下，与该线的距离为 3 号汉字高度的 7/8。

标题居中编排，与其上最后一个要素相距二行。

第二条红色双线上一行如有文字，与该线的距离为 3 号汉字高度的 7/8。

首页不显示页码。

版记不加印发机关和印发日期、分隔线，位于公文最后一面版心内最下方。

二、命令（令）格式

发文机关标志由发文机关全称加“命令”或“令”字组成，居中排布，上边缘至版心上边缘为 20 mm，推荐使用红色小标宋体字。

发文机关标志下空二行居中编排令号，令号下空二行编排正文。

签发人职务、签名章和成文日期的编排：单一机关制发的公文加盖签发人签名章时，在正文（或附件说明）下空二行右空四字加盖签发人签名章，签名章左空二字标注签发人职务，以签名章为准上下居中排布。在签发人签名章下空一行右空四字编排成文日期。

三、纪要格式

纪要标志由“×××××纪要”组成，居中排布，上边缘至版心上边缘为 35 mm，推荐使用红色小标宋体字。

标注出席人员名单，一般用 3 号黑体字，在正文或附件说明下空一行左空二字编排“出席”二字，后标全角冒号，冒号后用 3 号仿宋体字标注出席人单位、姓名，回行时与冒号后的首字对齐。

标注请假和列席人员名单，除依次另起一行并将“出席”二字改为“请假”或“列席”外，编排方法同出席人员名单。

纪要格式可以根据实际制定。

写作技能训练

一、指出下面发文字号的错误，并予改正。

1. ×燃煤(08)第 169 号

2. ×政办字〔2005〕15

3. 〔2006〕×电办第 8 号

4. ×商办〔2007〕十一号

5. ×政发〔二〇〇四〕字第 9 号

二、阅读下面这份公文，从格式角度判断正误，并加以修改

××市税务局文件

×税(2005)31 号

关于开展税收业务竞赛和珠算比赛的通报

各科室(队)、税务所：

根据中央、省市税务局、团委要求，结合我局实际，积极开展"学先进，比贡献，争当税务系统青年标兵"活动，于 2005 年 6 月 21 日在我局举行了由团支部牵头、各有关科室参加的税收业务竞赛和珠算比赛……，现将比赛结果通报如下：

税收业务取得前三名的是市直、城关、高庄税务所。取得前三名的个人是李××、孙××、王××。

珠算比赛取得前三名的单位是城关、市直、杨柳镇税务所。详见附表。

2005 年 7 月 3 日

抄送：省税务局，××市税务局，市委宣传部，市财委团委，市直党委。

提示：本文字号相对缩小。通报是下行文，根据公文格式的三部分内容及位置、字体、字号的要求，进行对照，查找不当之处并修改。

Section 2

通　知

知识目标

- 掌握通知的适用范围和种类。
- 掌握会议通知文体结构与写作方法。

技能目标

- 能够根据材料准确表达会议通知事项。

自学与自测

一、填空题

1.通知是“适用于__________下级机关的公文，__________上级机关和不相隶属机关的公文，传达要求下级机关办理和需要有关单位周知或者执行的事项，__________”的公文。从行文方向看，通知一般为__________或__________。

2.__________通知是上级机关对下级机关布置工作，要求下级机关办理或执行的事项而又不适合用命令行文时所用的通知类型。

3.调整机构组织的领导成员；变更作息时间、办公地点；催交材料报表；安排节假日值班时，应用__________通知。

4.__________通知的事项涉及任务、目标、原则、方法措施等内容，分条列项，逐层表述。

5.会议通知的文体结构包括__________、__________、__________、__________。标题为__________，开头为__________，主体为__________。

二、简答题

1.通知分为几类？

2.请简要表述会议通知的主要内容。

范文阅读与训练

【例文1】

教育部　公安部　国家工商行政管理总局
关于开展防止传销进校园工作的通知

各省、自治区、直辖市教育厅(教委)，公安厅(局)、工商行政管理局，新疆生产建设兵团教育局、公安局，教育部直属各高等学校：

按照国务院的统一部署，全国打击传销专项行动开展以来，各地区、各有关部门集中力量查处重点案件，建立健全工作格局和体制机制，广泛开展宣传教育，打击传销取得了阶段性成果。但是，由于种种原因，传销活动在一些地方仍顽固存在，有些传销组织打着职业介绍、招聘兼职等幌子，不择手段地利诱欺骗高校学生，学生上当受骗、误入传销的情况时有发生，严重损害了学生身心健康，不同程度地影响了高校的和谐稳定，引起了学生家长和全社会的关切。为加强宣传教育，严厉打击传销活动，教育部、公安部、国家工商行政管理总局决定联合开展防止传销进校园工作。现将有关工作通知如下：

一、明确防止传销进校园的基本要求，不断增强工作责任感和紧迫感

防止传销进校园，是依法打击传销的重要内容，是为高校学生健康成长创造良好社会环

境的必然要求，具有十分重要的意义。（略）

二、积极开展主题宣传教育活动，提高学生防范传销的意识和能力

精心设计和组织开展防止传销进校园主题宣传教育活动。（略）

三、进一步加强高校校园安全管理和学生管理，防止传销向高校学生渗透

地方各级教育行政部门和高校要把防范传销进校园工作同安全文明校园建设工作、加强维护高校稳定工作结合起来，纳入学校安全责任制和安全管理工作制度，分别落实到人、落实到每项工作和每个环节。（略）

四、集中力量查处重点案件，严厉打击诱骗学生参加传销的行为

地方各级工商行政管理机关要根据群众的举报、投诉和教育行政部门以及高校提供的被传销组织控制的学生情况和受骗学生所了解的传销组织情况，认真排查线索，及时调查处理。（略）

五、切实加强组织领导，形成防止传销进校园的工作合力

地方各级教育行政部门、公安机关、工商行政管理机关要继续按照“全国统一领导，地方政府负责，部门指导协调，各方联合行动”的工作格局和“标本兼治，着力治本”的方针，加强协作配合。（略）

请各省、自治区、直辖市教育行政部门、公安机关、工商行政管理机关于 2007 年 9 月 30 日前将有关工作落实的情况，联合报教育部、公安部、国家工商行政管理总局。

（印章）　　　　（印章）

2007 年 7 月 31 日

评析：这是一则（　　　　）通知。本文正文通知缘由部分主要概述发文的背景，即打击传销工作取得的成绩和存在的问题，“为……”目的句突显发文的意图，再用过渡语：“现就有关工作通知如下”引出事项部分。事项部分从学校角度，对思想认识、宣传、管理等几方面提出具体要求，从社会环境角度，对加大打击力度、加强组织领导两方面提出要求，具有一定逻辑性。结尾提出工作落实的具体要求。本文条理清晰、层次分明，结构严谨。常用公文用语内容：缘由：“……执行××以来的情况，同时还存在的问题。现就有关问题通知如下：”。

模式：公文式标题＋主送机关＋正文内容（　　　　）、（　　　　）、（　　　　）＋落款

请在括号里填写通知的种类或内容。

【例文 2】

中共××省委办公厅　××省人民政府办公厅

转发省农委关于全省减轻农民负担工作情况的报告的通知

各市（地）、县（市）委和人民政府（行署）、省委各部委，省直各单位：

经省委省政府同意，现将省农委《关于全省减轻农民负担工作情况的报告》转发给你们，

请结合实际认真做好工作总结分析，有针对性地查找和解决存在的深层次问题，进一步做好减轻农民负担工作。

附件：《关于全省减轻农民负担工作情况的报告》

中共××省委办公厅（印章）　　××省人民政府办公厅（印章）

2014年3月20日

评析：这是一则（　　　　　　）。独段式结构，正文内容说明转发的依据及要求。专用词语"经……同意，现转发给你们，请认真贯彻执行。"

【例文3】

鄂州市人民政府关于发布《鄂州市招标投标管理实施办法》的通知

各区乡镇人民政府，各街道办事处，市政府各部门：

《鄂州市招标投标管理实施办法》经2007年10月9日（2007年第22次）市人民政府常务会议审议通过，现予发布，自2007年11月1日起施行。

××市人民政府（印章）

2007年10月9日

评析：这是一则（　　　　　　）通知。全文共有一段，共两层意思：一是发布什么法规性文件；二是施行的时间明确。也有的法规属于施行一部，同时废止原法规，常用的专用词语"现发布……自……起施行，……废止。"

请在括号里填写通知的种类。

【例文4】

关于召开商业体制改革座谈会的通知

各县商业局、局直属各公司：

为交流和总结商业体制改革和扭亏增盈的情况及经验，市局定于6月3日召开商业体制改革座谈会。现将有关事项通知如下：

一、会议时间：

6月3～4日两天，6月2日到市局招待所报到。

二、会议地点：

局第八会议室

三、参加人员：

各县商业局及局直属各公司主管体制改革工作的局长、经理和办公室负责人各1人。参加会议人员请填写回执。

四、会议内容：

1. 交流今年以来落实企业自主权、经理任期目标责任制、分等划细健全内部承包责任制以及小型企业租赁等方面的做法、经验和效果.

2.交流今年以来“双增双节”扭亏增盈的做法、经验和效果。

五、其他事项：

1.请各单位准备体制改革工作总结材料。

2.会务费用1 000元,食宿费用自理。

六、交通路线：

××市北站乘坐6路公交车到市局站下车南行50米即是。

七、联系人:燕红 王力

联系电话:×××××××

传 真:×××××××

××市商业局(印章)

2004年2月10日

评析:这是一则(　　　　　　)通知。开头表达通知的目的,用公文常用语“为了”领起,明确召开会议所要解决的问题。之后用扣题句、过渡句,启下文“经研究决定召开(或定于时间召开)……会议,现将有关事项通知如下:”主体部分写清楚会议具体事项。

模式:公文式标题+主送机关+正文(　　　　　　)、(　　　　　　)+落款

请在括号里填写通知的种类或内容。

【例文5】

北京市人民政府关于陈刚、单霁翔同志职务任免的通知

各区、县人民政府,市政府各委、办、局,各市属机构:

经2002年10月17日北京市第十一届人民代表大会常务委员会第三十七次会议决定:任命陈刚为北京市规划委员会主任。免去单霁翔的北京市规划委员会主任职务。

北京市人民政府(印章)

2002年10月30日

评析:这是一则(　　　　　　)通知。先写任免根据,后写任免名单。常用公文用语“经……决定,任命……。免去……”。

请在括号里填写通知的种类。

知识提要

一、通知的适用范围

通知是适用于“批转下级机关的公文,转发上级机关和不相隶属机关的公文,传达要求

下级机关办理和需要有关单位周知或者执行的事项，任免人员”的公文。即上级向下级或不相隶属机关传达指示、布置工作、知照事项的一种公文。通知一般为下行文或平行文。

二、通知的种类

1. 指示性通知

指示性通知是上级机关对下级机关布置工作，要求下级机关办理或执行的事项而又不适合用命令行文时所用的通知类型；或上级机关对某一事项作出具体规定，或处理某一问题作出具体指示。如《国务院关于严格控制农业生产资料价格的通知》《国务院关于做好××××年普通高等学校毕业生就业工作的通知》，这类通知的政策性、指导性强，要求下级必须认真贯彻执行。

2. 批转性通知

这类通知又分批转和转发两种。批转是上级机关对下级机关的有关公文进行批示后，再用通知的形式转发至有关单位遵照执行。如《国务院批转证监会关于提高上市公司质量意见的通知》；转发通知是指针对将上级机关、同级和不相隶属机关的公文转发给自己的下属机关与部门，要求本机关和下属各单位遵照或参照执行。如《××市财政局转发财政部关于企业公司制改革应付工资等余额账务处理的意见的通知》。

3. 发布性的通知

这类通知根据所发文件的性质不同又分为发布性通知和印发性通知两种：发布性通知是用来发布各类规章制度，由本机关撰写的并以本机关名义发出的公文，而不针对其他文种，如《××市政府关于发布〈××市律师管理办法〉的通知》；印发性通知主要用于印发由本机关撰写的工作要点、计划、纲要、领导讲话等非法定公文材料。

4. 知照性通知

知照性通知主要是用于上级机关告知所属单位需要其办理、知道或了解的事项。有的需执行办理，如会议通知、举办各类培训班的通知；有的不需执行办理，只写出告知内容即可，如成立、调整、撤销某个机构组织；调整机构组织的领导成员；启用、更改或废止印章，变更作息时间、办公地点；任免、聘用干部；催交材料报表；安排节假日值班，等等。

三、通知的写作

通知的文体结构分为四个部分标题、主送机关、正文、落款。不同的种类的通知，正文的内容与模式不同。

(一)标题

通知标题要求是公文式标题。批示性通知的标题写法较特殊。常见形式如下：

1. 完全式标题

由发文机关、事由、文种三要素组成，如《国务院办公厅关于限制停止生产销售使用车用含铅汽油的通知》。发布性的通知的事由写成“关于发布(或印发)”加法规性文件的标题，法规性文件要加注书名号。如《国务院关于发布〈国家行政机关公文处理办法〉的通知》。

2.非完全式标题

由事由、文种组成，如《关于召开×××生产会议的通知》。

3.批示性公文标题

由发文机关、批转（或转发）原文件名称、文种组成，如《国务院批转国家经贸委等部门关于严格控制新增棉纺生产能力规定的通知》。在这类标题中，要准确选用批转、转发两个专用术语，“批转”适用于上级机关转发下级机关发文；“转发”适用于下级转发上级或平级机关之间发文。

如果是多层次转发公文的通知，可在标题中省掉中间过渡机关，直接转发最高一级机关的公文标题，并在公文中说明过渡情况。当被转发的公文也是“通知”时，可能会出现《转发〈关于……通知〉的通知》的现象，可省略最后一个文种词“通知”，被转发的公文除法律、规章名称外一律不加书名号。

（二）主送机关

主送机关是负责承办、贯彻和需要知照的机关。通知的主送机关一般较多，普发性的通知要写明发布范围，主送机关可用规范化简称或统称，如“各省教育厅、各高校”、“所属各单位”等，不能遗漏，也不能模糊，要明确具体。

（三）正文

通知的正文结构比较规范，开头交代式，主体并列式，一般由缘由、事项和执行要求三项内容构成。但在各类通知的写作中侧重点又有所不同。

1.指示性通知

开头以简明扼要的文字说明制发通知的原因、目的或根据。

主体是通知的具体事项，指示性通知的事项涉及任务、目标、原则、方法措施等内容，分条列项，逐层表述，“条”、“项”之间应按一定的逻辑关系，或并列，或主次，或先原则后具体。

结尾部分是对受文单位提出希望和要求。

2.批转性通知

开头表明发文依据，批转、转发机关的态度和要求。如《国务院批转财政部、国家计委关于进一步加强外国政府贷款管理若干意见的通知》开篇写道：

“国务院同意财政部、国家计委《关于进一步加强外国政府贷款管理若干意见》，现转发给你们，请认真贯彻执行。”

主体阐明意义和提出要求。有的通知没有这一部分，文章只有一段。

发布性通知与批转性通知内容和结构模式基本一致。

3.知照性通知

(1)会议通知　开头交代式，以简明扼要的文字说明制发通知的原因、目的，然后说明会议时间、会议名称，以“现将有关事项通知如下”过渡语句引领下文。

主体并列式，写清楚会议具体事项，分条列项，会议通知内容主要包括会议名称、议题、时间、地点、主办单位、与会单位或人员、会议要求（包括准备资料、发言稿、会务费用等事项）、交通路线、填写回执、联络方式等内容。

与会议通知写法相近的有举办各类学习培训班的通知。

这类通知大多自然式结尾。

(2)任免通知　应写明聘任人员的姓名、职务、任期、待遇，同时免去职务也要写清楚。这类通知大多独段式。

(四)落款

通知的落款由发文机关署名与成文日期、印章组成。

四、通知的写作要求

1.注意通知与其他文种的区别

“通知”这一文种应用是最广泛的，用量比较大。由于通知具有多功能的特性，在实践中，按其内容性质及发文要求本应用“决定”“函”“意见”或“通告”的公文，却往往被“通知”代替。甚至有些本应用“启事”、“声明”之类的日常应用文也随意用“通知”行文，既失严肃，又有悖规定，应当引起高度重视。

如《××市关于提高粮食销售价格的通知》。根据发文内容要求，用“决定”更合适一些，而不该用“通知”。在《办法》中明确规定：“决定，适用于对重要事项或者重大行动做出安排。”关于粮食销售价格的决定，肯定是经政府讨论做出决定的事项，各部门必须严格执行，用“决定”这个文种就比“通知”更合适，效力更大，用“通知”则显然影响了它的效力。

2.通知的内容应具体、周全

通知往往是针对具体事项而发的，它要求下级机关办理、周知或执行，因此在内容上要考虑具体、周全。一方面必须符合党和国家的方针政策以及上级机关文件的精神，另一方面还要合乎本地区、本部门的实际情况。否则就会从根本上影响通知的质量和效用。

3.语言文字要准确、简明

通知的时间、地点、会议内容等相关事项都要向受文单位交代清楚，便于与会人员做好参加会议的准备工作，这就要求语言表达准确、详细。

写作技能训练

一、拟写标题

1.××省教育委员会拟将《高等学校食品设备管理办法》发给各高校。

2.WTO高级论坛将于2004年2月20日在××市会展中心召开，主办单位××省人民政府拟发一个通知，要求各市人民政府派3名代表参加。请代写该通知标题。

3.为了不让一个贫困学生失学，××省委、省政府联合向各高校发出了紧急通知。

二、写作训练

1.请你根据下列内容写一份通知：

总经理办公室发出通知：××公司召开由各部门科长参加的会议，时间是5月30日下午 1:30～3:30，地点在第一会议室. 内容是讨论本季度生产计划完成情况及主要问题。

2. 请你根据下列内容写一份公文通知：

××省农业厅承办 2005 年全国农业博览会，并将举办全国农业发展论坛，讨论中国农业发展现状及前景。会议将召开三天，从 12 月 4 日开始。参加会议的人员是各市、县农业局干部，农业博览会组委会成员，前来参加博览会的国内外商贸代表等。会议由省农业厅主办。为了确保会议顺利进行，决定将会议安排在博览会会场旁的××宾馆召开。

请你代拟会议通知发有关单位，会议通知的其他内容未做详细交代，在发通知是要写清楚。

Section 3

通　报

知识目标

- 掌握通报的适用范围和种类。
- 掌握表彰通报与批评通报的结构与内容。

技能目标

- 能够根据材料写作表彰通报和批评通报，准确表达通报的内容。

自学与自测

一、填空题

1.通报是用于表彰先进,____________,传达____________或者情况的一种公文。通报是____________。

2.通报根据其适用范围,可分为____________、____________、____________。

3.通报与决定的主要区别在于决定的事项比通报的事项____________。

4.《××市百货公司关于××商店仓库被盗情况的通报》标题中的事由是____________,属于____________通报。

5.《山东省人民政府关于表彰全省矿业秩序治理整顿工作先进单位的通报》标题中的事由是____________,属于____________通报。

6.通报的文体结构____________、____________、____________、____________。通报的标题有____________、____________两种。

7.通报正文包括缘由、____________、____________、号召要求。

8.表彰通报正文内容包括____________、____________、____________与要求.

9.通报事项有两种写法,一是____________;二是____________。直述式是将通报事实直接写入____________的方式;转述式则是以某种文件或材料为基础进行叙述的方式,其具体事迹表述不在正文,而在____________中。

10.批评通报正文内容包括____________、____________、____________及要求。

二、简答

1.比较通知与决定的区别。

2.通报写作有哪些要求?

范文阅读与训练

【例文 1】

××市化工总公司关于王×奋力灭火的通报

各分公司、各厂:

7月22日上午8时35分,××化工厂一成品车间后处理段油气管道突然爆炸,当班的胶罐岗位操作工王×被气浪推倒,头部、右臂、大腿几处受伤,鞋子也被甩掉。王×迅速爬起来,顾不得找鞋子和查看自己的伤势,踩着玻璃碎片,来回奔走,在烈火中先后关闭了喷胶阀、油气分层罐手阀、蒸汽总阀,接着又抓起干粉灭火器,把颗粒泵、混胶罐等处的火扑灭。

王×在身体多处负伤、火势凶猛危急情况下,不顾个人安危,果断处理,对防止火势蔓延,制止事故扩大,保护了国家财产和员工的生命安全,是全体员工学习的榜样。

鉴于王×的先进事迹,总公司研究决定:

一、将王×奋力灭火的事迹通报全公司,予以表彰。

二、给王×奖金1 000元，以资鼓励。

希望总公司各单位职工向王×学习，发扬见义勇为、不怕牺牲的崇高精神，为搞好各项工作做出更大的贡献。

市化工总公司(印章)

2004年8月20日

评析：这是一份(　　　　　)的通报。正文第一部分简要介绍王×不顾个人安危，奋力灭火的事实。时间、地点、人物、事件以及背景交代得清清楚楚。本段体现了通报对事实叙述的要求，从量上来分析，就是在叙述时略掉若干细节；从质的角度来分析，就是通过对事实过程的反映，要能显示出作者想要强调的事实蕴涵，即事实意义。第二段在介绍事迹的基础上作简洁评论，中肯、恰如其分。本段主要揭示事实意义，是对事件中人物行为的精神升华，突出文章的主题。本段直接写表彰决定，第三段发出号召，确切、简洁有力。

请根据上述评析，归纳正文结构内容：

正文内容(　　　　　)＋(　　　　　)＋(　　　　　)＋(　　　　　)。

请根据在括号内填写文种种类并归纳正文内容。

【例文2】

关于表彰2003年度××市重点项目建设先进单位和先进个人的通报

各区、县(市)人民政府，市政府各部门、各直属单位：

2003年，在省重点工程建设领导小组的指导下，在各级党委、政府的重视下，通过广大建设者的辛勤工作，我市重点项目建设取得了显著成绩，为改善城市基础设施和投资环境，提高城市综合竞争力打下了坚实的基础。在重点项目建设期间，涌现出一批抓质量、抢进度、攻难克艰、顾全大局、无私奉献、团结协作的先进集体和先进个人。

为激励先进，鼓舞士气，促进我市2004年重点项目建设任务顺利完成，市政府决定，对在2003年度全市重点项目建设中做出突出贡献的20家先进单位和50名先进个人予以通报表彰。

希望受表彰的单位和个人再接再厉，开拓进取，再立新功。各重点项目建设单位要向先进学习，勇挑重担，真抓实干，为实现我市“构筑大都市、建设新天堂”的目标做出应有的贡献。

附件：1.××市2003年度重点项目建设先进集体名单

2.××市2003年度重点项目建设先进个人名单

××市人民政府办公厅(印章)

2004年2月27日

评析：这是一份(　　　　　)的通报。正文第一段对事实介绍简明扼要，整体叙述先进集体的概况，高度概括事实，注重事实性质的表述，忽略事件的过程，在揭示事实的性质、意义时准确得体。第二自然段写通报的依据、目的和表彰决定。第三自然段对受奖单位提出希望和对相关单位提出要求，具有针对性和教育意义。

请根据上述评析，归纳正文结构内容：正文（　　　　　　　）+（　　　　　　　）+（　　　　）、希望要求。

请根据上述内容在括号内填写文种种类并归纳正文内容。

【例文3】

××市卫生局关于医生张×滥用麻醉药品造成医疗事故的通报

各区县、各乡镇医疗卫生单位：

2002年7月5日晚7时25分，×县×镇×村农民李×因下腹部疼痛，被送到镇卫生院治疗。该院夜班医生张×以“腹痛待诊”处理，为病人开了阿托品、安定等解痛镇静药，肌肉注射杜冷丁10毫克。7月6日下午5时许，该病员因腹痛加剧，再次到该卫生院治疗，医生刘×诊断为急性阑尾炎穿孔，伴腹膜炎，急转市第二人民医院治疗，于当晚7时进行阑尾切除手术。手术过程中，发现阑尾端部穿孔糜烂，腹腔脓液弥漫。切除了坏死的阑尾，清除了腹脓液约300毫升，安装了腹腔引流管条。经过积极治疗，输血300毫升，病人才脱离危险，但身心受到严重的伤害。

急性阑尾炎是一种常见的外科急腹症，诊断并不困难。×镇卫生院张×工作马虎，处理草率，在没有明确诊断以前，滥用麻醉剂杜冷丁，掩盖了临床症状，延误了病人的治疗时间造成了较为严重的医疗事故。这种对人民生命财产极不负责任的做法是严重失职。

为了教育张×本人，经卫生局研究决定，决定给张×行政记过处分，扣发全年奖金，并在全市范围内通报批评。

各单位要从这次医疗事故中吸取教训，加强对职工的思想教育，增强职工的责任感，以及对人民高度负责的精神，端正服务态度，提高服务质量。同时要加强对麻醉药品的管理，认真执行××省卫生厅《关于严格控制麻醉药品使用范围的规定》，严禁滥用麻醉药品。今后如发现违反规定者，要首先追究单位领导的责任。

××市卫生局（印章）

2012年7月25日

评析：这是一则（　　　　　　）通报。

其主题是为了批评医生张×严重失职的错误行为，并以此为戒，警示全市医疗卫生单位的领导和职工从中吸取教训，增强责任感，以防止此类事故的再度发生。

本文叙事简明，在表达方式上使用概述手法，本文所述医疗事故，由镇卫生院的夜诊写到市医院的手术，交代了事件的全部过程。明确记叙的六个要素，其中三次提到“时间”（甚至能具体到几点几分）；三次提到地点（患者住地以及两个医疗单位）；“人物”，除患者外，又涉及与事故的发生、挽救密切相关两名医生；事故的“原因”，在于医生张×的草率处理；事故的“经过”，即从夜诊到手术的全过程；“结果”，造成了较严重的医疗事故，最后在市医院的抢救中转危为安。仅200余字，将整个事故的来龙去脉交代得一清二楚，读者从中即能明辨是非，总结教训。

本文的评析包含了对事故“原因”与“影响”的分析以及对事件“性质”的评价，不仅写得入情入理，切中了问题要害，足以使得事故责任人口服心服，而且又斩钉截铁、简洁有力，便于读者把握要领、深受教育。

本文第二段最后一句话是处理意见。主要包含处理目的“为了……”,处理程序“经……决定”,处理意见“给予……”。处理意见按“行政处分—经济处分—通报批评”的顺序,由重而轻。在表达内容上给人以合理适度的分寸感,形式上给人以清晰的层次感。

本文末段是对受文者提出的要求与希望。通报的要求来自通报的事件,要有明确的针对性。从例文内容本文提出两项要求:第一是“增强工作责任感”;第二是“加强对麻醉药品的管理”。与通报的事件在内涵与外延上均保持高度一致,显示了极强的针对性。

纵观全文三段文字,正文层次:批评通报的主要内容是:(　　　　　　)—(　　　　　　)—(　　　　　　)—(　　　　　　)。

知识提要

一、通报的适用范围

通报是用于表彰先进,批评错误,传达重要精神或者情况的一种公文。通报是下行文。

二、通报的种类

通报根据其适用范围,可分为:

1. 表彰通报

用来表彰先进个人和先进集体,宣传先进事迹,总结成功经验,树立学习榜样,做好本职工作。

2. 批评通报

用来批评错误,通报事故或反面典型,吸取教训,以此教育广大干部,引以为戒,改进工作,加强管理,防止类似的事件再度发生。

3. 情况通报

用来在一定范围内,就当前的工作进展情况、落实情况、评比检查结果等重要情况或动态,及时传达,沟通消息、互通情报,提请所属单位或有关部门关注重视,使之更好地开展工作。

三、通报与决定的区别

与决定比较,决定有表彰决定、处分决定,它们的区别在于决定的事项比通报的事项重要,表彰决定一般用于授予何种奖励或荣誉称号,表彰通报一般用于表扬积极分子等项目;处分决定一般用于撤职或留党察看等项目,批评通报一般用于警告、记过或给予通报批评。

四、通报的写法

通报的文体结构分为标题、主送机关、正文、落款四个部分。

(一)通报的标题

1.公文式标题,一般有两种形式

(1)完全式标题　由发文机关、事由、文种三要素。通报的标题关键在于概括事由,准确反映通报的内容,要求做到文字简洁而意思明确。如《××市百货公司关于××商店仓库被盗情况的通报》《山东省人民政府关于表彰全省矿业秩序治理整顿工作先进单位的通报》。

(2)非完全式标题　由事由、文种构成。如《关于石虎、石建国列车抢险的通报》。

2.文种式

内部发文可省略发文机关、事由,只写文种《通报》。

(二)主送机关

一般为直属下级机关,可以是一个或多个机关;如果发文范围仅限于本机关或系统内部,可以省略主送机关;用于张贴或登报的通报可以不写主送机关。

(三)正文

不同类型的通报内容有所不同,但其正文结构大致相同,包括通报缘由、分析评价、通报决定、号召要求。

1.表彰通报

(1)叙述事迹　主要是指先进个人或先进集体。先进个人事迹是叙述某一事件的经过,要写清时间、地点、人物、事件的经过、结果等。表达时应概括叙述,只要将事实讲清即可,篇幅不宜过长。如例1。

表彰先进集体要写通报的背景,即概述整个集体所取得的成绩,并给予评价。如例文2开头。

通报事项有两种写法,一是直述式;二是转述式。直述式是将通报事实直接写入正文的方式。转述式则是以某种文件或材料为基础进行叙述的方式,其具体事迹表述不在正文,而在附件中。所以转述式通报均有附件,附件应具有事项的详细记载。转述式通报正文一般只提明转发的附件名称即可。

书写通报的事项时,要注意语言表述的定位。它既不是新闻报道,也不是文学作品,学习者要注意运用公文语言,客观叙述,不管事情多么复杂感人,都要避免大起大落的渲染铺排。

(2)分析评价　对先进人物、典型事迹,应表明其代表的积极的倾向,指出其意义,以便激励先进、督促后进。主要采用议论的写法,要注意文字的精炼。措辞要有分寸感,不能出现过誉或贬低的现象。如《共青团××市委关于表彰李××等三同志勇救列车的通报》:

李××等三同志不顾个人安危,勇救列车,保护了国家财产和人民的生命安全,发扬了共产主义大无畏的精神,体现了当代青年的可贵风貌,为广大共青团员和青年树立了良好的榜样。

(3)表彰决定与要求　这部分写什么会议或什么机构决定,给予表彰对象以什么样的表彰和奖励,先精神奖励后物质奖励。然后提出希望和要求。表彰先进集体的通报分析评价的内容不写,只定表彰决定与要求。这部分在表达上要注意清晰、简洁,用词精当。

2.批评通报

(1)错误事实　概括叙述错误事实或事故的经过。

(2)评析事件　分析错误的性质、原因，指出其性质的严重性和后果的危害性。对于个人错误行为事实，要分析错误的性质、危害，一般都写得比较简短；对于各类事故要分析发生的直接原因和间接原因；对于综合性的不良现象或问题，分析要系统。主要采用议论的写法，措辞要有分寸感，不能出现贬低的现象。如《邮电部办公厅关于中国邮电器材总公司××同志工作失职给国家造成巨大经济损失问题的通报》：

几年来，邮电器材总公司系统连续发生多起货款被骗案件，总公司领导班子，特别是主要负责同志未能引起足够重视，没有认真吸取教训并提出切实有力的措施，致使总公司机关个别干部重犯类似错误，教训是十分深刻的。

这是批评通报，采用议论的表达方式，揭示通报的主题，分析造成国家损失的间接原因。

(3) 处分决定及要求　这部分要写明对批评对象处分的依据，提出处理意见，给予什么样的处分和惩罚。要求是重申某一方面的纪律，希望所有单位及个人从中吸取教训，不要再犯类似的错误。要求的内容表述不能过于简单。

3. 情况通报

(1)通报情况　工作情况的通报主要写取得的成绩或问题，说明原因；突发事件的通报首先把事件的经过和造成的严重后果交代清楚，其次要分析事件发生的原因和造成的影响。

(2)提出要求　针对工作中存在的问题和不足，或者突发事件，对受文单位提出改进工作的要求或应注意的事项。要求可以分条列项写。

(四)落款

落款内容包括发文机关名称，时间和印章，时间用阿拉伯数字，印章骑年盖月。

五、通报的写作要求

1. 选材要典型，要具有普遍意义

先进的典型能揭示时代的本质，时代精神。反面的典型，能起警戒的作用。这样才对工作具有指导意义，对群众有教育作用。

2. 内容要真实、准确

通报中的事例，必须是客观存在、真实可靠的。对问题的性质要有中肯的分析，切不可渲染夸大，也不能避重就轻。对通报中涉及的时间、地点、姓名、数据等内容，必须表达准确。

3. 语言平实、严谨

通报写作要求语言讲究分寸，叙事语言平实，一般不用描写和抒情性的语言，评议事件要求语言严谨、庄重。

写作技能训练

一、拟写标题

1. 中共××市委发文授予张××“优秀共产党员”称号。

2. 陈××利用自己担任工商局长职务之便，违反规定为他人谋利，收受贵重礼品，××市人民政府发文通报情况。

3.××省人民政府对援助马里医疗队违法携带象牙等违禁物品事件进行通报。

4.少数干部利用公款游山玩水,××市纪委发文予以通报。

5.××厂为了更好地配合全厂“双增双节”工作,上半年在全厂职工中开展了“小改小革”活动,现就这一活动进行通报。

二、材料写作

1.××公司运输员陈×,自2007年4月4日至13日,利用发货职权,在××客运码头先后向7个提货的货主进行明目张胆的勒索。有些货主不答应,他就以不发货、不点数、不放行进行刁难。经查实共勒索钱物折合人民币×××元。5月25日的《××日报》揭露了其勒索行为后,陈×态度恶劣,拒不认错。

鉴于这种情况,公司研究决定,对陈×罚款500元,停职检查1周,并在全公司通报批评。

请你代公司写一份公司系统内部的通报。

2.根据下述情况,以××联运总公司的名义写一篇表彰性通报,主送机关是所属各分公司。

王正学同志是××联运公司××长途客运站安检员,共产党员。参加工作十多年,多次被总公司立为“敬业爱岗”标兵。200×年×月×日清晨,他在对一辆长途客车进行检查时查获走私犯罪分子丁××走私黄金8两2钱。丁××慌了,为避免事情败露,丁××以人民币300元妄图贿赂王正学同志,被王正学同志严词拒绝。丁××凶相毕露,拔刀行凶,刺伤王正学同志脸部、胸部。王正学同志身负重伤,但临危不惧,英勇地与丁犯作斗争,在群众的协助下,终于将丁犯抓获。因王正学同志在关键时刻经受了严峻的考验,总公司决定给他记功一次,并发给奖金5 000元。同时在全公司范围内给予通报表扬,并号召各级组织发动党团员和广大职工向他学习,学习他为了国家和人民利益,不畏强暴,坚决同违法犯罪分子作斗争的英勇事迹;学习他热爱本职工作,出色完成党交给的艰巨任务的高尚品质。

三、案例分析

请指出下面这则通报的不当之处,并进行修改。

关于李文的通报

我院电子系计算机专业01002班学生李文,2003年11月30日下午到学校饭堂吃饭的时候,看到排队打饭的人多,就要强行插队打饭。有同学劝他要遵守纪律时,他出口脏话,一位学生干部走过来阻止他,他不管三七二十一拿起搪瓷饭碗打过去,致使那位学生干部头部受伤。李文的行为引起了在场的其他同学的公愤,有人甚至叫嚷要把他拉到派出所关押起来。最终其他学生会干部们和部分同学一起平息了这场打架事件。

据查,李文平时学习也不刻苦,上学期期末考试有一科仅得61分。

经院领导研究决定,给予李文记大过一次的处分。

希望广大同学以此为戒,努力学习,争取在常年考试中取得好成绩。

Section 4

纪要与会议记录

知识目标

- 掌握纪要的适用范围和种类。
- 掌握纪要与会议记录的区别。
- 掌握纪要的结构与内容。

技能目标

- 能够根据会议记录整理写作纪要。

自学与自测

一、填空题

1.会议纪要是记载、传达__________和__________的公文。它既可作为__________报告会议精神，也可以作为__________单独印发，还可以作为使用。

2.会议纪要的起草者要经过“读、记、听、想、写”的程序，即__________、__________、__________、__________、__________。

3.会议纪要一般包括__________、__________、尾语三部分。

4.会议纪要主体部分写法有三种：__________、__________、__________。

5.会议纪要主体条项式，常采用惯用语切分材料：在说明会议总体情况时常用：__________、__________、__________等；在阐述会议精神时常用：__________、__________、__________等；在宣告会议决定事项时常用：__________、__________、__________等。

二、判断题，对的打“√”，错的打“×”。

1.会议纪要可以不写主送机关。（　　）

2.写作会议纪要执笔者可将个人的见解写进纪要，这样可使会议纪要更显完整。（　　）

3.条文式会议纪要适用于大中型会议，或议题较多的会议。（　　）

4.会议纪要适用于记载和传达会议情况和议定事项，具有原始记录作用。（　　）

5.会议纪要完成之后，执笔者不用交领导签字，而是应及时送文印部门打印。（　　）

6.会议纪要的成文日期一般用圆括号标注在标题正下方。（　　）

范文阅读与训练

【例文1】

吉林大学社会科学学报编委会2004年工作会议纪要

（2004年11月1日）

为了更好地贯彻教育部名刊工程实施方案，发挥专家、学者的咨询和指导作用，吉林大学社会科学学报编委会2004年工作会议于2004年10月19日在吉林大学前卫校区东荣大厦第一会议室隆重召开。除几位编委因在外地开会等事由外，校内近20名编委参加了会议。本次会议是由吉林大学副校长、吉林大学社会科学学报编委会主任×××教授召集，吉林大学社会科学学报编辑部组织筹划的。

会议由×××教授主持。

首先是由吉林大学社会科学学报主编×××同志向编委会汇报了2004年的工作情况及2005年的工作设想。×××主编在汇报中简要介绍了吉林大学社会科学学报的历史和现状，并着重对2004年的工作情况作了详细的汇报。

吉林大学社会科学学报创刊于1955年，其间几次更名，并于1958年更名为吉林大学社会科学学报。在这近50年的办刊历程中，学报编辑部的几代办刊人始终保持着兢兢业业的工作态度，勇于创新的开拓精神以及严谨无私的工作作风。正是凭借着这种优良的办刊传统取得了一系列的成绩，如1995年获首届全国社科期刊奖提名奖，1999年、2002年两次获全国高校“双十佳社科学报”，2003年首批入选“教育部哲学社会科学名刊”，2004年获第一届北方“十佳”期刊等。这些成绩的取得既离不开几代办刊人的辛劳和努力，也离不开学校各方给予的大力支持。此外，随着“教育部名刊工程”的实施，吉林大学社会科学学报也逐步确立了新的办刊理念和办刊思路，走上了精品化和特色化的发展之路。

×××主编工作汇报结束以后，编委们就学报的发展提出了各自的意见和建议。编委们的讨论主要集中在两个问题上：

第一，栏目和选题的策划。许多编委指出，吉林大学社会科学学报既然是名刊，就要在策划选题这个环节上多下功夫，选题时要结合名课题，结合具有导向性的课题。一个好的栏目和好的话题会引起人们的关注。同时，学报是学术对话的平台，是学术交流的媒介，因此，选题不要太窄、太专一，形成学科板块，要在栏目上反映出跨学科的公共话题，进行多学科探讨，把学术性与思想性有机地结合起来，形成自己的学术风格，使学报更具有生命力。

第二，选稿和审稿机制。编委们强调，名刊的关键在于吸引好的来稿，要使校外约稿与校内征稿齐头并进，既要约到校外名家、专家好的作品又要不失时机地抓住校内的优秀文章。对于外来稿要针对那些具有前沿性的、创新性的文章或当前的热点问题的讨论；而校内来稿则要落实到重点基地和重点项目中，如“211”工程项目、“985”课题、国家社科基金项目、教育部项目等。此外，还要关注博士论文的核心观点，发表一些观点摘登，将其前沿性作一些介绍。要做到这些单靠编辑选稿是有局限性的，学报与院系可合作办刊，合作选稿，调动各方面的积极性，配合学报发展。关于审稿机制的问题，有的编委认为，在三审制的基础上要尽快完善和健全匿名审稿制，避免所谓的人情稿和霸王稿，保证学报稿件的质量。

会议最后由×××教授对编委们的讨论内容进行了总结。他在总结中指出吉林大学社会科学学报办成名刊是学报的荣誉，也为学校争了光，办好名刊就要做到以下几点：一要集中优势，突出重点；二要坚持精品化与特色化的发展道路，反映跨学科的研究成果；三要不断提高编辑素质，加强队伍建设；四要建立严格的编审制度，严守学术规范。

这次会议达到了预期目的，并取得了圆满成功。

评析：这是一则工作会议纪要。正文结构是(　　　　　　)。开头概述会议的目的、时间、地点、参加人员及组织部门。主体内容按(　　　　　　)顺序安排，会议内容包括对过去工作的回顾、评价，会议研究的问题、讨论的意见及结果。结尾是评价这次会议。此会议纪要采用了分项与归纳相结合的方法，既重点突出又条理清楚。

正文表达模式：

(一)开头：为了×××，×××。×××工作会议于××××年×月×日在××××召开。×××等人参加了会议，会议由×××组织召开的。会议由×××主持。

(二)主体：会议内容共计两项：一是工作报告，二是专家研讨，最后作者对研讨内容加以归纳。

(三)结尾：会议结果。

请在括号内填写结构模式与内容顺序。

【例文 2】

黑龙江省农村经济研究会第十三次年会会议纪要

（2004 年 12 月 26 日）

黑龙江省农村经济研究会第十三次年会，于 2004 年 12 月 24 日至 26 日在哈尔滨市东北农业大学召开。黑龙江省农村经济研究会会员、全省各市（地）农业主管部门的领导、省直各有关部门领导、省社会科学院和东北农业大学等大专院校的专家学者共 80 多人参加了年会。农业部和辽宁省、吉林省农村经济研究会都派员亲临会议进行指导。

这次年会是在党中央、国务院高度重视“三农”工作，加大对农业的扶持力度，农村经济出现多年未有的大好形势下召开的。年会的主题是“机遇与发展”。年会以邓小平理论和“三个代表”重要思想为指导，紧紧围绕贯彻落实中央一号文件精神，促进农民增收和农村经济快速增长这一主线，认真分析了农村经济面临的新形势、新特点、新机遇，探讨了今后发展农村经济的新思路、新途径和应该十分注意的问题，提出了全省农村经济研究会及其成员在今后工作中应该密切关注和研究的课题。年会共收到论文 40 篇，其中，有 10 篇在大会上进行了交流。

会议高度评价了党中央、国务院对“三农”问题的高度重视和采取的政策措施。认为，中央一号文件和减免农业税、实行种粮和购买农机具补贴等实际措施，极大地调动了广大农村干部特别是农民群众的积极性，一举扭转了几年来农业和农村经济实现了健康快速发展，取得了历史性的突破。在深化农村改革、减轻农民负担方面，在粮食生产与流通方面，在发展特色农业、实现产业化经营方面，在加强农业基础设施建设、落实标准化生产体系方面，在吸引外来投资、加快外向型农业发展方面，在调整农村产业结构、实现农村剩余劳动力转移方面，在农业社会化服务体系建设方面等，都实现了历史性跨越，积累了一些十分宝贵的工作经验。

会议认为，今年全省以至全国农村经济和社会发展的大好形势来之不易，必须十分注意维护和发展，必须十分注意保护和进一步调动广大农民的积极性和创造性，必须十分注意推广并发展在实践中积累的工作经验。今年的好形势得益于各个方面，是综合作用的结果，可以说是政策好、人努力、天帮忙、市场旺。我们务必要保持清醒的头脑，切不可过高估计农村的形势和农民的富裕程度，犯“左”的错误。应该看到，我省农业和农村经济结构还不够合理，调整经济结构的任务还相当繁重；农业产业化程度不高，优势主导产业尚未形成规模；农业标准化建设还刚刚起步，农业生产管理水平与现代化农业的要求还有相当大的差距……可以说，今年农业和农村经济的增长还属于恢复性增长，农业和农村经济的增长基础仍然比较薄弱，仍然是我国经济和社会发展的一个短腿。

会议强调指出，在今年几个主要增收因素中，除了中央扶持“三农”的力度不会减弱外，农产品市场的需求不可能有更大幅度提高；农产品价格上涨空间也不会很大；气候条件更是我们无法左右的，况且我们也不能把增产增收的希望寄托在老天帮忙上。因此实现农民收入更大幅度的提高，实现农村经济更快持续的增长，任务相当艰巨。在研讨中，与会同志都提出了一些好的意见和建议，主要包括：（略）。

会议充分肯定了与会人员对农业和农村经济研究的积极成果，并进一步指出，当前的大好形势，为广大从事农业和农村经济研究的专家、学者提供了难得的历史机遇，提供了更加广阔的施展才华的舞台。我们要抓住机遇，不辱使命，坚持理论联系实际，坚持科学的发展观，以增加农民收入为核心，以结构调整为主线，以培育壮大优势主导产业为主攻方向，加大学习研究的力度，加大成果转化的力度，为加快农业、农村经济的发展，为加快农村小康建设的步伐，贡献自己的聪明才智。

与会同志对东北农业大学为这次会议提供的良好服务感到十分满意，深表谢意。

会议拟定，2005 年黑龙江农村经济研究会第十四次年由黑龙江××集团主办，会议主题待定。

评析：这是一则研讨式会议纪要。开头部分概述会议的基本情况，介绍了会议召开的时间、地点、参加人员、主办单位、会议的主题以及对会议的基本评价。正文部分是并列式结构，共分四个层次：一是高度评价了党中央重农扶农的一系列政策措施所带来的可喜变化；二是清醒地提出了存在的问题和面临的挑战；三是探讨了巩固大好形势、发展农村经济的对策和措施；四是指出了与会人员的历史机遇与历史责任，并提出了明确的要求。结尾表示致谢，并确定下一届年会的举办时间。

模式：文件式标题＋发文时间＋正文—(　　　　　　)、(　　　　　　)＋结尾(致谢、补充说明)

请在括号内填写正文内容。

【例文 3】

关于我市扫黄工作的座谈纪要

(2010 年 4 月 5 日)

……

一、扫黄工作一定要彻底

李书记(市纪检委书记)：扫黄工作应包括扫除黄色刊物、音像作品以及社会上的黄色活动两类现象。只扫前者不扫后者不行，只扫后者不扫前者也不行，对这两类现象一定要不遗余力地进行扫除，不然，它们对干部和群众的毒害影响就难以消除，我市个别干部、群众的某些犯法行为就是跟这两类黄色现象的猖獗密切相关的。

黄××(市检察院副院长)：我十分赞成李书记的意见，扫黄要扫到底。这既是中央部署的重大政法工作，又关系到我市社会稳定的事情，完不成任务，对上级无法交代，也对不起本地早就对黄色现象怨声载道的父老乡亲。

……

二、扫黄工作的做法

黄××(市人大副主任)：毫无疑问，扫黄工作应按国家的法律、法规，在市政府的统一安排下进行。但我个人认为，这种工作除了由市公安局牵头以外还应发动广大群众参与这一工作，必须取得群众的配合。

施××(市公安局局长)：市公安局是扫黄工作的执法机，但因警力有限，因此工作存在一定的困难。我建议市人民政府拨出一定的资金，建立重奖举报人的机制，由我局全体实施。如无重奖,人民群众对带有黑社会性质的黄、赌、毒犯罪团伙是不愿意举报的。

……

评析:这份会议纪要结构是发言式。先归纳内容,再摘录发言的内容。

知识提要

一、会议纪要的适用范围

会议纪要是记载、传达会议情况和议定事项的公文。会议纪要根据会议宗旨、会议议程、会议记录和各种会议材料提炼综合而成的会议文件。它既可作为上行文报告会议精神,也可以作为下行文单独印发,还可以作为平行文使用。它具有概括性强、凝练度高的特点。

会议纪要有别于会议记录。二者的主要区别是:第一,性质不同:会议记录是讨论发言的实录,属事务文书。会议纪要只记要点,是法定公文。第二,功能不同:会议记录一般不公开,无须传达或传阅,只作资料存档;会议纪要通常要在一定范围内传达或传阅,要求贯彻执行。

二、会议纪要种类

会议纪要可以按照不同的标准来分类。

按照性质分,有专题会议纪要和综合性会议纪要。

按照会议内容分,有例行会议纪要、工作会议纪要、学术会议纪要。

按照会议类型分,例行工作会议纪要、办公会议纪要、座谈会议纪要、专业会议纪要、联席会议纪要、研讨会议纪要、现场会议纪要等。

三、会议纪要的起草程序

与其他公文比较而言,会议纪要的写作程序较为复杂。要想起草一份合格的会议纪要,绝不是信笔为文所能办到的。一般来说,会议纪要的起草者要经过“读、记、听、想、写”的程序:

1. 阅读文件

会议前尽可能阅读所有与会议议题相关的文件,比如:有关公文、与会单位发言稿、下级报送的材料、领导讲话稿等,以便了解情况,胸有成竹。

2. 记好会议记录

会议记录是会议纪要的基础,没有一份翔实的会议记录,会议纪要也就如空中楼阁,失去了根基。

3. 听取小组发言

起草者必须亲临现场,不仅参加大会,也要听取小组发言。这些会中之会,最见信息和观点，它很有可能成为下面写作的亮点。一些领导也往往分临小组，并在这种具体场合发表见解、提出指示意见。放弃了这些小场合，也就放弃了一些鲜活具体的材料。

4. 构建思路

以上 3 个环节，已经为下面的写作打好了材料的基础。这时的起草者，既对上级机关的精神与会议宗旨有所认识，又把握了与单位的具体材料，因此，起草者应该条分缕析地梳理材料，构思会议纪要的框架了。

5. 执笔写作

如果起草者写的是一份情况会议纪要，并不急于在会议结束前交付，那么，只要认真整理会议记录，就可以按提纲从容写作了。

可是在会议性会议召开的过程中，需要对现场的会议讨论内容提交大会通过。我们采取三步走程序起草会议纪要：会前阅读会议文件——会中听取小组发言——会末提交初稿。

四、会议纪要的写法

(一)标题

会议纪要的标题有两种类型：单标题和双标题。

1. 单标题

单标题分为公文式和文件式。公文式标题分为完全式和非完全式。完全式标题由发文机关、事由、文种组成。如《最高人民法院关于十二省、自治区法院审查毒品犯罪案件工作会议纪要》。非完全式标题由事由、文种组成。如：《关于企业改制问题的会议纪要》。

文件式标题　由会议名称、文种组成。如：《开发区经济工作研讨会会议纪要》。

2. 双标题

其正标题往往概括会议内容或会议精神，副标题表明会议名称和文种。如：

抓住机遇　扩大开放

——沿长江五市对外开放研讨会会议纪要

(二)成文日期

写于标题下，如属会议通过的纪要，应注明通过日期，形式是×年×月×日××××会议通过。或者是写于文末。

(三)正文

会议纪要一般包括会议概况、会议事项、尾语三部分。

1. 开头

概述式　会议概况：本部分是全文的导语，要求简明扼要地介绍会议概况。其主要内容：

(1)写明会议组织情况等　包括会议日期(或起止日期)、地点、主持人(或主持单位)、与会人、领导同志参加会议情况等。有的还要说明会议程序。

(2)写明会议内容　包括会议名称、会议议题等。有的还介绍会议召开的背景或根据；有的阐述会议意义、对会议的评价等。如：

【例文 1】

2004 年北京注册会计师协会专业指导委员会第一次例会会议纪要

2004 年 4 月 7 日上午，北京注册会计师协会召开了本年度专业指导委员会第一次例会。参会委员应到 25 人，实到 22 人，缺席 3 人。×秘书长简要通报了最近秘书处的工作情况，并就大家关心的问题作了说明。会议由×××主任主持，讨论了以下主内容：

【例文 2】

第十二届全国化工高校两办协作会纪要

第十二届全国化工高校两办协作会于 2000 年 10 月 9 日至 10 月 12 日在上海××大学隆重举行。北京××大学、河北××大学、……等 13 所高校的 32 名代表参加了会议。上海市教委办公室主任×××、河北××大学党委书记×××、华东××大学校长×××等出席了协作会开幕式。华东××大学党委书记×××出席了协作会闭幕式，并看望了与会代表。应大会之邀，上海市教委办公室主任×××汇报了上海市教育事业发展近况和下一步的远景规划；传达了中央政治局委员、上海市委书记×××同志最近在上海市教委调研工作时的指示精神。华东××学校校长×××结合自身的治校实践作了如何通过产学研结合的途径积极推进和深化学校改革发展的精彩报告。

会议概况部分宜简短，其目的只是使人们对会议总况有个了解。开头的长短与会议内容的多少、类型有关。例 1 开头不足百字，因为这次会议内容单一，只通报工作情况。例 2 会议时间长，内容多，其概况部分除介绍会议时间、地点、名称以外，还有与会单位、出席会议的领导同志，以及领导的讲话精神。注意使用了一些惯用词语，如："参加了""出席了""介绍了""传达了"。

2. 主体

会议事项是全文的主体，是会议纪要之"要"处。内容主要是陈述会议精神、讨论的具体问题、交流的经验、提出的意见、领导的指示、今后的任务与决定事项等。如何写是重点。主体部分写法有两种：

(1)连贯式　将会议事项部分用概括叙述的方式，按会议进行程序排列。

(2)并列式　将会议事项用分条列项的方式，依次叙述。

常采用惯用语切分材料：在说明会议总体情况时常用："会议听取了""会议介绍了""会议讨论了"等；在阐述会议精神时常用："会议认为""会议指出""会议提出"等；在宣告会议决定事项时常用："会议通过了""会议决定""会议商定"等。一些内容较多、篇幅较长的会议纪要，常将惯用语列于段首，以区分层次，表述问题。

座谈发言类会议将具有典型意义的报告或发言提炼出来，逐次叙述。这种写法适合于领导人发表谈话的会议，以便于与会单位贯彻执行上级指示；适用于多部门负责人的座谈会、专题研讨会等，以便于与会单位分头履行职责或作检查、备考依据。在介绍领导讲话时常用："××同志指出""××同志强调""××同志强调指出"等。

3. 尾语

会议纪要有三种形式：

(1)号召式　提出希望、号召。尾语表达常用:“会议希望”“会议呼吁”“会议号召”“会议要求”。

(2)说明式　对会议评价或向会议主持单位致谢等。如:

本次会议的成功举办得到了华东××大学的党政领导的大力支持,华东大学两办全体同志进行了精心策划和周密安排,协作组全体成员对此表示衷心的感谢。

(3)自然式　在办公会议纪要的主体部分议定事项写完以后,无须再写一段,就自然收束全文。

五、会议纪要的写作要求

①要真实、准确地概括会议内容。

②要层次分明,语言准确,正确使用惯用语。

③要突出会议的重点内容。

六、会议记录的格式

会议记录格式是指记录会议内容时所编写的格式要求,在会议过程中,由记录人员把会议的组织情况和具体内容记录下来,就形成了会议记录。一般会议记录的格式包括两部分:一部分是会议的组织情况,要求写明会议名称、时间、地点、出席人数、缺席人数、列席人数、主持人、记录人等。另一部分是会议的内容,要求写明发言、决议、问题。这是会议记录的核心部分。

对于发言的内容,一是详细具体地记录,尽量记录原话,主要用于比较重要的会议和重要的发言。二是摘要性记录,只记录会议要点和中心内容,多用于一般性会议。

会议结束,记录完毕,要另起一行写“散会”二字,如中途休会,要写明“休会”字样。

【例文】

××公司办公会议记录

时间:一九××年×月×日×时至×时

地点:公司办公楼五楼大会议室

出席人:××× ××× ××× ××× ××× ……

缺席人:××× ××× ××× ……

主持人:公司总经理

记录人:办公室主任刘××

主持人发言:(略)

与会者发言:××× ……………………………………………………

××× ……………………………………………………

散会

主持人:×××(签名)

记录人:×××(签名)

(本会议记录共×页)

要求：

1. 准确写明会议名称(要写全称)，开会时间、地点，会议性质。

2. 详细记下会议主持人、出席会议应到和实到人数，缺席、迟到或早退人数及其姓名、职务，记录者姓名。如果是群众性大会，只要记参加的对象和总人数，以及出席会议的较重要的领导成员即可。如果某些重要的会议，出席对象来自不同单位，应设置签名簿，请出席者签署姓名、单位、职务等。

3. 忠实记录会议上的发言和有关动态。会议发言的内容是记录的重点。其他会议动态，如发言中插话、笑声、掌声，临时中断以及别的重要的会场情况等，也应予以记录。

记录发言可分摘要与全文两种。多数会议只要记录发言要点，即把发言者讲了哪几个问题，每一个问题的基本观点与主要事实、结论，对别人发言的态度等，作摘要式的记录，不必“有闻必录”。某些特别重要的会议或特别重要人物的发言，需要记下全部内容。有录音机的，可先录音，会后再整理出全文；没有录音条件，应由速记人员担任记录；没有速记人员，可以多配几个记得快的人担任记录，以便会后互相校对补充。

4. 记录会议的结果，如会议的决定、决议或表决等情况。

会议记录要求忠于事实，不能夹杂记录者的任何个人情感，更不允许有意增删发言内容。会议记录一般不宜公开发表，如需发表，应征得发言者的审阅同意。

链接

会议记录与会议简报的区别

会议记录是会议的第一手材料，是会议内容的客观反映。现场记录速度快，工作紧张，特别是详细记录，有话必录，会议记录人员不可能书写工整。有些即席发言的记录口头语多。这些都要对会议记录及时做整理。

会议简报是为了交流情况、提高会议的质量而在整理会议记录的基础上认真撰写的文书。会议简报要真实地反映会议情况，文字要简练、篇幅要短小，选择会议中的一些重要问题而不是记流水账。

写作技能训练

整理会议记录并进行写作

××省××县政府办公会议记录

时间：2003 年 4 月 20 日下午 2:30—6:00

地点：县政府第一会议室

主持人：县长郭××

出席人：县政府办公室主任吴××、县农业局局长张××、水电局局长刘××、农业银行行长李××、气象局局长田××、农机局局长王××、粮食局局长黄××、财政局局长马××。

记录：孙××

议题：落实抓好双抢的措施

发言：

郭县长：近几年来，我县粮食生产一直处于徘徊不前的状况，粮食产量甚至有下降的趋势。今年，市委、市政府分别在党代会工作报告和政府工作报告中，提出了增加农业投入，抓好粮食生产这一战略措施，号召我们尽快扭转粮食生产滑坡，实现恢复性增产。从我县当前实际出发，必须扎扎实实抓好小春后期管理，及早抓好大春备耕工作。今天请各位来献计献策，落实抓好双抢的各项措施，以确保今年农业丰收。

张××（农业局长）：由于加强了管理，前段时间小春作物长势一直很好，本来可望小春有大幅度增长。但是这几天，全县大部分区乡遭受暴风雨袭击，小春生产受到极大损失。

田××（气象局长）：17 日晚到 18 日早上，全县从北向南先后出现雷雨大风天气，暴雨之后，普遍刮了 6 级左右偏北大风，个别区乡最大风力 7～8 级。全县山洪暴发，洪水猛涨。

刘××（水电局长）：（略）

吴××（县政府办公室主任）：（略）

……

郭县长：我赞成大家的意见，再补充强调几点：

第一，各级领导要加强对农业特别是粮食生产战略地位的再认识，把双抢工作作为一项中心工作来抓，集中精力深入第一线。双抢期间三不准：与农业无关的会议一律不开；县级各部门不下达与双抢无关的具体任务；不下乡搞与双抢无关的检查。各部门要抽调干部下乡双抢，具体安排请县政府办公室考虑。

第二，坚持小春损失大春补，抗灾夺丰收，确保今年粮食增产。尽早做好大春备耕工作，抢收割进度，以收促栽，栽管结合，因地制宜地采取各项措施，扩大水稻和苞谷栽种面积。

……

这次会议的精神要尽快贯彻下去。（散会）

记录人：孙××（签字）

主持人：郭××（签字）

单元写作技能综合测试

一、指出下列公文格式存在的问题

××市××区会议通知

（06）××字第 8 号

各委办局、各街道办事处：

区政府定于本月 12 日至 16 日在×××会议中心召开全区经济工作会议及传达市政府有关文件，现将有关事项通知如下：

（内容略）

××区政府（章）

2006 年 11 月 8 日

二、试指出下面两份通知存在的问题，并提出修改意见

【短文1】

××县卫生局《会议通知》

全县各食品加工业：

根据上级要求，对全县食品加工行业的卫生状况进行一次全面大检查，我们拟召开食品加工行业负责人会议，现将有关事项通知如下：

一、会议时间：××××年×月×日在县经三招待所报到，会期两天。

二、参加人员：全县国营、集体食品加工业及县个体劳协各来一名负责人，各乡、镇派一名代表列席会议，不得缺席，否则一切后果自负。

三、食宿等一切费用完全由个人自理。

××卫生局

××年×月×日

【短文2】

××市财政纪律检查组关于禁止用白条子报账的通知

××××：

在财务，大检查中，我们发现一些单位，特别是集体建筑企业中，用白条报账的现象极为严重，其中大都是经各单位领导同志签字批准的，这些白条子少则几元，多则几百元，甚至上千元。这种作法不符合会计手续，是一种严重违反财经纪律的现象，必须杜绝。

特此通知。

××市财经纪律检查组(章)

××年×月×日

三、根据以下材料，写一则批评通报。

××学校××年级××系××班×××同学，平时学习不认真，经常旷课，不交作业，上课与人说话，或者打瞌睡。在×月×日“财务会计”的期末考试中作弊。当时情况如下：该同学将事先准备好的字条放入铅笔盒中，趁打开铅笔盒时偷看。其不断地打开关闭铅笔盒的情况引起监考老师的注意。当老师要检查他的铅笔盒时，他执意不肯交出，后又迅速将字条揉成一团塞进口袋，并称老师无权搜身，不肯承认自己的作弊行为，态度极为恶劣，还影响了其他同学的考试。根据学校有关规定，对考试作弊的同学，取消其该门课程的考试成绩，并不得参加正常补考。如果态度恶劣，还可给予行政记过处分或开除处分。

注：以上材料，如有所缺内容，可自己根据情况补充，也可根据本校的一些真实的考试作弊事实写批评性的通报。

第五单元
宣传文书写作技能

消　　息

Section

消　　息

知识目标

- 了解消息的含义、特点与种类。
- 掌握消息的结构与写法。

技能目标

- 能够根据提供的材料进行写作和评析消息。

自学与自测

一、填空题

1. 消息是用__________的方式，__________的文字，对国内外新近发生的、有社会意义的、群众普遍关注的事实__________地加以报道。

2. 消息有__________、快、__________、短四个特点。

3. 消息有__________、经验消息、__________、__________、人物消息五个类型。

4. 消息的要素主要包括六个，即新闻界常说的五个“W”一个“H”：__________、__________、__________、__________、__________、__________。

5. 消息的结构大体由__________、__________、__________、__________、__________、__________等部分组成。

6. 背景是指写作过程中涉及的与消息有关的__________，是为充实内容，烘托和突出主题服务的，是对消息主体内容的进一步解释。背景材料在消息中的位置比较灵活，可以位于__________、__________、__________三个不同的部分。

二、简答题

1. 消息的种类有哪些？

2. 消息写作的结构模式有哪些？

范文阅读与训练

【例文1】

冰淇淋案件判定不是敲诈

××社××地××日讯　7月11日，黑龙江省哈尔滨市中级人民法院作出一例终审判决：个体户王某因其所售冰淇淋质量问题向厂家索赔50万元这一行为，属于平等主体之间的民事法律纠纷，不属于敲诈勒索，为此撤销一审判决。

此前，哈尔滨市香坊区法院于5月10日作出一审判决：王某犯敲诈勒索罪，判处有期徒刑3年，缓刑3年。理由是，王某以诋毁厂家商业信誉相要挟，索赔50万元，其行为属敲诈勒索巨款据为己有。

一审判决引起了社会舆论的广泛关注和讨论，本报6月2日曾予以点评：王某要向新闻媒体反映的是一个真实的商品质量问题，而非诬陷或揭人隐私、阴私，按传统观念你可以说他是“狮子大开口”，但这本身并不违法，更非犯罪，一审判决令人“实难思量”。

评析：这是一则（　　　　　　），在客观报道案件审理结果的同时，加入了记者对此审理结果的议论和评价；同时，又可以说是（　　　　　　），因为它既是前一次有关报道的继续，也是在报道中强调事件的发展变化过程，而且即使有了终审判决，报道工作未必就此结束。作为一个典型的事件，作者很可能还会作连续报道，因此后期的舆论报道和相关讨论的报道会是更精彩的“消息”。

请在括号内填写文种种类。阅读例文，说出背景材料在文中的位置，指出结尾属于哪种模式。

【例文2】

戴安娜遭遇车祸身亡

据新华社巴黎8月31日电　英国王储查尔斯王子的前妻戴安娜本地时间8月31日凌晨在巴黎遭遇严重车祸，送往医院后不治身亡。

据悉，戴安娜与其男友埃及亿万富翁之子法耶兹于30日下午来到巴黎。当天午夜，他们在巴黎里茨饭店共进晚餐后，乘坐一辆奔驰600型汽车飞速驶向法耶兹在巴黎的一座私邸，一群摄影记者在途中紧追不舍。戴安娜的汽车加大马力急速行驶，试图摆脱摄影记者，不幸在一处公路隧道里与一根立柱碰撞，造成严重车祸。法耶兹和司机当场死亡。戴安娜及其保镖身受重伤。

车祸发生后，抢救人员立即将戴安娜等人送到医院。负责抢救戴安娜的医生不久宣布，戴安娜在车祸中手臂骨折，大腿受伤并发生严重脑震荡，在抢救过程中因胸腔大出血，于凌晨4时死亡。

法国总统希拉克和总理若斯潘对戴安娜不幸身亡表示震惊。据巴黎警方宣布，车祸发生后，尾随戴安娜的7名摄影记者被带到巴黎警察总署接受调查。

评析：这是一则（　　　　　　），也可为（　　　　　　）。结构形式是（　　　　　　）。篇幅不长，但层次清楚，起承转合自然，叙述较生动，行文亦波澜起伏。导语部分用简练的语言向读者呈现了消息中最重要、最吸引人的部分。第二段开始进入主体部分，使用直接背景材料，既是背景介绍，也是新闻事实，读者可以得到的信息是，戴安娜遭遇车祸这一突发事件是在什么情况下发生的，叙述了事件的来龙去脉。叙事具体、内容充实。第三段叙述了事件的后果“于凌晨4时死亡”。回答了标题和导语中提出的问题。结尾一段写对事件的处理，并对处理结果埋下伏笔。

请在括号内填写文种种类并分析结构模式。

【例文3】

中华文明历史远不止五千年

多学科专家破解中华文明起源三大难题

据新华社北京9月28日电（记者张选国）　中华文明的起源究竟在哪里？是一个源头还是多个源头？它们之间的联系和区别是什么？来自我国十三个省（市、区）的六十多位专家学者近日在北京对此进行了探讨，提出了许多新见解。

过去一直讲“中华文明上下五千年”。在这次研讨中，众多从事考古、民族文化和地域文化历史研究的专家认为，东北红山文化、浙江良渚文化、四川金沙遗址、湖南永州舜帝文化遗址的新发现，进一步明晰了中国早期文明的生存状态，证明仅中国稻作农业文化的历史就可以推到八千年至一万年前，从而打破了“中华文明五千年”的传说。

首都文化发展研究室中心常务副主任钱光培及从事地域文化、民族文化研究的专家指出，各地新的考古发现说明，在中国的东南西北中都有早期文明的生长点，中华文明的起源不是单元的、直线的，而是“多元一体”的状态。它提示了中国为什么能以一个统一的多民族国家长期发展的文化根源，突破了过去仅以黄河文化论中华文明起源的传统认识。

“夏商周断代工程”首席科学家李学勤等专家认为，自然科学和“口述历史”资料在中国文明探源研究中有着重要作用，中国人文科学研究要多学科相结合。专家认为，西方学术界从早期某段文明史无法精确编年而否认其客观存在是不科学的，国际学术界应尊重不同国家和民族根据自身历史实际所创造的早期文明记史方式。

评析：这是一则（　　　　　　）。全文围绕“中华文明的起源”这一主题，从中国四个不同的古代文明的发源地，证明中国的历史超过五千年，从专家的研究结论也能说明这一点。

请在括号内填写文种种类。

知识提要

一、消息的含义

消息是用概括叙述的方式，简明扼要的文字，对国内外新近发生的、有社会意义的、群众普遍关注的事实迅速及时地加以报道的一种文体。在新闻报道体裁中，消息占有主导地位，是最常用、最多见、受众最多、影响最广的一种体裁。它从现实生活中选择最新鲜的事实，快速加以报道，文字简练，主题鲜明，传播多方面的丰富信息和知识，对人们的工作、生活和学习起到教育和引导作用。

二、消息的特点

1. 新

消息的“新”是指事实新、时间新、立意新、角度新、写法新等。

2. 快

消息的“快”是指对新人、新事、新情况、新问题，要敏锐发现，尽快了解，迅速及时地报道，稍有迟缓便会降低消息的价值，错过发布时机，时过境迁，“新闻”变成了“旧闻”，马上就会贬值。能否在新闻的发布上领先一步，已成为新闻媒体综合实力的判定标准。

3. 真

“真实”是新闻的生命线，即要尊重客观事实，所写的人物、时间、地点、事情发生发展的经过、涉及的数字材料要真实准确，不能随意夸大、缩小、歪曲，甚至杜撰、虚构，评论不能带有片面性，要全面了解事实真相，作客观公正的报道。

4. 短

“短”是消息的特征，是消息区别于其他文体的主要标志。即用笔要简洁利落，内容要集中精练，消息多篇幅短小，以数百字的居多，短的仅几十字，千字以上的长消息比较少见，即“三言两语，记清事实，寥寥数笔，显出精神”。

三、消息的种类

按照不同的划分标准，消息可以分成多个种类：

按内容来分，消息可以分为政治消息、经济消息、科技消息、军事消息、体育消息、教育消息、文艺消息等。

按媒体来分，可以分为报刊消息、广播消息、电视消息、网络消息等。

按性质分，可以分为单一性消息、综合性消息。

按消息的篇幅分，可以分为简明消息、短消息、长消息。

比较常见的是按写作特点来划分，可以分为以下五种：

1. 动态消息

也称“纯新闻”，是最常见的消息类型。它迅速及时地报道国内外正在发生或新近发生的大大小小的新闻事实，反映新事物、新情况、新问题、新成就等，一般以一地一事、一人一事为对象，篇幅短小，文字简洁，是主要的消息体裁。

2. 经验消息

又叫典型报道，是以报道典型经验，用以树立典范、带动全局、指导工作的一种消息体裁。经验消息篇幅一般比其他类型的消息要长，但针对性强，侧重于交代情况、叙述做法、反映变化、总结经验，对时效性的要求比动态消息宽一些。

3. 综合消息

即综合报道不同时间、不同地点但具有相似性质又各具特点的多个新闻事实的一种新闻体裁。主要是由围绕一个主题的多地、多件新闻事实组成，从不同侧面反映主题，综合反映带有同一性质的情况、问题和动向，不受空间的限制。

4. 述评消息

也叫新闻述评，是以述为主，边述边评、夹叙夹议的方式来反映国内外重大事件、社会现象、突出问题的一种消息体裁。它以事实为主，以评论为目的，针对性强，富有思想见解，事实材料丰富、典型，评论、分析讲究逻辑，言简意赅。

5. 人物消息

人物消息是以报道先进人物的事迹、思想为主要内容的新闻体裁。人物是消息的中心内容，要求选用典型、有意义的事实来反映人物的本质特征和精神面貌，不强调细节描写，没有过多的感情渲染。

四、消息的结构与写法

消息写作中最典型的结构形式，称作倒金字塔式结构。即把最重要、最吸引人的事实放在消息的最前面，其他内容按重要性程度递减的顺序来组织安排。这样的结构主要为了适应新闻快速、直接的特性，以最简短的方式让读者明了最重要的内容，适用于动态消息写作。

消息的要素主要包括六个，即新闻界常说的五个“W”一个“H”。即 When（何时），Where（何地），Who（何人），What（何事），Why（何故），How（怎么样）。在具体写作时可以根据实际情况进行取舍，但必须包括其中主要的要素。

消息的结构大体由标题、消息头、导语、主体、背景材料、结语等部分组成。

1. 标题

标题是消息的眉目，对于吸引读者阅读消息主体内容具有举足轻重的作用。“看书先看皮，看报先看题。”消息的标题是内容的精髓，要精心设计，醒目突出，使读者“一目了然”，激发起强烈的阅读兴趣。消息的标题包括正题、引题、副题三个要素构成。

正题又称主题、母题，是消息标题的核心，揭示消息中最重要、最吸引人的部分，可以概述新闻事实，也可以评价其意义或隐含作者观点；引题又叫眉题、肩题，是用来引出正题的部分，一般用来交代背景、烘托气氛、说明事实；副题又叫辅题、子题，一般用作正题的补充、说明、注释，用以衬托主题的气势。在写作时，可根据实际需要使用正题、引题和副题，常用的形式有三种：

(1)三行标题　中间一行是正题，是标题的核心，字号大，居主位；正题上面是引题，下面是副题。如：

【例】

共收书 5 213 种，容量比《四库全书》增五成(引题)

《续修四库全书》功在当代 泽及后世(正题)

出版座谈会在京举行，李瑞环出席并讲话(副题)

(2)双行标题　由正题和引题组成，或由正题和副题组成，如：

【例 1】

知否？知否？应是贱肥贵瘦(引题)

爱吃瘦肉者，请您多掏钱(正题)

【例 2】

小镇上一所高职校很红火(正题)

——来自××农职院的报告(副题)

(3)单行标题　标题中只有一个正题，如：

【例】

联合国想和中国做生意

2. 消息头

消息头又称电头，主要由播发单位名称、地点、时间、播发形式组成，如：新华社巴黎 8 月 31 日电

3. 导语

导语位于消息头之后，是消息的开头部分，是消息的标志。导语用简明扼要的文字介绍消息中最重要、最精彩的事实，揭示消息的主题，引起读者的阅读兴趣。常用的导语形式有：

(1)概括式　把整篇报道的主要内容或主题思想，加以浓缩和综合，准确、生动地进行概括，提纲挈领地加以叙述，使读者一开始就知道整篇消息的梗概或要点。如：

【例 1】

新华社香港 9 月 17 日电　昨天，香港特区行政长官董建华设茶会，与数百位

长期默默耕耘，为香港发展和繁荣做出贡献的基层人士共度中秋佳节。

【例2】

本报讯　集歌舞、娱乐、健身功能为一体的鞍山“皇家不夜城”开业不到7天，即被责令关闭，目前仍在停业中。鞍山市委、市政府对此的解释是：它位于鞍山烈士纪念馆一层，“不能够容忍在烈士头上跳舞”。

(2)对比式　用过去的情景和现在的情景相比较，用彼地的事物和此地的事物相比较，纵向，横向都可以，使之相映成趣。它的特点是着眼于当前，使消息中蕴涵的新闻价值显现出来。如：

本报讯(记者 韩玉江)　冯长荣出任经理前企业一年亏损10万元，而他任职一年后，却盈利9.84万元。这种戏剧性的变化就发生在安达市先锋乡饲草公司。

(3)描写式　以展示事物的形象和事件的场景为主要特征。写作时常抓取某一生动形象、鲜明的色彩或有特色的细节加以描绘。它以展示事物的形象和事件的场景为主要特征。如：

本报讯　多么威武神气的猫头鹰！一对大眼睛正在扫射着什么，翅膀微微耸起，看来它准备振翼飞扑过去，抓住那狡猾的大田鼠。这只用棕榈树桩因材施艺而雕琢成的猫头鹰，最近飞越太平洋，在美国旧金山的“中国上海民间艺术展览会”上栖息。

(4) 提问式　由作者根据消息的主要内容，在开头故意提出某个引人注目的问题，把消息中要解决的问题或要介绍的经验做法以设问的形式提出，然后加以回答，引起读者关注，调动读者阅读的兴趣。如：

本报讯(记者韩玉江)　3月初，绥化市啤酒厂自己摘掉了挂在大门上的10多块省部级荣誉牌匾。人们纷纷猜测啤酒厂怎么了？原因是春节期间出厂的部分啤酒质量不合格，他们主动给自己“曝光”亮“黄牌”。

(5)评论式　在叙述新闻事实的同时，进行简洁、精辟的评论，起到揭示因果关系或现实意义的画龙点睛作用。如：

本报讯(记者 韩玉江)　9月20日，中行绥化支行率先在我区安装的两台自动提款机投入使用，它表明该行又向办公电子化迈出了新的一步。

4.主体

主体是消息的核心和主干，它承接导语，对导语进行解释、深化和具体化，或阐述导语所揭示的主题，或回答导语中提出的问题，或对消息事实作进一步具体的叙述报道，满足读者对消息内容进一步了解的需要。主体层次主要有：

(1)连贯式结构　按时间顺序以事实发生的前后顺序，同时按空间顺序以事实发生的空间转移来写。

(2)并列式结构　并列式结构是开头有一个总括性的导语，随后的几个自然段根据行文需要平行安排，或者用数字程序分列出来。

(3)散文式结构　散文式结构在材料和层次上安排自由、灵活，语言表达不拘一格，在确保事实准确真实的同时，写作手法上朝散文化方向发展，运用散文化的笔调紧紧抓住读者，增强新闻的可读性和生动性。

5. 背景

背景是指写作过程中涉及的与新闻有关的附属性材料，包括新闻事实发生的历史背景、社会环境，事件发生的主客观条件、性质和意义，是为充实内容，烘托和突出主题服务的，是对消息主体内容的进一步解释。背景材料在消息中的位置比较灵活，可以位于导语、主体、结尾三个不同的部分，一般不作抒情议论，仍保持客观报道的口吻。常用的背景材料主要有三种：

(1)对比性材料　即对消息中所涉及事实进行前后、上下、过去与现在、正面与反面多个角度对比的材料。通过比较，突出事物特点，挖掘事件蕴含的深刻意义。如：

随着我国城乡居民收入的稳步增长，需要结构产生巨大变化，消费升级不断加快。高档消费品已由改革开放初期的“自行车、缝纫机、收音机”老三大件，20 世纪 90 年代的“冰箱、彩电、组合音响”新三大件变为“空调、汽车和家庭影院”等商品。

(2)说明性材料　即对消息中相关的时代背景、历史演变、地理状况、物质条件、思想情况等作出介绍和交代。如：

据悉，昆山农村医保覆盖包括居住在农村的小城镇人口，其中 16 岁以下的儿童 4.3 万多人，17～60 岁的 18.9 万多人，60 岁以上老人 7.7 万多人。另外还有 6 000 多名人均年收入在 2 000 元以下的农村低保人口，均采取倾斜政策，不用缴纳一分钱，无门槛进入这个保障体系。为 60 岁以上的老人建立个人账户，由保险基金每年自动注入 150 元。

(3)注释性材料　即对消息中有关内容进行简要的解释，包括性能、特点、名词术语、风俗人情等，帮助人们理解消息内容，增长知识和见识。如：

美国国家卫生研究所的研究人员在研究该病毒时发现，有一种名为糖蛋白的含有糖基的分子浮出病毒的表面。在试管实验中，研究人员发现这种蛋白质的某个部分使它能破坏内皮细胞。研究人员说，内皮细胞位于血管内壁，通过破坏内皮细胞，糖蛋白使血管出现渗漏。

6. 结尾

结尾是消息的最后一段或一句话。或阐明意义，加深读者对消息的理解；或概括全文，升华主题；或预测趋势，引起关注；或指出问题，说明影响，如主体部分阐述完整，结语也可不要。常见的消息结尾方式有小结式、归纳式、展望式、号召式、自然式五种。

(1)小结式　对消息中的事实进行总结归纳，收束全文，深化主题。如：

从 1841 年 1 月 26 日英国远征军第一次将米字旗插上港岛，至 1997 年 7 月 1 日五星红旗在香港升起，一共过去了 156 年 5 个月零 4 天。大英帝国从海上来，又从海上去。

(2)归纳式　在消息的结尾处对事件性质或意义做出评价，表明态度和看法。如：

“合医不合药”形式的农村合作医疗，既解决了农民基本医疗保障问题，又不由国家和集体全包下来，体现了互助的原则。这在农村经济基础还薄弱的地方无疑是一个较好的方法。

(3)展望式　对消息中报道的事件的发展前景进行展望。如：

这是一个投资多、规模大、效益好的项目，它将对绥化市及全区的产业化升级战略起到引带作用。

(4)号召式　多用于会议消息结尾，即在结尾处提出希望和要求。如：

胡世英要求要强化组织领导，加大落实力度，切实保证第三批先进性教育活动扎实有序进行。要落实“第一责任人”职责；要强化督导，确保各项任务落到实处；要注重研究新情况解决新问题，不断提高教育活动整体水平；要营造浓厚的舆论氛围，进一步扩大先进性教育活动的影响；要坚持一手抓学习一手抓工作。

(5)自然式　消息主体叙述事实内容结束，没有另作说明，即自然结尾。

五、消息的写作要求

1. 捕捉热点，迅捷报道

善于捕捉国内外新近发生的“热点”和“焦点”，是消息写作的关键。应关注事实本身的重要性、影响力、新鲜程度及所引起的社会效果，还要争分夺秒，动笔迅速，力求做到事发文成，保证时效。

2. 尊重事实，深度挖掘

消息中涉及的每个事实，包括细节写作都必须准确无误，真实有效。在客观陈述的基础上，还要深入发掘隐藏在事件背后的思想意义和社会价值，起到正确的舆论宣传作用。

3. 精练语言，要素齐全

语言简洁、篇幅简短的消息才能吸引读者。写作时要注意提炼语言，突出主要事实，少写琐碎细节，避免空话、套话，灵活安排结构，做到要素齐全、短小精悍。

相关链接

■“消息”一词最早出现于《易经》：“日中则昃，月盈则食，天地盈虚，与时消息。”意思是说，太阳到了中午就要逐渐西斜，月亮圆了就要逐渐亏缺，天地间的事物，或丰盈或虚弱，都随着时间的推移而变化，有时消减，有时滋长。由此可见，我国古代就把客观世界的变化，把它们的发生、发展和结局，把它们的枯荣、聚散、沉浮、升降、兴衰、动静、得失等变化中的事实称之为“消息”。只是到了近代才逐渐成为一种固定的新闻体裁，所以“消息”又叫新闻。

■ 消息的导语产生于 19 世纪 60 年代，是随着电报在新闻传递中的应用而产生的。1844 年，莫尔斯发明了电报，人们有了可以跨地域传送信息的工具，但第一代电报非常不成熟，时续时断，特别是美国南北战争时期，记者在前线用电报发稿，常常中断，编辑很着急，为此通讯社要求记者在第一段必须把时间、地点、人物、事件、为什么、怎么样(结果)六个要素用最简洁的文字都写出来,传稿时只要通讯社能接收到第一段,后面的中断了接收不到也能播发。习惯成自然就形成了六要素这种公式化导语写法,即 When(何时),Where(何地),Who(何人),What(何事),Why(何故),How(怎么样,即结果)。因为六要素中的前五个要素英文单词第一个字母都是“W”,第六个要素的第一个字母是“H”,所以称五个“W”一个“H”。新闻界把这样的导语称为“世界第一代导语”。第一代导语是为了适应当时的技术传播工具(电报)和新闻媒体与记者的工作需要产生的。

小结

消息是用概括叙述的方式,简明扼要的文字,对国内外新近发生的、有社会意义的、群众普遍关注的事实迅速及时地加以报道的一种文体。消息的特点是新、真、快、短。消息的结构包括六个要素:标题、消息头、导语、主体、背景材料、结语。在不同种类的消息中,消息结构的模式不同。

写作技能训练

一、判断以下导语的形式

1.6 月 13 日,占领了埃及 74 年的英国军队的最后一个士兵,背起了他的步枪,默默地离开了苏伊士运河区。埃及人民实现了他们长期英勇斗争的目标:把外国占领者从他们祖国的土地上全部赶出去。

2.新华社太原 3 月 26 日电　今天凌晨 1 时 01 分,太原卫星发射中心,我国研制生产的“长二丙”改进型火箭成功地将美国摩托罗拉公司设计制造的两颗“铱星”送入预定轨道。

3.本报讯　记者近日从国家水文站监测了解到黄河这条养育了北方亿万人民的母亲河将成为废河。黄河到底怎么了?是什么原因造成这样的后果呢?

4.美国总统布什于 16 日美国东部时间 9 时(格林威治时间 17 日零时,北京时间 17 日 8 时)通过发言人菲次奥特宣布,“美国已向伊拉克发起进攻。解放科威特的战斗已经开始。”

5.上海人民广场地下停车场,投资 1.7 亿元,可同时停 600 辆小汽车或面包车,每日车流量 3 000 次,可现在每天只进出一二十辆次,而与此相距一二百米的南京路上的马路停车场却一派繁忙景象。

6.北京地坛公园旁边的北里居民区,开了一个街道机械洗衣站,为解决家庭洗衣服务社会化问题探索了经验。

二、补写标题

按照消息标题的一般写法,为下面消息补写双行式标题。

(　　　　　　　　　　　　　　　　)

(　　　　　　　　　　　　　　　　)

新年新气象,新事新风尚,有功不庆贺,有成绩不张扬。这是日前河南省义马市财政局庆功表彰会议上显现出的一道亮丽风景。2005 年面对该市主体税源煤炭行业产销严重下滑、税源锐减的严峻形势，义马市财政部门发扬不畏困难、顽强拼搏、奋勇争先、严防死守的抗洪精神，挖掘税收潜力，坚持依法治税，加大工作力度，克服重重困难，实现了物质文明和精神文明建设双丰收。全年完成财政收入 7 340 万元(其中地方收入 3 827 万元)，为年收入计划的 109.3%，同比增长 27.1%。精神文明创建活动也顺利通过省级文明单位验收，其他各项工作任务均圆满完成。

歉收之年取得如此成绩，理应庆功表彰一番，但义马市财政局却一反常态，不庆功、不宴请、不渲染、不张扬，本着“简朴、务实”原则，“表扬话不多讲，今年工作要多想”成了整个会议的主题。会场上不见一颗糖果、一粒瓜子，只有清茶一杯、真情一片，庆功会上只讲新一年的工作，这“变味”的会议成了该局工作的一个新的开端。

三、材料排序

下面是一则经济消息，材料顺序排列混乱，请按逻辑顺序排列。

1. 曾参加贝尔茨维尔的养牛实验的农业部科学家威廉·惠勒博士说：如果早期实验的结果仍能保持，这将对牛肉生产起“巨大”影响。

2. 食物和药品管理局的一位发言人说：虽然目前法律还不限制使用这种物质，但是如果牛肉里含有这种物质残余，农民将受法律惩处。

3. 惠勒说：虽然还不清楚为什么这种低成本、矿物质丰富的水泥粉末能如此使牛肥壮，但无须担心它会在动物体内凝固，因为它不包含一般水泥所具有的各种成分。

4. 政府调查人员星期三报告说：农民使用水泥窑粉末做牛的饲料，可以产生出令人垂涎的上等的，而且更便宜得多的牛排和烤肉。

5. 发言人警告农民说：在做出进一步的研究，以便搞清诸如牛肉里是否含有粉末残余等问题之前，不要用水泥的副产品做牛的饲料。

6. 粉末具有抹脸香粉那样的密度，是在波特兰几家水泥厂窑里通过空气过滤出来的。

7. 他们也注意到，这种粉末作为饲料成分，尚未得到食品和药品管理局的批准。

四、材料写作

根据下面的材料，以学院校报记者的身份进行消息写作，要求主题突出，格式正确，语言规范，客观陈述。

我院专升本报考工作简报

3 月 12 日，省招考办召开×××2008 年高职高专应届毕业生升入本科学校继续学习招生考试报名工作会议，我院招生办公室杨主任、姜××同志参加了此次会议。

2008 年辽宁省有 28 所大学的 88 个专业招收专升本学生，这 28 所招收专升本的大学开设的本科专业与我院专业直接相关的有 18 所。2008 年辽宁省专升本招生计划总数为 3 985 人，比 2007 年增加近 200 人。

我院高度重视本次专升本的报考工作，按照会议精神，根据省招办的统一部署，我院招生办有条不紊地开展了专升本招生宣传工作。3 月 13 日召开了各系负责人会议，在会议上杨主任对今年专升本的形势、学生报考条件、专升本报名、专升本考试等进行了详细说明，并要求各系认真组织，加强宣传，为有专升本愿望的同学提供一个良好的继续深造学习机会。

报名工作从3月21日始～24日止，在招生办的组织下，共计有97名应届毕业生报考了沈阳农业大学、辽宁科技大学、辽宁医学院、沈阳大学、东北财经大学、大连外国语学院、沈阳工程学院、沈阳药科大学、辽宁工程技术大学、辽宁石油化工大学、辽宁工程技术大学葫芦岛软件学院等共计11所本科学校的22个专业。

××农业职业技术学院招生办公室

二〇〇八年三月二十六日

第六单元
合同写作技能

合　　同

Section

合　同

知识目标

- 了解合同的含义、特点。
- 掌握合同的内容要素及格式。

技能目标

- 能够根据合同的写作要求，评析合同案例。
- 熟练掌握签订合同应遵循的原则和过程。

自学与自测

一、填空题

1. 合同是平等主体的自然人、法人、其他组织之间________、________、________民事权利义务关系的协议。经济合同则是平等民事主体的法人、其他经济组织、个体工商户、农村承包经营户之间为实现________，明确相互________而共同订立的一种具有经济关系的协议或契约性文书。

2. 订立合同必须贯彻________、________、________、________、________的原则。

3. 按合同的内容分，可分为________、供用(电、水、气、热力)合同、________、________、融资租赁合同、________、________、________、________、保管合同、仓储合同、财产保险合同、委托合同、行纪合同、居间合同等。

4. 经济合同的订立一般应分两个步骤________、________。

5. 标的是当事人各方权利与义务所共同指向的对象，它可以是________或________，也可以是________、________、________等。如买卖合同的标的是________，建设工程合同的标的是________，货物运输合同的标的是承运方的________，加工承揽合同的标的是________，借款合同的标的是________。

6. ________是确定经济合同当事人双方________和________大小的标准，是对标的的具体计量，是衡量标的的指标。

7. 质量是对标的________的要求，是标的的________，反映着标的产品或劳务优劣程度。是标的________和________的综合指标，往往通过标的物的品种、规格、型号、性能、成分、轻重、大小、包装等项目来体现。

8. 价款和酬金，是标的的价值，即取得对方产品，接受对方劳务所支付的代价，以实物为标的的叫________，以劳务为标的的叫________。

9. 在签订合同时，必须对标的物的价款或报酬协商一致，并在合同中明确标明支付的货币________、________，以及计算标准、结算方式、支付时间、支付方式等。

10. 履行期限是履行经济合同的时间要求，是合同当事人双方要求相互向对方履行义务的具体时限。例如，购销合同的期限指________的时间；建设工程承包合同指________并交付工作成果的时间。期限除要求对方如期完成经济合同标的外，同时包括提供标的的一方也要求对方按时付款。

11. 履行地点是经济合同当事人双方履行合同义务和接受对方履行义务的地点，即________、________标的的具体地点。例如，建设工程承包合同之履行地点即________；购销合同之履行地点则取决于当事人双方约定的产品交货方式，如果是提货，则________即为履行地点；代办托运，则________即为履行地点；送货，则________就是履行地点。

12. ________是指除不可抗力外，由于合同当事人有过错而造成合同不能履行或者不能完全履行要承担的经济责任或法律责任。违约责任形式有__________、__________及其他赔偿形式。

13. 为了确保合同顺利实施，当事人双方还可协商采用__________和__________的形式。担保的形式有__________、__________、质押、留置与__________五种。

14. 订立经济合同，无论采取条款式、表格式，还是条款表格式，最基本的应包括__________、__________、__________、__________四个部分。

二、简答题

1. 经济合同与一般的民事合同的区别是什么？

2. 经济合同有哪些特点？

3. 合同的主要条款有哪些？

4. 结合书中案例，分析经济合同的主要条款，怎样避免经济合同产生纠纷？

三、分析选择题

阅读下面经济合同纠纷案例，然后回答问题。

某市钟厂（甲方）与某市综合厂（乙方），于某年1月签订了一份承揽加工合同。合同规定：乙方为甲方生产钟木盒4 000只，每只人民币8元。木盒的原材料由乙方负责解决，不另计价。木盒的式样和质量，由甲方提供图纸和样品，乙方按要求进行生产，样品由双方分别保存。甲方验收提货后半月内付清货款。

当年3月，甲方派出模工前往乙方所在地验收提货，随即将验收合格的504只钟木盒运回。但是，10天后，甲方运回的木盒大部分出现裂纹、变形、脱漆等现象。为此，双方发生纠纷。甲方要求退货重做，并拒付货款。乙方则表示不能承担责任，因为产品当场验收合格，质量问题是事后发生的；并且提出，甲方逾期不汇货款违反合同规定，应承担责任。

1. 请判断下列说法的对错。

A. 甲方要求退货重做并拒付货款，都是正确的。

B. 甲方要求退货重做并拒付货款，都是错误的。

C. 甲方要求退货重做是合理的，但是拒付货款是不对的。

D. 产品已经验收合格，事后发生的质量问题，乙方可以不承担责任。

E. 产品虽经验收合格，但事后发生质量问题，乙方仍应承担责任。

2. 这起合同纠纷，是由产品质量引起的，看来，主要还是签订合同时考虑不周，对质量要求还缺少必要的制约性条款，写得不明确。下面列出的一些条款内容，你认为如果原来的合同增加哪几条可能避免纠纷的发生。

A. 合同应规定，产品由甲方当面验收，货物出门，乙方概不负责。

B. 合同应规定，产品质量由乙方负责到底，甲方随时发现问题，随时可以要求退货重做。

C. 合同应规定，乙方提供的木盒原材料，要有一定的质量标准。

D. 合同应规定，乙方提供的木盒原材料，须经甲方验收合格才能生产。

E. 合同应规定，产品质量要有保证期限，产品在保证期内不发生问题才为合格。

范文阅读与训练

【例文1】

建筑工程承包合同

委建单位:××市××局(甲方)

施工单位:××市××房屋开发有限公司(乙方)

甲方委托乙方建筑办公大楼一幢,为使工程顺利完成,经双方协商,订立本合同,以资共同遵守。

1.工程名称:××局办公楼。

2.工程结构:本工程系砖混结构五层。

3.工程造价:本工程总面积××××米^2,按预算总造价××××万元。

4.承包方式:本工程采取包工不包料的办法,一切材料均由甲方负责,甲方须提供符合建筑质量标准的材料,乙方给予必要的协助,经甲乙双方验收为合格材料,乙方方可施工。

5.付款办法:合同签署之日,甲方应付给乙方50%的工程款计×××万元;浇灌层面时再付给40%的工程款计×××万元;其余10%待工程完成验收合格后,一周之内,按实际结算一次付清。如不按时支付,要承担违约责任,即支付违约金,计算方法是余下未付工程款的10%。

6.工程质量:全部工程质量必须符合市建委规定的质量验收标准。乙方按图纸施工,保证质量,工程完工前三天,乙方应通知甲方进行验收。甲方接到通知后,应及时予以验收签证和办理手续。如质量不合格,乙方应无偿修理或返工。由于修理或返工造成逾期交付,乙方应偿付逾期违约金。

7.施工期限:本工程施工期为×××天,由2006年×月正式开工,至2006年×月××日止完成。如遇雨天顺延。如甲方供应材料不足造成停工,而甲方无工作安排时必须提前七天通知乙方。

8.违约责任:(略)

9.解决争议的方式:(略)

10.其他事项:为了便于联系工作,甲方派×××同志为工地代表,负责联络及验收等一切事宜,乙方派××同志负责工地施工事宜。

11.本合同未尽事宜,可经双方研究,另行商定。

12.本合同签字后生效,工程完工验收合格,结清工程款后失效。

13.本合同一式四份,甲乙双方各执一份,另两份送甲乙双方业务主管部门各一份。

附件:建筑设计图×件

建设单位:××市××局(公章)

代表:×××(签名)

施工单位:××市××房屋开发有限公司(公章)

代表:×××(签名)

鉴证单位:××××××(公章)

鉴定日期:2006年××月××日

评析：这是一份建筑承包合同，内容齐全，结构完整规范，条理清楚，语言简洁准确。正文用 13 项条款写明了委建单位和施工单位之间的权利和义务，在付款方式、工程质量、施工期限方面，说明得更加细致全面，有利于合同的顺利执行。

模式：标题＋首部__________＋正文__________＋尾部__________

【例文 2】

农副产品定购合同

（示范文本）

供方：　　　　　　　　　　　　合同编号：

需方：

签订地点：

签订时间：　　年　　月　　日

（1）产品名称、品种规格、数量、金额、交售时间

产品名称	品种规格	计量单位	数量	单价	总金额	合计	交货时间及数量									

（注：空格不够用，可以另接）

（2）质量标准、用途

（3）验收办法及时间、地点

（4）检验及检疫的单位、地点、方法、标准及费用负担

（5）交（提）货地点及运输方式和费用负担

（6）超欠幅度损耗及计算方法

（7）包装标准、包装物的供应与回收和费用负担

（8）结算方式及期限

（9）给付定金的数额、时间

（10）奖罚标准及兑现方式：超售________元/kg，减售每千克罚________元

（11）需方供应的与定购农副产品挂钩的化肥、柴油等农业生产资料的产品名称、规格、质量、数量、价格、供应时间及地点

产品名称	规格型号	质量等级	计量单位	数量	单价	总金额	供应交货时间和地点
合计人民币金额（大写）							

（注：空格如不够用，可以另接）

(12)违约责任

(13)解决合同纠纷的方式

(14)其他约定事项

(15)签署及鉴证机关

评析:这是一份农副产品定购合同的示范文本。订购合同是农副产品购销合同的主要形式,是农村经济生活中经常使用的一种合同。这份示范合同格式完整,内容齐全,购销双方的责、权明确。尤其是考虑到了农副产品的时令性强和鲜、活、易腐、易病的特点,制定了检验检疫和超欠幅度损耗这两个条款,更显得充分严密,无懈可击。

知识提要

一、经济合同的含义和种类

《中华人民共和国合同法》指出:"合同是平等主体的自然人、法人、其他组织之间设立、变更、终止民事权利义务关系的协议",而经济合同则是平等民事主体的法人、其他经济组织、个体工商户、农村承包经营户之间为实现一定经济目的,明确相互权利义务关系而共同订立的一种具有经济关系的协议或契约性文书。经济合同是商品关系在法律上的表现形式,是当事人表示见解一致的法律行为,因此,合同一经签订就具有法律效力,任何一方都不得擅自变更或终止。

经济合同的当事人必须具备合法的资格。如法人必须能够独立地进行经济核算,能以自己的名义进行经济活动,享受权利和承担义务,依照法定程序成立的组织机构,例如公司、工厂、商店、社团等。还有自然人,也应该具备法定资格。

按合同的内容分,经济合同可分为买卖合同、供用(电、水、气、热力)合同、借款合同、租赁合同、融资租赁合同、承揽合同、建设工程合同、运输合同、技术合同、保管合同、仓储合同、委托合同、行纪合同、居间合同等。

二、经济合同特点

(1)合法性 《经济合同法》规定:"订立经济合同,必须遵守法律和行政法规。任何单位和个人不得利用合同进行违法活动。"可见,合同的内容要符合国家的有关法律、行政法规和宏观经济规划的要求,国家不允许随便生产、销售的物品不能作为一般合同的标的,内容不真实或损害国家、集体和个人利益的合同均属无效合同。另外不具备法人资格的团体或组织所签订的合同亦属无效合同。

(2)平等性 订立合同应贯彻平等、公平、协商、等价有偿、诚实信用的原则,合同各方当事人的法律地位是平等的,有权自愿表达自己的意见,任何单位和个人都不得干预或包办代替,不能把自己的意志强加给对方。

(3)明确性 经济合同一般具有鲜明的经济目的,或者为了某种经济工作,或者为了某种生产经营。这样就要求合同的条款内容十分明确,剔除任何不明确的因素。条款内容的明确,一是指双方当事人的权利和义务的明确,各项条款完备具体,不能有所遗漏。二是违约责任的明确,这可以避免合同执行中产生各种纠纷。

(4)约束性　经济合同当事人依法达成的协议,对当事人均有法律约束力。当事人各方都必须严格按照合同确定的义务切实地履行。否则,当承担法律责任。

三、经济合同订立的步骤

任何一种经济合同都必须依据国家有关法规和条例签订。经济合同的订立一般应分两个步骤进行:

(一)要约

所谓要约,是指一方当事人向另一方当事人提出订立合同的愿望,合同的主要条款,要求对方予以答复的期限,等等。合同的要约方所提出的合同建议文本仅供受约方参考,是接受要约或是提出修改意见,在受约方未与要约方正式协商并订立合同之前,其要约方的建议文本中所有条款不具有法律效力。

(二)承诺

所谓承诺,是指受约方完全接受要约方要约的表示。如果受约方对要约方的条款提出任何一点修改要求,就不能视作承诺。只有在要约方与受约方就提出的新要约协商一致后,方能视作承诺,合同也就成立。一般来说,在合同订立过程中双方当事人总要为着自身利益而与对方讨价还价,所以合同往往会经过要约、再要约的多次反复和协商才能最后签订。

为保证经济合同的有效成立,订立经济合同时应遵循以下程序:

1. 市场调研和可行性研究
2. 资格审查和资信调查
3. 洽谈协商
4. 拟订合同文书
5. 办理使合同生效的必要手续

四、经济合同的主要条款

经济合同的条款多少不等,但大致可以分为两大类:一类是法定条款,即《合同法》第二章第十二条规定的条款,这是合同的主要内容;另一类是约定条款,即合同当事人各方协商一致的条款,如货物运输的包装要求,保险费、报关费等由何方支付,货物超欠幅度、自然损耗率等方面的规定。这里我们将合同的法定条款介绍如下。

(一)标的

标的是当事人各方权利与义务所共同指向的对象,由于合同的种类不同,其标的也不同,它可以是实物或货币,也可以是工程项目、劳务、科研成果等。如买卖合同的标的是工农业产品,建设工程合同的标的是工程项目,货物运输合同的标的是承运方的运输劳务,加工承揽合同的标的是劳务,借款合同的标的是货币。

标的是经济合同签订的前提，标的不明确，双方的权利和义务就无从确定，合同就无法执行。因此，有关标的物的名称、商标、规格、型号、品种等，以上内容与商品的质量有关，都要认真落实，填写清楚，不可含糊不清。如：

某家商场在与一家筷子生产厂家签订购销合同时，把标的“木漆筷子”写成了“木筷子”，结果商场蒙受了经济损失。

某市外贸公司与某地粮食局签订了一份供应芝麻的合同，其中有这样的规定：乙方向甲方供应黄白芝麻100吨。后来乙方供货时供给甲方黄芝麻50吨，白芝麻50吨，而此时甲方提出需要的是黄白相间的芝麻。于是甲方认为乙方没有按约定供货，而乙方认为是按合同履行，结果闹出了一场经济纠纷。究其原因，显然是由于对标的“黄白芝麻”的理解不同，甲方理解为黄白相间的芝麻，乙方理解为黄色和白色芝麻。这就是标的不明确、不具体带来的麻烦。

所以，经济合同中的标的一定要准确具体。

(二)数量

数量是确定经济合同当事人双方权利和义务大小的标准，是对标的的具体计量，是衡量标的的指标。如：货款金额、购买货物数量。经济合同必须明确规定标的数量、计量方法。经济合同的数量，用重量、体积、长度、面积、个数等作为计量单位，也可以用包装单位（如箱、包等），但必须标明每个包装单位内含多少基本计量单位。在不同性质的合同中，应根据不同的标的物，明确地写明要使用的相应的计量单位，同时应按国家有关度量衡统一规定和方法计量。对尾差、自然损耗率等的许可范围也要加以说明。数量规定要准确、具体，例如购销合同不仅应写明总的数量，而且还要规定按月、按旬甚至按日分批购销的数量。包装用“袋装”，必须写明是多大的袋，是麻袋、布袋、编织袋，还是纸袋，包装材料由谁负担。如：

广东某单位和港商签订了一份出售废矿渣的合同。矿渣是广东这家工厂的生产废料，在院中堆积如山，正苦于无法处理，有港商来购买真让人喜出望外，所以未经仔细斟酌便在合同上签了字。合同上写明港方每天来拉一车，共拉十天，最后总付货款。广东方面没想到港方第一天来的是小翻斗车，第二天是小卡车，第三天是大卡车，至此广东方面才发现吃了亏，赶去交涉，港方强调并未违反合同，广东方面就只有哑巴吃黄连有苦难言了。对方在产品数量的计量单位上打马虎眼。

经济合同中涉及产品的计量时，一定要注意使用法定的计量单位，或对此作出明确的界定，不能用“××车”“××船”“××趟”等含混不清的说法。

(三)质量

质量是对标的质的要求，是标的的特征，反映着标的产品或劳务优劣程度，是标的内在质量和外观形态的综合指标，往往通过标的的品种、规格、型号、性能、成分、大小、包装等项目来体现。在经济合同中应详尽、准确地标明质量要求及验收方法，技术要求、验收标准也应规定清楚，并封样备验。标的的质量标准一般有国家标准、部颁标准、省（市）标准。质量标准必须具体，有法定标准的要按标准执行，没有法定标准的，则由当事人双方协商确定标准。有些产品分等级的，要规定等级品率。若确需特殊标准，则应由当事人双方议定并在合同相应条款中注明。同时在表述质量内容时，还要注意标点符号的准确使用，以免出现含义理解失误，产生纠纷。如：一份蘑菇买卖合同，在质量条款上写着“无杂质，腐烂”。在表达时，应该是顿号，写成了逗号，语意内容变成两层。所以合同上一个错字或一个标点符号，都会造成无法挽回的损失。

（四）价款或者报酬

价款和酬金是标的的价值，即取得对方产品，接受对方劳务所支付的代价，以实物为标的的叫价款，例如购销产品的货款、供用电合同的电费等；以劳务为标的的叫酬金，例如加工承揽费、货物运输费等，它们统称价金。价金条款一般包括产品价格组成、作价办法、作价标准、调价处理办法等，以货币数量单位来表示。价款中有单价和总金额，表格式合同以阿拉伯数字写单价，以大写汉字写总价，条款式合同则用汉字大写。产品价格应按国家规定的价格及作价办法作价，国家没有规定价格的商品，可由当事人双方协商议定价格，价款必须标明币种，并注明是否含税价。

在签订合同时，必须对标的价款或报酬协商一致，并在合同中明确标明支付的货币名称、数额，以及计算标准、结算方式、支付时间、支付方式等。

（五）履行的期限、地点、方式

（1）履行期限　履行期限是履行经济合同的时间要求，是合同当事人双方要求相互向对方履行义务的具体时限。履行期限要尽量明确规定年、月、日，若属分期完成劳务或分期支付酬金，则应写明分期履行期限。当事人双方必须严格执行协议的时间，期限时间宜实不宜虚，宜具体不宜笼统，若不能确定实际时间，应用“以前”“以内”，而不能用“明年”“秋季”等模糊词语表述，更不能用“以后”“尽可能”或“争取在”。如：

> 某染化厂从一家化工厂订购了全年所需的12吨染料，由于在谈判中染化厂已经告知他们每月需要一吨染料，所以在合同中，关于交付日期这一款写的是年初开始交货。谁知化工厂在年初就将12吨染料全部运抵染化厂，因为这样可以降低自己的仓储成本，这种染料性似海绵，比重轻体积大，染化厂的仓库只能装下3吨货物。染化厂声言拒收提前交付的货物，但合同条款规定“年初开始交货”，没写明交多少，染化厂不得已只好让化工厂运回染料，但运输费用及仓储费用由自己负责。

经济合同中像这样关于交接货日期的模糊性时间概念还有很多，诸如“尽快发货”“分期分批发货”等。因为分期分批发货没有说明分几期、分几批，每一期每一批具体的起始时间及数量，故很容易造成不必要的纠纷。

（2）履行地点　经济合同当事人双方履行合同义务和接受对方履行义务的地点，即交付、提取标的的具体地点。它直接关系到履行合同的费用和时间，凡是合同履行与地点有密切关系的，必须注明履行的确切地点。例如，建设工程承包合同之履行地点即建筑工程所在地；购销合同之履行地点则取决于当事人双方约定的产品交货方式，如果是提货，则提货地点即为履行地点；代办托运，则托运地点即为履行地点；送货，则接货地点就是履行地点。履行地点是分清双方责任的重要依据之一，在货物运输合同中装货和卸货地点出现差错，都会给承运方造成损失，引起合同纠纷。为了避免因地点同名、同音出现错误，地点应写明省、市、县名称。

（3）履行方式　经济合同当事人双方履行权利和义务的方式、方法。一般地，履行方式包括标的的交付方式、价金的结算方式和任务完成方式。标的的交付方式应明确规定一次交付还是分期交付，是自提还是代办托运；价金结算方式应明确规定是委托银行收款，还是支票转账，是一次性支付还是分次付清。任务完成方式则应明确规定是由当事人自己履行还是委托他人代为履行等。上述履行方式的选择采用，均须经合同当事人双方协商一致确定。如合同中规定"货到全付款"具有双重含义，标点不同，理解不同，极易引发争议。订立经济合同时，必须明确一种具体履行方式，例如，购销合同，交货方式是送货、提货还是代运，这里涉及运输费用、包装要求与费用，合同中都应该规定清楚。如：

> 某公司定购一批货物，在履行方面合同中言明："到某某港交货"。像这样的规定就存在问题：一是运输方式不明，是用火车、汽车还是轮船？二是地点不明，是汽车站、火车站还是码头？三是交货方式不明，是船上、车上，还是就近仓库中交给买方？

由此可见，合同的履行期限、地点和方式对明确当事人的权利、义务和责任有着重要意义。

（六）违约责任

违约责任是指除不可抗力外，由于合同当事人有过错而造成合同不能履行或者不能完全履行要承担的经济责任或法律责任。违约责任形式有违约金、赔偿金及其他赔偿形式。合同当事人一方如有违约行为给对方造成较小损失的，违约方要支付对方违约金，如违约金不足以补偿损失的，则要支付赔偿金。违约方支付违约金和赔偿金以后，另一方要求继续履行合同的，违约方要继续担负履约责任，若拒不履行，可由合同管理机关或人民法院强制执行。

订立违约责任时应尽量细致、周全、具体、明确，尽量避免使用模糊语言，以免处罚困难，要写明制裁措施及违约金、赔偿金的数额等。违约金和赔偿金的数额有法定标准的应按法律规定签订，没有法定标准的则由当事人双方协商约定。为了确保合同顺利实施，当事人双方还可协商采用司法公证和担保的形式。担保的形式有保证、抵押、质押、留置与定金五种。《合同法》对违约行为作了全面具体的规定。例如标的的数量或质量不符合合同规定的；不按时交付标的或价款、报酬的；造成货物变质、损坏、短缺、灭失的；供方中途停止供货或需方中途退货的；发包方中途停建、缓建，或造成停工、窝工，或承包方工程质量不符合合同规定而返工、改建的；科技协作委托方不及时拨付经费或者受托方拖延进度的，等等，都属于违约行为。

（七）争议解决的方法

发生经济合同纠纷时，按照先后顺序协商或调解、仲裁、起诉。

当事人可以通过协商或者调解解决，当事人不愿通过协商调解解决或协商调解不成的，可以依据合同中仲裁条款或事后达成的书面仲裁协议向仲裁机关申请仲裁，当事人如果在经济合同中未订立仲裁条款，事后又未达成书面仲裁协议，可以向法院起诉。经济合同当事人之间发生争议时，是通过仲裁方式解决，还是通过法院审判方式解决，在合同中应明确约定。例如，因执行本合同发生争议，由争议各方协商解决，协商不成的，可以提请仲裁机构或向有管辖权的人民法院起诉。仲裁与诉讼具有时效性，经济合同争议申请仲裁的期限为2年，自当事人知道或应当知道其权利受到侵害之日起计算。

(八)其他条款

除上述主要条款外，经当事人双方协商确定的其他条款，具体包括：

(1)不可抗拒条款　该项条款的作用是：如果发生了当事人不能预见、不能避免且不能克服的客观事故(如洪水、地震、台风等)，而导致履行合同困难时，当事人可根据这一条款，依据合同法的规定，部分或全部免予承担责任。其内容应包括不可抗拒力事故的范围、后果等。

(2)约定条款　《合同法》第12条明确指出："根据法律规定的或按经济合同性质必须具备的条款，以及当事人一方表示必须规定的条款，也是经济合同的主要条款。"这里所指的必须具备的条款是指各类性质的经济合同除能用条款外，还有根据不同标的的特殊情况拟订的条款。例如财产租赁合同，除通用条款外，还可写明租赁用途、租赁期间的财产保养和维修条款。

五、经济合同的结构

国家工商行政管理局及有关业务部门制定和颁布了大量的合同示范文本及合同文本格式，为订立合同提供了方便条件。

订立经济合同，无论采取条款式、表格式，还是条款表格式，最基本的应包括标题、首部、正文、尾部四个部分。

(一)标题

合同的标题通常标明业务性质和文种名称，写在合同首页正中位置。如《借款合同》《房屋租赁合同》。

(二)首部

首部包括签订合同当事人的名称、合同编号及签约地点、时间等。双方当事人名称必须写全称，要按营业执照上的名称填写，不能写简称或代号。为了行文方便，一般在单位名称前或后注明"甲方、乙方""买方、卖方""需方、供方""定做方、承揽方""借款方、贷款方"等。

(三)合同正文

正文包括序言和主体两部分。

(1)序言　在双方当事人名称下方，用简明的文字表达签订合同的目的或依据。如："双方经过充分协商，特签订本合同，以资共同遵守"，也可用"主要条款如下"或"条文如下："过渡到主体。

(2)合同主体　合同的主体部分必须经过双方协商，确定合同的内容，主要包括标的、数量和质量、价款或酬金、履行的期限、地点和方式、违约责任等，以条款或表格的形式体现出来。

(四)合同尾部

(1)有效期限　有效期限是指合同生效、终止的时间。

(2)文本保存　文本保存是指合同的份数和保存方式，即合同一式几份及当事人保管的份数。

(3)附件　一些合同中必需的，但又无法写入条款的内容，可以用附件的形式列入合同后。如建筑工程合同要在"附件"中列出工程项目表、工程进度表、工程图纸等。附件也是经济合同的组成部分，同样具有法律效力。

(4)签署　包括双方或多方当事人单位名称、法人代表、印章；中介人、担保人单位名称、姓名、印章；委托代理人单位名称、姓名、印章；当事人地址、电话、电传、邮编、开户银行、账号等。如需鉴(公)证机关鉴(公)证的，也要写明鉴(公)证机关的名称、意见及日期并加盖公章。

六、经济合同的写作要求

(1)订立合同是一种法律行为　合同内容和签订的程序必须符合国家的法律和规定，否则将不受法律保护。

(2)结构要完整，内容要具体　作为一份经济合同，其主要条款不能有所遗漏，应尽量齐全地规定出来并按照不同标的的特点加以具体化，使之全面周密，便于履行。

(3)语言要简洁、准确　经济合同的书写不需要描绘性的语言，反对赘余冗长。书写时必须使用精练、简洁、规范的语言。表述的语言应严格推敲、精确到位，切忌含糊不清、模棱两可。选用恰当的经济合同示范文本，文面要整洁，不得任意涂改。

例文解析

经济合同

立合同人：××食品公司第四车间(甲方)

×××第二建筑公司生产科(乙方)

1.建筑××食品公司第四车间东厂房，经双方协议，订立本合同。

2.由乙方全面负责建造。

3.甲方委托乙方建造东厂房一座。全部建造费用共计855 000元。

4.甲方在订立合同后先交一部分建造费。

5.其余在厂房建成后抓紧归还所欠部分。

6.工期待乙方筹备就绪后立即开始。

7.力争3月中旬开工。

8.力争在11月份左右交工。

9.建筑材料由乙方负责筹备。

10.本合同一式四份，双方各一份，各自单位上级各一份。

2003年5月12日

评析：这份经济合同存在的主要问题如下。

1.标题没有写明合同的性质，应为"建筑工程承包合同"。

2.条款不够全面，结构项目有所欠缺。

(1)没有开头,没有订立本合同的目的和依据。

(2)没有对“建筑材料”的规格、等级提出要求。

(3)甲方、乙方之间均无违约责任的要求。

(4)尾部没有附件即设计图纸

(5)没有双方单位地址、开户银行账号、电话号码、电传等。

3.语言表达不清晰、不明确。

(1)时间界限没有交代清楚,“开工”“交工”的日期不明确,合同中要求3月中旬开工,但合同订立时间却是5月份。

(2)交付建造费的先后比例、时间、数额不明确。合同书中提出:“甲方在订立合同后先交一部分建造费”,这一部分建造费是多少呢,不清楚;“建成后抓紧归还所欠部分”,语焉不详,没有时间限制,没有具体数额,给履行合同带来了不便,也容易造成纠纷。

4.订立合同的主体不规范。订立经济合同当事人必须具有订立合同的资格。在日常经济交往中,经济合同一般是法人之间订立的,也就是说主体绝大部分是法人。上述合同的当事人不属于法人,只是法人的分支机构,“车间、生产科”是不能以法人身份来签订合同的。

小结

合同与经济合同的区别。特点:经济合同必须具有合法性、平等性、明确性、约束性。签订经济合同要经过一定的程序,才能起草文稿并签订生效。

经济合同的主要条款:标的、数量、质量、价款或者报酬、履行的期限、地点、方式、违约责任、其他条款。应明确条款内容表达的重要性。

经济合同的写作,要求结合例文与经济合同文本,掌握经济合同的结构与内容的表达的要求。

写作技能训练

一、例文分析

分析下文合同中部分内容表述不当之处,并说明原因。

1.某单位与某建筑公司签订一份承建合同,某单位在合同中要求该建筑“从合同签订之日起用一年以内时间完工交付使用”,并约定某单位“在订立合同生效后一个月左右,先付给建筑公司全部建造费用的50%”。

2.有一购销合同中有这样一条内容:甲方购买乙方苹果约20万千克,视质量好坏,按市价结算。

3.某个体代理商为某啤酒生产厂代销啤酒,向厂家赊欠啤酒价值12万元,并签订了合同。到了约定日期,厂方来催款,代理商还了部分款项后,又在厂方所持的合同上写下了“还欠款捌万元及日期。”

4.2004年2月陈某向孙某预订甲鱼苗600只,每只10元,共计6 000元,当时交定金

1 000 元。而孙某因为甲鱼苗价大涨，擅自将甲鱼苗高价出售。后来陈某要求孙某双倍返还定金时，才发现合同上的“定金”写成“订金”。

5. 某县苹果大丰收，急寻买主。数日后上等的苹果有了销路，中下等的无人问津。一日某客户登门订货，酒足饭饱之后签订合同，讲明要每 0.5 千克 3 个左右的苹果，但有虫斑的不要。可执笔人却写“苹果供货要求：每 0.5 千克 3 个左右、有虫斑的不要”。不日，该县把苹果发往销售地，此时市场饱和，这时客户玩起了文字游戏，拒绝收货。请问问题出在哪里？

6. 在一则苹果买卖合同中标的写明“红富士”苹果。结果货到后，由于部分苹果带疤，个头大小不一，一场纠纷由此产生。请你从大小、成熟度、外观要求等作出具体限定。

7. 某饭店与国外 A 公司签订了房屋租赁合同，合同标的写的是“将饭店八层全层包租给 A 公司”。A 公司进驻后，严重影响八层服务员的休息和工作，因为八层有客房、大小会议室、开水房及休息室，结果发生纠纷。那么合同的表述有什么不妥吗？

二、案例分析

1. 甲公司与乙公司订立一份合同，约定由乙公司在十天内向甲公司提供新鲜蔬菜 3 000 千克，每千克蔬菜的单价 1 元。乙公司在规定的期间内向甲公司提供了小白菜 3 000 千克，甲公司拒绝接受这批小白菜，认为本公司只是职工食堂，炊事员有限，不可能有那么多人力用于洗小白菜，小白菜不是合同的标的。

双方为此发生争议，争议的焦点不在价格，也不涉及合同的其他条款，唯有对合同的标的双方各执一词，甲公司认为自己的食堂从来没有买过小白菜，与乙公司是长期合作关系，经常向其购买蔬菜，每次买的不是大白菜就是萝卜等容易清洗的蔬菜，乙公司应该知道这种情况，但是其仍然送来了甲公司不需要的小白菜，这是曲解了合同标的。乙公司称合同的标的是蔬菜，小白菜也是蔬菜，甲公司并没有说清楚要什么样的蔬菜，合同的标的规定是新鲜蔬菜，而小白菜最新鲜，所以我公司就送了小白菜过去，这没有违反合同的规定。甲公司称蔬菜就是大白菜或萝卜的说法太过牵强附会，既没有合同依据也没有法律依据，不足为凭。

试分析：什么是合同的标的？针对本案，如何避免由合同标的引起的纠纷？

2. 某建筑公司（原告）因建造大楼急需黄沙，遂与某建材公司（被告）签订了一份合同，合同约定原告购买被告黄沙 30 车，每吨价格为 300 元，合同订立一个月以后，由被告送货，货到付款。合同订立后，黄沙价格开始上涨到每吨 350 元，被告经理李某见价格上涨，不愿如数供货，遂给原告的经办人张某打去电话，提出因货源紧张，要求变更货物数量，减少供货，遭到原告的拒绝。李某遂于次日安排两辆“130”型货车，装了两车黄沙（每车装载 2 吨），送到原告处，并要求以“130”型车为标准，计算交货数量。原告提出其做法是不合理的，尽管合同规定交货数量为 30 车，但按交易习惯，应以“东风牌”大卡车作为计算标准，每车装载 4 吨，共 120 吨。为此双方发生争议，协商未果，原告遂向法院起诉，认为被告已构成故意违约，应承担违约责任。被告则认为，双方对交货数量的计量标准发生重大误解，因此应当撤销该合同。

请问这份合同的纠纷焦点是什么？双方在签订合同时应该约定哪些条款？经济合同该如何撰写才能使之格式规范、内容完整呢？

附　录

附录一　文章修改专用符号

编号	符号名称	符号形态	符号说明	用法示例
1	改正号	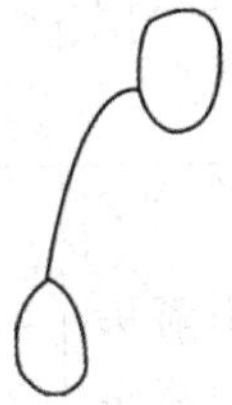	表明需要改正错误，把错误之处圈起来，再用引线引到空白处改正	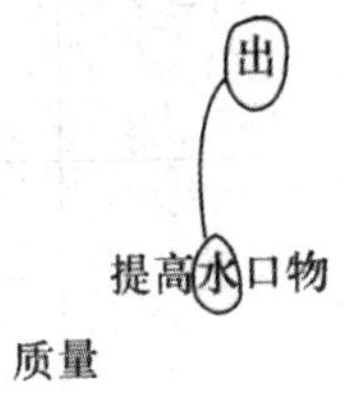
2	删除号		表明删除掉。文字少时加圈，文字多时可加框打叉	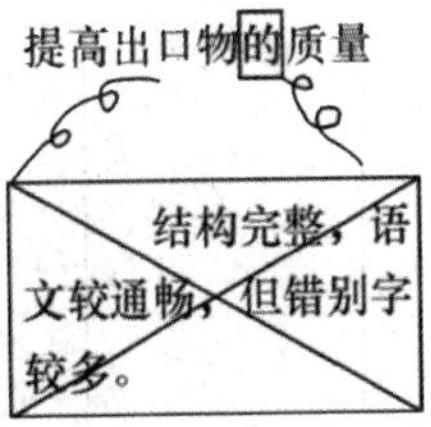
3	增补号		表明增补。文字少时加圈，文字多时可用线画清增补的范围	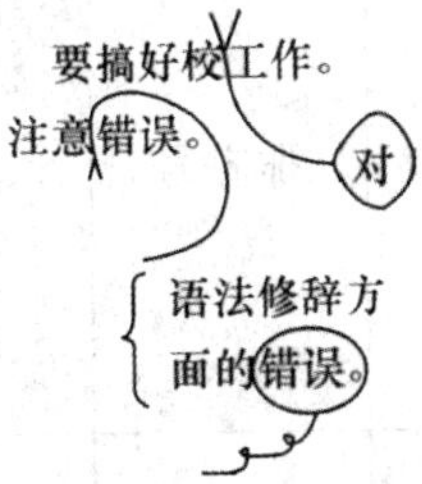
4	对调号	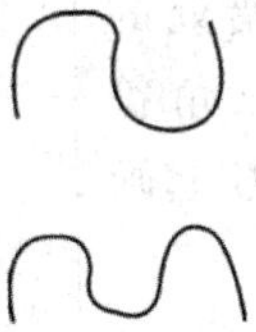	表明调整颠倒的字、句位置。三曲线的中间部分不调整	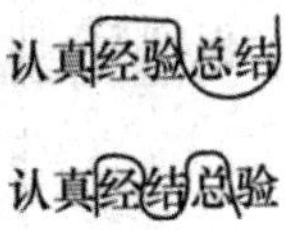
5	转移号		表明词语位置的转移。将要转移的部分圈起，并画出引线指向转移部位	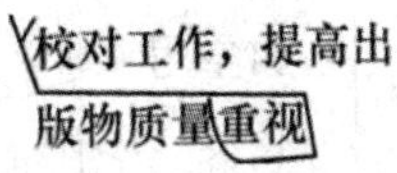

附录

续表

编号	符号名称	符号形态	符号说明	用法示例
6	接排号		表明两行文字之间应接排，不需另起一行	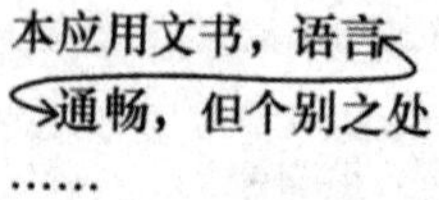
7	另起号	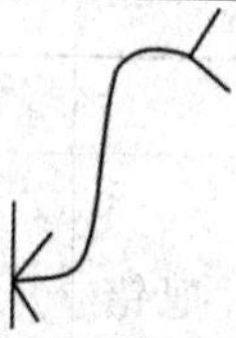	表明要另起一段。需要另起一段的地方，用引线向左延伸到起段的位置	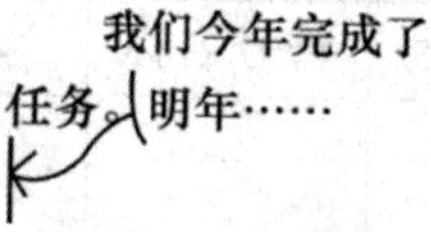
8	移位号	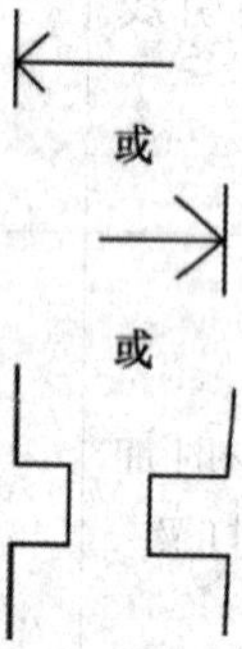	表明移位的方向。用箭头或凸曲线表示。使用箭头是表示移至箭头前直线位置；使用凸曲线是表示把符号内的文字移至开口处两短直线位置	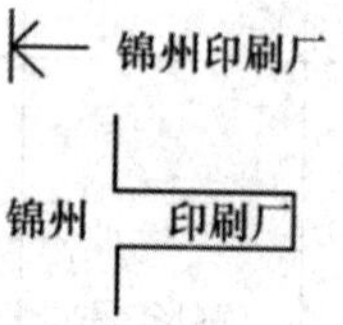
9	排齐号		表明应排列整齐。在行列中不齐的字句上下或左右画出直线	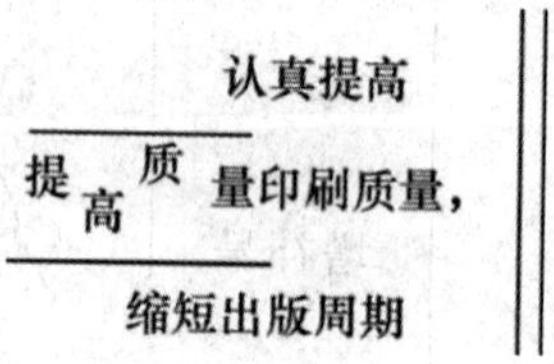
10	保留号		表明改错、删错后需保留原状。在改错、删错处的上方或下方画出三角符号，并在原删除符号上画两根短线	
11	加空号		表明在字与字、行与行之间加空。符号画在字与字之间的上方；行与行之间的左右处	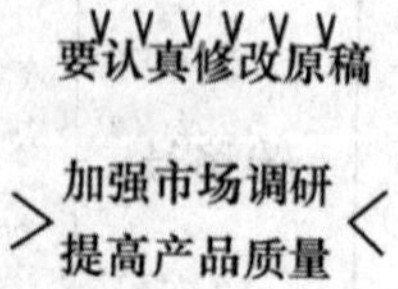

应用文写作技能训练

续表

编号	符号名称	符号形态	符号说明	用法示例
12	减空号	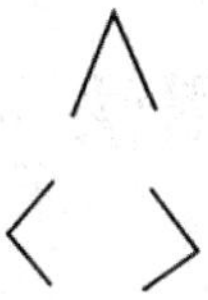	表明在字与字、行与行之间减空。符号画在字与字之间的上方，行与行之间的左右处	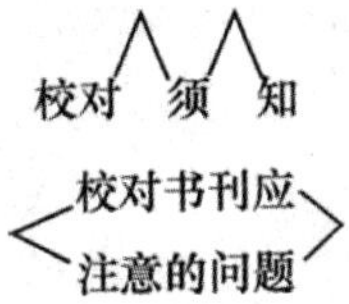
13	空字号		表明空 1 字距 表明空 1/2 字距 表明空 1/3 字距 表明空 1/4 字距	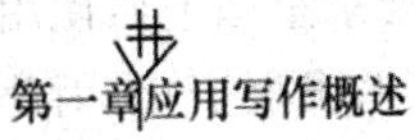
14	角码号	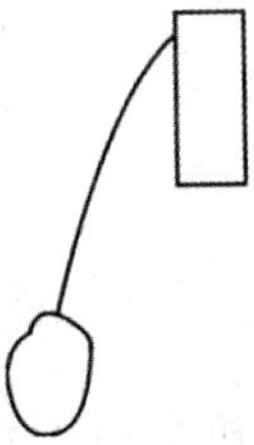	用以改正上、下角码的位置	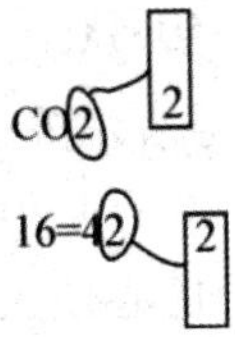
15	分开号		用以分开外文字母	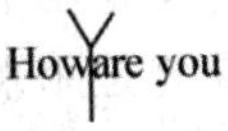

附录二　标点符号用法

说　明

1951年9月，中央人民政府出版总署公布了《标点符号用法》，同年10月政务院下达指示，要求全国遵照使用。三十多年来，文字的书写排印已由直行改为横行，标点符号用法也有某些发展变化，因此需要进行修订。修订的内容主要有以下几方面：原列14种符号，现为16种，增加了连接号和间隔号；简化了说明；更换了例句；针对书写排印改为横行，某些说法也作了相应的改动。

标点符号是书面语中不可缺少的部分，用来表示停顿、语气以及词语的性质和作用。因此，必须重视标点符号的使用。

一、句号(。)

句号表示陈述句末尾的停顿。例如：

(1)北京是中华人民共和国的首都。

(2)虚心使人进步，骄傲使人落后。

(3)亚洲地域广阔，跨寒、温、热三带，又因各地地形和距离海洋远近不同，气候复杂多样。

陈述句是用来说明事实的。

祈使句是用来要求听话人做某件事情的。语气舒缓的祈使句末尾也用句号。例如：

(4)请您稍等一下。

句号还有另一种形式，即一个小圆点(.)，一般在科技文献中使用。

二、问号(?)

问号表示疑问句末尾的停顿。例如：

(5)你见过金丝猴吗?

(6)他叫什么名字?

(7)去好呢，还是不去好?

疑问句一般是用来提出问题的。

反问句是一种特殊的疑问句，末尾一般也用问号。例如：

(8)难道你还不了解我吗?

(9)你怎么能这么说呢?

有的句子虽然有疑问词"谁""什么""怎么"等，但全句并不是疑问句，末尾不用问号。例如：

(10)我也不知道该谁去。

(11)请你问问他姓什么。

三、叹号(!)

叹号表示感叹句末尾的停顿。例如：

(12)为祖国的繁荣昌盛而奋斗!

(13)我多么想看看她老人家呀!

感叹句是用来抒发某种强烈感情的。

语气强烈的祈使句末尾也用叹号。例如：

(14)你给我出去!

(15)停止射击!

语气强烈的反问句有时也用叹号。例如：

(16)我哪里比得上他呀!

四、逗号(,)

逗号表示句子内部的一般性停顿。例如：

(17)我们看得见的星星,绝大多数是恒星。

(18)应该看到,科学需要一个人贡献出毕生的精力。

(19)对于这个城市,他并不陌生。

(20)据说苏州园林有一百多处,我到过的不过十多处。

表示句子内部停顿的符号还有顿号、分号和冒号,不过这三种符号都有专门的用途,只有逗号是一般性的,行文中用得最多。例(17)至例(19)中的逗号表示单句里边的停顿,例(20)中的逗号表示复句里边分句之间的停顿。

五、顿号(、)

顿号表示句子内部并列词语之间的停顿。例如：

(21)亚马孙河、尼罗河、密西西比河和长江是世界四大河流。

(22)正方形是四边相等、四角均为直角的四边形。

顿号表示的停顿比逗号小,用来隔开并列的词或并列的短语(词组)。例(21)中的"亚马孙河""尼罗河""密西西比河""长江"是并列的词,例(22) 中的"四边相等""四角均为直角"是并列的短语(词组),它们内部的停顿都用顿号来表示。并列词语之间用了"和""或"之类的连词,就不再使用顿号,如例(21)中的"密西西比河"与"长江"之间。

六、分号(;)

分号表示复句内部并列分句之间的停顿。例如：

(23)语言,人们用来抒情达意;文字,人们用来记言记事。

(24)在长江上游,瞿塘峡像一道闸门,峡口险阻;巫峡像一条迂回曲折的画廊,每一曲,每一折,都像一幅绝好的风景画,神奇而秀美;西陵峡水势险恶,处处是急流,处处是险滩。

分号表示的停顿比逗号大,主要用来隔开并列的分句,如例(23)和例(24)。

有时,在非并列关系的多重复句内也用分号。例如：

(25)我国年满十八周岁的公民,不分民族、种族、性别、职业、家庭出身、宗教信仰、教育程度、财产状况、居住期限,都有选举权和被选举权;但是依照法律被剥夺政治权利的人除外。

例(25)如果改用逗号便不易分辨前后两层意思，如果改用句号又会把前后连贯的意思割断，所以要用分号。

七、冒号(:)

冒号表示提示性话语之后的停顿，用来提起下文。例如：

(26)同志们，朋友们：现在开会了。……

(27)他十分惊讶地说："啊，原来是你！"

(28)北京紫禁城有四座城门：午门、神武门、东华门和西华门。

(29)外文图书展销会

日期：1989年10月20日—11月10日。

时间：上午8:30—下午4:30。

地点：北京朝内大街137号。

主办单位：中国图书进出口总公司。

例(26)的"同志们，朋友们"是招呼所有到会的人，提示下面要讲话了；例(27)指明下面是"他"所说的话；例(28)先总说有"四座城门"，下面具体说明是哪四座城门；例(29)先提出要说明的项目，下面说明有关的内容。

此外，在总括性话语之前也可以用冒号，以总结上文。例如：

(30)张华考上了北京大学，在化学系学习；李萍进了中等技术学校，读机械制造专业；我在百货公司当售货员：我们都有光明的前途。

八、引号(" ")

引号标明行文中直接引用的话。例如：

(31)爱因斯坦说："想象力比知识更重要，因为知识是有限的，而想象力概括着世界上的一切，推动着进步，并且是知识进化的源泉。"

(32)"满招损，谦受益"这句格言，流传到今天至少有两千年了。

(33)现代画家徐悲鸿笔下的马，正如有的评论家所说的那样，"形神兼备，充满生机"。

行文中直接引用的话一般要用引号标明，为的是和作者自己的话区别开来，如例(31)至例(33)。要注意引文末尾标点的使用：凡是把引用的话独立来用，末尾的标点放在引号的里边，如例(31)；凡是把引用的话作为作者自己的话的一部分，末尾不用标点，如例(32)和例(33)。例(33)末尾的句号属于全句，不属于引文部分。

引号还用来标明需要着重论述的对象或具有特殊含义的词语。例如：

(34)古人对于写文章有两个基本要求，叫做"有物有序"。"有物"就是要有内容，"有序"就是要有条理。

(35)从山脚向上望，只见火把排成许多"之"字形，一直连到天上，跟星光接起来，分不出是火把，还是星星。

(36)这样的"聪明人"还是少一点好。

例(34)的"有物""有序"是着重论述的对象，例(35)和例(36)的"之""聪明人"具有特殊含义，它们都用引号加以标明。

引号里面还要用引号时，外面一层用双引号，里面一层用单引号。例如：

(37)他站起来问："老师，'有条不紊'的'紊'是什么意思？"

九、括号(( ))

括号标明行文中注释性的话。例如：

(38)中国猿人(全名为“中国猿人北京种”，或简称“北京人”)在我国的发现，是对古人类学的一个重大贡献。

(39)有人用氢气还原氧化铜制得5克铜，求有多少克氢气参加了反应，这些氢气在标准状况下占多大体积？(氢气的密度是0.09克/升)

括号里的话如果是注释句子里某些词语的，这种括号叫句内括号；句内括号要紧贴在被注释的词语之后，如例(38)。括号里的话如果是注释整个句子的，这种括号叫句外括号；句外括号要放在句末的标点之后，如例(39)。

括号除了最常用的圆括号之外，还有方括号([])、六角括号(〔〕)、方头括号(【】)等几种。

十、破折号(——)

破折号标明行文中解释说明的语句。破折号和括号用法不同：破折号引出的解释说明是正文的一部分，括号里的解释说明不是正文，只是注释。例如：

(40)迈进金黄色的大门，穿过宽阔的风门厅和衣帽厅，就到了大会堂建筑的枢纽部分——中央大厅。

(41)蝉的幼虫初次出现于地面，需要寻求适当的地点——矮树、篱笆、野草、灌木枝等——脱掉身上的皮。

行文中解释说明的语句通常用一个破折号引出，如例(40)。这类语句如果是插在句子中间的，可以在前面和后面各用一个破折号，如例(41)。

此外，破折号还有其他一些用法。例如：

(42)“今天好热啊！——你什么时候去上海？”张强对刚刚进门的小王说。

(43)“呜——”火车开动了。

(44)根据研究对象的不同，环境物理学分为以下五个分支学科：

——环境声学；

——环境光学；

——环境热学；

——环境电磁学；

——环境空气动力学。

例(42)标明话题的突然转变，例(43)表示声音的延长，例(44)表示事项的列举分承。

十一、省略号(……)

省略号标明行文中省略了的话。例如：

(45)她轻轻地哼起了《摇篮曲》：“月儿明，风儿静，树叶儿遮窗棂啊……”

(46)在广州的花市上，牡丹、吊钟、水仙、大丽、梅、菊花、山茶、墨兰……春、秋、冬三季的鲜花都挤在一起啦！

省略号标明的省略常见的有两种：一种是引文的省略，如例(45)；一种是列举的省略，如例(46)。

此外，省略号还用来表示说话的断断续续。例如：

(47)“我……对不起……大家,我……没有……完成……任务。”

十二、着重号(.)

着重号标明要求读者特别注意的字、词、句。例如:

(48)事业是干出来的,不是吹出来的。

十三、连接号(—)

连接号的作用是把意义密切相关的词语连成一个整体。例如:

(49)我国秦岭—淮河以北地区属于温带季风气候区,夏季高温多雨,冬季寒冷干燥。

十四、间隔号(·)

间隔号表示外国人或某些少数民族人名内各部分的分界。例如:

(50)列奥纳多·达·芬奇

(51)爱新觉罗·努尔哈赤

间隔号还可以用来表示书名与篇(章、卷)名之间的分界。例如:

(52)《中国大百科全书·语言文字》

(53)《三国志·蜀志·诸葛亮传》

十五、书名号(《 》)

书名号标明书名、篇名、报刊名等。例如:

(54)《红楼梦》《孔乙己》《人民日报》《中国语文》

《红楼梦》是书名,《孔乙己》是篇名,《人民日报》是报纸名称,《中国语文》是刊物名称。

书名号的里边还要用书名号时,外边一层用双书名号,里边一层用单书名号。例如:

(55)《〈中国工人〉发刊词》

标点符号的位置:

句号、问号、叹号、逗号、顿号、分号和冒号一般占一个字的位置,通常不出现在一行之首。

引号、括号、书名号的前一半不出现在一行之末,后一半不出现在一行之首。

破折号和省略号都占两个字的位置,中间不能断开。连接号和间隔号一般占一个字的位置。在书写和印刷时,这四种符号上下居中。

着重号、专名号和浪线式书名号标在字的下边。

直行文稿的标点符号只有以下几项和横行文稿不同:

(1)句号、问号、叹号、逗号、顿号、分号和冒号放在字的下方偏右。

(2)破折号、省略号、接号和间隔号放在字下居中。

(3)着重号标在字的右侧,专名号和浪线式书名号标在字的左侧。

(摘引自国家语言文字工作委员会、中华人民共和国新闻出版署1990年3月22日修订发布的《标点符号用法》)

附录三　党政机关公文处理工作条例

第一章　总　　则

第一条　为了适应中国共产党机关和国家行政机关(以下简称党政机关)工作需要，推进党政机关公文处理工作科学化、制度化、规范化，制定本条例。

第二条　本条例适用于各级党政机关公文处理工作。

第三条　党政机关公文是党政机关实施领导、履行职能、处理公务的具有特定效力和规范体式的文书，是传达贯彻党和国家的方针政策，公布法规和规章，指导、布置和商洽工作，请示和答复问题，报告、通报和交流情况等的重要工具。

第四条　公文处理工作是指公文拟制、办理、管理等一系列相互关联、衔接有序的工作。

第五条　公文处理工作应当坚持实事求是、准确规范、精简高效、安全保密的原则。

第六条　各级党政机关应当高度重视公文处理工作，加强组织领导，强化队伍建设，设立文秘部门或者由专人负责公文处理工作。

第七条　各级党政机关办公厅(室)主管本机关的公文处理工作，并对下级机关的公文处理工作进行业务指导和督促检查。

第二章　公文种类

第八条　公文种类主要有：

(一)决议。适用于会议讨论通过的重大决策事项。

(二)决定。适用于对重要事项作出决策和部署、奖惩有关单位和人员、变更或者撤销下级机关不适当的决定事项。

(三)命令(令)。适用于公布行政法规和规章、宣布施行重大强制性措施、批准授予和晋升衔级、嘉奖有关单位和人员。

(四)公报。适用于公布重要决定或者重大事项。

(五)公告。适用于向国内外宣布重要事项或者法定事项。

(六)通告。适用于在一定范围内公布应当遵守或者周知的事项。

(七)意见。适用于对重要问题提出见解和处理办法。

(八)通知。适用于发布、传达要求下级机关执行和有关单位周知或者执行的事项，批转、转发公文。

(九)通报。适用于表彰先进、批评错误、传达重要精神和告知重要情况。

(十)报告。适用于向上级机关汇报工作、反映情况，回复上级机关的询问。

(十一)请示。适用于向上级机关请求指示、批准。

(十二)批复。适用于答复下级机关请示事项。

（十三）议案。适用于各级人民政府按照法律程序向同级人民代表大会或者人民代表大会常务委员会提请审议事项。

（十四）函。适用于不相隶属机关之间商洽工作、询问和答复问题、请求批准和答复审批事项。

（十五）纪要。适用于记载会议主要情况和议定事项。

第三章　公文格式

第九条　公文一般由份号、密级和保密期限、紧急程度、发文机关标志、发文字号、签发人、标题、主送机关、正文、附件说明、发文机关署名、成文日期、印章、附注、附件、抄送机关、印发机关和印发日期、页码等组成。

（一）份号。公文印制份数的顺序号。涉密公文应当标注份号。

（二）密级和保密期限。公文的秘密等级和保密的期限。涉密公文应当根据涉密程度分别标注“绝密”“机密”“秘密”和保密期限。

（三）紧急程度。公文送达和办理的时限要求。根据紧急程度，紧急公文应当分别标注“特急”“加急”，电报应当分别标注“特提”“特急”“加急”“平急”。

（四）发文机关标志。由发文机关全称或者规范化简称加“文件”二字组成，也可以使用发文机关全称或者规范化简称。联合行文时，发文机关标志可以并用联合发文机关名称，也可以单独用主办机关名称。

（五）发文字号。由发文机关代字、年份、发文顺序号组成。联合行文时，使用主办机关的发文字号。

（六）签发人。上行文应当标注签发人姓名。

（七）标题。由发文机关名称、事由和文种组成。

（八）主送机关。公文的主要受理机关，应当使用机关全称、规范化简称或者同类型机关统称。

（九）正文。公文的主体，用来表述公文的内容。

（十）附件说明。公文附件的顺序号和名称。

（十一）发文机关署名。署发文机关全称或者规范化简称。

（十二）成文日期。署会议通过或者发文机关负责人签发的日期。联合行文时，署最后签发机关负责人签发的日期。

（十三）印章。公文中有发文机关署名的，应当加盖发文机关印章，并与署名机关相符。有特定发文机关标志的普发性公文和电报可以不加盖印章。

（十四）附注。公文印发传达范围等需要说明的事项。

（十五）附件。公文正文的说明、补充或者参考资料。

（十六）抄送机关。除主送机关外需要执行或者知晓公文内容的其他机关，应当使用机关全称、规范化简称或者同类型机关统称。

（十七）印发机关和印发日期。公文的送印机关和送印日期。

（十八）页码。公文页数顺序号。

第十条　公文的版式按照《党政机关公文格式》国家标准执行。

第十一条　公文使用的汉字、数字、外文字符、计量单位和标点符号等，按照有关国家标准和规定执行。民族自治地方的公文,可以并用汉字和当地通用的少数民族文字。

第十二条　公文用纸幅面采用国际标准A4型。特殊形式的公文用纸幅面,根据实际需要确定。

第四章　行文规则

第十三条　行文应当确有必要,讲求实效,注重针对性和可操作性。

第十四条　行文关系根据隶属关系和职权范围确定。一般不得越级行文,特殊情况需要越级行文的,应当同时抄送被越过的机关。

第十五条　向上级机关行文,应当遵循以下规则:

(一)原则上主送一个上级机关,根据需要同时抄送相关上级机关和同级机关,不抄送下级机关。

(二)党委、政府的部门向上级主管部门请示、报告重大事项,应当经本级党委、政府同意或者授权;属于部门职权范围内的事项应当直接报送上级主管部门。

(三)下级机关的请示事项,如需以本机关名义向上级机关请示,应当提出倾向性意见后上报,不得原文转报上级机关。

(四)请示应当一文一事。不得在报告等非请示性公文中夹带请示事项。

(五)除上级机关负责人直接交办事项外,不得以本机关名义向上级机关负责人报送公文,不得以本机关负责人名义向上级机关报送公文。

(六)受双重领导的机关向一个上级机关行文,必要时抄送另一个上级机关。

第十六条　向下级机关行文,应当遵循以下规则:

(一)主送受理机关,根据需要抄送相关机关。重要行文应当同时抄送发文机关的直接上级机关。

(二)党委、政府的办公厅(室)根据本级党委、政府授权,可以向下级党委、政府行文,其他部门和单位不得向下级党委、政府发布指令性公文或者在公文中向下级党委、政府提出指令性要求。需经政府审批的具体事项,经政府同意后可以由政府职能部门行文,文中须注明已经政府同意。

(三)党委、政府的部门在各自职权范围内可以向下级党委、政府的相关部门行文。

(四)涉及多个部门职权范围内的事务,部门之间未协商一致的,不得向下行文;擅自行文的,上级机关应当责令其纠正或者撤销。

(五)上级机关向受双重领导的下级机关行文,必要时抄送该下级机关的另一个上级机关。

第十七条　同级党政机关、党政机关与其他同级机关必要时可以联合行文。属于党委、政府各自职权范围内的工作,不得联合行文。

党委、政府的部门依据职权可以相互行文。

部门内设机构除办公厅(室)外不得对外正式行文。

第五章　公文拟制

第十八条　公文拟制包括公文的起草、审核、签发等程序。

第十九条　公文起草应当做到:

(一)符合党的理论路线方针政策和国家法律法规,完整准确体现发文机关意图,并同现行有关公文相衔接。

(二)一切从实际出发,分析问题实事求是,所提政策措施和办法切实可行。

(三)内容简洁,主题突出,观点鲜明,结构严谨,表述准确,文字精练。

(四)文种正确,格式规范。

(五)深入调查研究,充分进行论证,广泛听取意见。

(六)公文涉及其他地区或者部门职权范围内的事项,起草单位必须征求相关地区或者部门意见,力求达成一致。

(七)机关负责人应当主持、指导重要公文起草工作。

第二十条　公文文稿签发前,应当由发文机关办公厅(室)进行审核。审核的重点是:

(一)行文理由是否充分,行文依据是否准确。

(二)内容是否符合党的理论路线方针政策和国家法律法规;是否完整准确体现发文机关意图;是否同现行有关公文相衔接;所提政策措施和办法是否切实可行。

(三)涉及有关地区或者部门职权范围内的事项是否经过充分协商并达成一致意见。

(四)文种是否正确,格式是否规范;人名、地名、时间、数字、段落顺序、引文等是否准确;文字、数字、计量单位和标点符号等用法是否规范。

(五)其他内容是否符合公文起草的有关要求。

需要发文机关审议的重要公文文稿,审议前由发文机关办公厅(室)进行初核。

第二十一条　经审核不宜发文的公文文稿,应当退回起草单位并说明理由;符合发文条件但内容需作进一步研究和修改的,由起草单位修改后重新报送。

第二十二条　公文应当经本机关负责人审批签发。重要公文和上行文由机关主要负责人签发。党委、政府的办公厅(室)根据党委、政府授权制发的公文,由受权机关主要负责人签发或者按照有关规定签发。签发人签发公文,应当签署意见、姓名和完整日期;圈阅或者签名的,视为同意。联合发文由所有联署机关的负责人会签。

第六章　公文办理

第二十三条　公文办理包括收文办理、发文办理和整理归档。

第二十四条　收文办理主要程序是:

(一)签收。对收到的公文应当逐件清点,核对无误后签字或者盖章,并注明签收时间。

(二)登记。对公文的主要信息和办理情况应当详细记载。

(三)初审。对收到的公文应当进行初审。初审的重点是:是否应当由本机关办理,是否符合行文规则,文种、格式是否符合要求,涉及其他地区或者部门职权范围内的事项是否已经协商、会签,是否符合公文起草的其他要求。经初审不符合规定的公文,应当及时退回来文单位并说明理由。

(四)承办。阅知性公文应当根据公文内容、要求和工作需要确定范围后分送。批办性公文应当提出拟办意见报本机关负责人批示或者转有关部门办理;需要两个以上部门办理的,应当明确主办部门。紧急公文应当明确办理时限。承办部门对交办的公文应当及时办理,有明确办理时限要求的应当在规定时限内办理完毕。

(五)传阅。根据领导批示和工作需要将公文及时送传阅对象阅知或者批示。办理公文传阅应当随时掌握公文去向,不得漏传、误传、延误。

(六)催办。及时了解掌握公文的办理进展情况,督促承办部门按期办结。紧急公文或者重要公文应当由专人负责催办。

(七)答复。公文的办理结果应当及时答复来文单位,并根据需要告知相关单位。

第二十五条　发文办理主要程序是:

(一)复核。已经发文机关负责人签批的公文,印发前应当对公文的审批手续、内容、文种、格式等进行复核;需作实质性修改的,应当报原签批人复审。

(二)登记。对复核后的公文,应当确定发文字号、分送范围和印制份数并详细记载。

(三)印制。公文印制必须确保质量和时效。涉密公文应当在符合保密要求的场所印制。

(四)核发。公文印制完毕,应当对公文的文字、格式和印刷质量进行检查后分发。

第二十六条　涉密公文应当通过机要交通、邮政机要通信、城市机要文件交换站或者收发件机关机要收发人员进行传递,通过密码电报或者符合国家保密规定的计算机信息系统进行传输。

第二十七条　需要归档的公文及有关材料,应当根据有关档案法律法规以及机关档案管理规定,及时收集齐全、整理归档。两个以上机关联合办理的公文,原件由主办机关归档,相关机关保存复制件。机关负责人兼任其他机关职务的,在履行所兼职务过程中形成的公文,由其兼职机关归档。

第七章　公文管理

第二十八条　各级党政机关应当建立健全本机关公文管理制度,确保管理严格规范,充分发挥公文效用。

第二十九条　党政机关公文由文秘部门或者专人统一管理。设立党委(党组)的县级以上单位应当建立机要保密室和机要阅文室,并按照有关保密规定配备工作人员和必要的安全保密设施设备。

第三十条　公文确定密级前,应当按照拟定的密级先行采取保密措施。确定密级后,应当按照所定密级严格管理。绝密级公文应当由专人管理。

公文的密级需要变更或者解除的,由原确定密级的机关或者其上级机关决定。

第三十一条　公文的印发传达范围应当按照发文机关的要求执行;需要变更的,应当经发文机关批准。

涉密公文公开发布前应当履行解密程序。公开发布的时间、形式和渠道,由发文机关确定。

经批准公开发布的公文,同发文机关正式印发的公文具有同等效力。

第三十二条　复制、汇编机密级、秘密级公文,应当符合有关规定并经本机关负责人批准。绝密级公文一般不得复制、汇编,确有工作需要的,应当经发文机关或者其上级机关批准。复制、汇编的公文视同原件管理。

复制件应当加盖复制机关戳记。翻印件应当注明翻印的机关名称、日期。汇编本的密级按照编入公文的最高密级标注。

第三十三条　公文的撤销和废止,由发文机关、上级机关或者权力机关根据职权范围和有关法律法规决定。公文被撤销的，视为自始无效；公文被废止的，视为自废止之日起失效。

第三十四条　涉密公文应当按照发文机关的要求和有关规定进行清退或者销毁。

第三十五条　不具备归档和保存价值的公文，经批准后可以销毁。销毁涉密公文必须严格按照有关规定履行审批登记手续，确保不丢失、不漏销。个人不得私自销毁、留存涉密公文。

第三十六条　机关合并时，全部公文应当随之合并管理；机关撤销时，需要归档的公文经整理后按照有关规定移交档案管理部门。

工作人员离岗离职时，所在机关应当督促其将暂存、借用的公文按照有关规定移交、清退。

第三十七条　新设立的机关应当向本级党委、政府的办公厅（室）提出发文立户申请。经审查符合条件的，列为发文单位，机关合并或者撤销时，相应进行调整。

第八章　附　　则

第三十八条　党政机关公文含电子公文。电子公文处理工作的具体办法另行制定。

第三十九条　法规、规章方面的公文，依照有关规定处理。外事方面的公文，依照外事主管部门的有关规定处理。

第四十条　其他机关和单位的公文处理工作，可以参照本条例执行。

第四十一条　本条例由中共中央办公厅、国务院办公厅负责解释。

第四十二条　本条例自 2012 年 7 月 1 日起施行。1996 年 5 月 3 日中共中央办公厅发布的《中国共产党机关公文处理条例》和 2000 年 8 月 24 日国务院发布的《国家行政机关公文处理办法》停止执行。

参 考 文 献

[1] 王晓炜.应用写作.北京:中国农业出版社,2007.
[2] 郭东.秘书写作.北京:高等教育出版社,2004.
[3] 王华杰.新编应用写作.北京:中国农业出版社,2008.
[4] 陈浩.现代应用文写作大全.北京:中国大百科全书出版社,2005.
[5] 应用写作.长春:应用写作杂志社,2005—2009.
[6] 李光. 应用文写作实训教程. 北京:科学出版社,2004.
[7] 杨忠慧,吴晓林.应用写作.北京:中国财政经济出版社,2004.
[8] 闫锦,张宇.现代农村实用写作.北京:中国农业出版社,2006.
[9] 陈伟功,谢春玲,冯宝碧.公文写作精要. 广州:广东人民出版社,2000.
[10] 刘锡庆总主编,李道荣.经济应用文书写作.北京:北京师范大学出版社,2008.
[11] 郭英立,罗翠梅.经济应用文写作.北京:清华大学出版社,2009.
[12] 李春,樊建科.财经应用文写作.北京:中国科学技术出版社,2008.
[13] 柯智涛.现代市场营销应用文写作.北京:电子工业出版社,2006.
[14] 黄绮冰, 生素巧.应用文写作教程.北京:电子工业出版社,2008.
[15] 陈桂良.大学应用文写作.杭州:浙江大学出版社,2002.
[16] 汪祥云,蒋瑞松.应用文写作. 上海:上海交通大学出版社,2000.
[17] 赵福洲,方百祺.外经贸业务应用文写作.上海:华东理工大学出版社,2003.
[18] 包锦阳. 大学生毕业论文(设计)写作指导.杭州:浙江大学出版社,2004.
[19] 叶晗.大学生应用写作教程.杭州:浙江大学出版社,2006.
[20] 陈纪宇.现代应用文写作大全.北京:中国工商联合出版社,2004.
[21] 欧阳周,彭菊华,郭光华.实用新闻写作.北京:中国水利水电出版社,1998.
[22] 欧阳周,傅庚成.实用文秘写作.北京:中国水利水电出版社,1998.
[23] 叶振东,贾恭惠.毕业论文的撰写与答辩.杭州:浙江大学出版社,2004.
[24] 欧阳周,欧阳洁,周道生.实用经济文稿写作.北京:中国水利水电出版社,1998.
[25] 姚先国,牛海霞,张绍峰.经济类学生毕业论文写作指导.杭州:浙江大学出版社,2004.
[26] 许燕.办公室文秘写作一本通.北京:经济科学出版社,2006.
[27] 刘家枢,汪溢.财经应用写作.北京:电子工业出版社,2009.
[28] 方有林,娄永毅.经济应用文写作.上海:复旦大学出版社,2009.